STARK

BERUFLICHES GYMNASIUM 2011

Abitur-Prüfungsaufgaben mit Lösungen

Volks- und Betriebs- wirtschaftslehre

Berufliches Gymnasium
Baden-Württemberg
2004–2010

STARK

ISBN 978-3-89449-051-5

© 2010 by Stark Verlagsgesellschaft mbH & Co. KG
25. ergänzte Auflage
www.stark-verlag.de

Inhalt

Abiturprüfung 2007

Abiturprüfung 2008

Abiturprüfung 2009

Abiturprüfung 2010

Gruppe II: Volkswirtschaftslehre

Jeweils im Herbst erscheinen die neuen Ausgaben
der Abiturprüfungsaufgaben mit Lösungen.

Lösungen: 2004:   StD Reinhard Schmid und StD Thomas Schofer,
              seit 2005: OStR Bertram Hörth und StR Rüdiger Trunz

Hinweise

Liebe Schülerin, lieber Schüler,
die Aufgabensammlung dient dazu, Ihnen eine gezielte Vorbereitung auf Klausuren und das Abitur zu ermöglichen. Sie entspricht in ihrem Aufbau den Erfordernissen eines Leistungskurses für Volks- und Betriebswirtschaftslehre mit Rechnungswesen. Den Aufgaben sind Lösungsvorschläge beigefügt, die Ihnen eine Selbstkontrolle ermöglichen.

Die Abiturprüfung im Fachbereich Volks- und Betriebswirtschaftslehre wird zentral vom Kultusministerium in Baden-Württemberg gestellt und gliedert sich in zwei Teilbereiche:
Gruppe I: Betriebswirtschaftslehre mit integriertem Rechnungswesen
Gruppe II: Volkswirtschaftslehre

Beliebige Themen der Betriebswirtschaftslehre können mit beliebigen Themen aus dem Rechnungswesen in den Aufgaben der Gruppe I kombiniert werden.

Eine Zuordnung von Stoffstruktur und Abituraufgaben, die die Vorbereitung auf diese integrierten Aufgaben erleichtert, findet sich im Anschluss an das Stichwortverzeichnis.

Die Gruppe I (BWL mit RW) enthält drei Aufgabenvorschläge (Aufgabe 1, 2 und 3), von denen Sie zwei nach Ihrer Wahl lösen müssen. Die Bearbeitungszeit beträgt 180 Minuten.

Die Gruppe II (VWL) enthält zwei Aufgabenvorschläge (seit 2006 als Aufgabe 4 und 5), von denen eine zu bearbeiten ist. Die Bearbeitungszeit beträgt 90 Minuten.

Als Hilfsmittel sind für alle Teilbereiche zugelassen:
1. Eine unkommentierte Gesetzessammlung (BGB bzw. HGB)
2. Ein nicht programmierbarer elektronischer Taschenrechner

Bewertung
Die Aufgaben wurden bis 2006 mit je 30 Korrekturpunkten bewertet. Somit konnte eine maximale Verrechnungspunktzahl von 90 erreicht werden.

Notenpunkte	15	14	13	12	11	10	09	08
Verr.-Punkte	90−85	84−79	78−73	72−69	68−64	63−60	59−55	54−51
Notenpunkte	07	06	05	04	03	02	01	00
Verr.-Punkte	50−46	45−42	41−37	36−33	32−28	27−23	22−16	15−0

Bewertungstabelle seit dem Abitur 2007

Notenpunkte	15	14	13	12	11	10	09	08
Verr.-Punkte	90−85	84−81	80−76	75−72	71−67	66−63	62−58	57−54
Notenpunkte	07	06	05	04	03	02	01	00
Verr.-Punkte	53−49	48−45	44−40	39−34	33−28	27−22	21−16	15−0

Stichwortverzeichnis

Analyse der Stoffstruktur und Zuordnung der Abituraufgaben

Im Abitur wird die Lösung von sogenannten „integrierten Aufgaben" in Wirtschaft verlangt. Dies bedeutet, dass der Abiturient/die Abiturientin – obwohl er/sie in BWL/RW **aus drei Aufgaben** eine Auswahl von **zwei Aufgaben** (bzw. in VWL **1 aus 2**) treffen kann – stets mit mehreren Teilaufgaben aus verschiedenen Teilbereichen konfrontiert wird. Die Kombinationsmöglichkeiten sind hierbei so vielfältig, dass eine Spezialisierung („Mut zur Lücke") in der Abiturvorbereitung fatale Folgen haben kann.

Das frühzeitige Üben solcher integrierter Aufgaben scheitert aber oft an der zeitlichen Differenz der Stoffinhalte im Unterricht, die meistens inhaltlich-chronologisch erarbeitet werden.

Im Folgenden werden deshalb die abiturrelevanten Lehrplaninhalte des Profilfaches Wirtschaft der Jahrgangsstufen 12 und 13 (in Baden-Württemberg jetzt „Jahrgangsstufe 1" bzw. „Jahrgangsstufe 2") nach dem aktuellen Bildungsplan für das Wirtschaftsgymnasium in Baden-Württemberg in eine Struktur gebracht und die Abituraufgaben dieser Struktur zugeordnet. Die dem aktuellen Unterrichtsstoff entsprechenden Teilaufgaben sind dann leicht zu finden. In den meisten Fällen sind diese Teilaufgaben getrennt von der Gesamtaufgabe zu lösen.

Die Aufgaben früherer Jahrgänge wurden an die **rechtlichen Änderungen** und an die **neuen Lehrplaninhalte** angepasst. In einigen Fällen wurden die Fragestellungen deshalb leicht modifiziert, um den neuen Lösungswegen gerecht zu werden. Alle nicht mehr lehrplanrelevanten Aufgabenteile wurden mit einem kursiven Hinweis gekennzeichnet.

Damit wird der Einsatz der Abituraufgaben schon zu Beginn der Jahrgangsstufe 1 erleichtert. Außerdem können Abiturschwerpunkte durch Aufgabenhäufungen erkannt werden.

Legende:

LPE	Lehrplaneinheiten (ab Jahrgangsstufe 1: Nr. 7)
Abituraufgaben	z. B.: 04A1 = Abitur 2004 – BWL mit integriertem Rechnungswesen, Aufgabe 1
Weitere Kurzzeichen:	A (BWL mit integriertem Rechnungswesen, Volkswirtschaftslehre) VWL (Volkswirtschaftslehre)

LPE	Thema	Abituraufgaben
7	**Internes Rechnungswesen**	
	Grundbegriffe:	
	• Aufwendungen – Kosten; Erträge – Leistungen	• 06A1
	Kostenanalyse:	
	• fixe und variable Kosten; Kostenauflösung;	• 05A3, 06A1
	Kosten- u. Erlösfunktionen; Stückkosten u. Stückerlöse	
	• Gewinnschwelle und Gewinnmaximum	• 04A2, 06A1, 09A2
	Kostenartenrechnung:	
	• kostenrechnerische Korrekturen; kalkul. Kosten	• 06A1, 10A1
	• Ergebnistabelle	• –
	Kostenstellenrechnung:	
	• Einzel- und Gemeinkosten	• 05A3, 10A1
	• Verrechnung der Gemeinkosten (BAB)	• 04A2, 08A3, 10A1
	• Gesamtkalkulation (mit Bestandsveränderungen)	• 04A2, 10A1
	• Nachkalkulation der Selbstkosten (Ist-Kosten)	• 04A2, 10A1
	Kostenträgerstückrechnung:	
	• Kalkulation mit Normalzuschlagssätzen	• 04A2, 07A3, 08A3,
	Angebots-, Rückwärts-, Differenzkalkulation	09A2, 10A1
	• Vergleich Ist- u. Normalkosten, Kostenabweichungen	• 10A1
	Deckungsbeitragsrechnung:	
	• Berechnung des einfachen Deckungsbeitrags	• 04A2, 09A2
	• Kurz- und langfristige Preisuntergrenze	• 04A2, 05A3, 08A3,
		09A2
	• Annahme von Zusatzaufträgen	• 04A2
	• Eigenfertigung oder Fremdbezug	• 05A3, 09A2
	• Produktionsprogramm bei freien Kapazitäten	• 05A3, 07A3, 09A2
	• Produktionsprogramm bei einer Engpasssituation	• 04A2, 08A3
	(relativer DB)	
	Prozesskostenrechnung:	
	• Ermittlung von Prozessen und Kostentreibern	• –
	• Ermittlung von Prozesskostensätzen (lmi, lmn, gesamt)	• 09A2
	• Kalkulation von Prozesskosten	• 09A2
	• Bedeutung der Prozesskosten (Effekte)	• 09A2

8	Rechtsformen der Unternehmung	
	• Vergleichsmerkmale für die Wahl der Rechtsform	• 04A1, 05A2, 06A3, 09A3, 10A3
	Rechtsformen und Rechtsformverbindungen: • Einzelunternehmung • OHG • KG • GmbH • GmbH & Co. KG • Aktiengesellschaft (AG) • Konzern	• 09A3 • 05A2, 06A3, 10A2 • 05A2, 06A3, 07A1, 08A1, 09A3, 10A2 • 04A1, 05A2, 05A3, 07A3, 08A1, 09A3, 10A1, 10A3 • 07A1, 09A3 • 04A1, 06A2, 07A2, 08A2, 10A3 • –

9	Finanzierung und Investition	
	Offene Selbstfinanzierung: • Gewinnverwendung KG • Gewinnverwendung u. Eigenkapitalgliederung AG	 • 07A1, 09A3, 10A2 • 05A1, 06A3, 07A2, 08A1, 08A2, 10A3
	• Finanzierung aus Abschreibungsgegenwerten	• –
	• Finanzierung aus Rückstellungsgegenwerten	• –
	Stille Selbstfinanzierung: • Stille Rücklagen; Bilanzkurs und Börsenkurs	 • 04A3, 05A1, 06A3, 07A2
	Außenfinanzierung: • Beteiligungsfinanzierung KG • Beteiligungsfinanzierung AG (Kapitalerhöhung gegen Einlagen, Bezugsrecht) • Darlehen	 • 09A3 • 04A1, 05A1, 06A3, 08A1, 08A2, 10A3 • 05A1
	• Leasing • Vergleich mit Kreditfinanzierung	• 08A1 • 08A1
	Verfahren der Investitionsrechnung: • Kostenvergleichsrechnung; Amortisationsrechnung • Kapitalwertmethode	 • 10A2 • 10A2

3

Jahrgangsstufe 2 BWL/RW		
LPE	**Thema**	**Abituraufgaben**

10	**Wettbewerbsimulation**	● –

11	**Jahresabschluss**	
	● Jahresabschluss (Bilanz, GuV, Anhang, Lagebericht)	● 04A3, 07A2, 08A2
	Rechnungslegung nach HGB: ● Bewertung; Bewertungsprinzipien (AHK für bebaute Grundstücke, unfertige und fertige Erzeugnisse, Fremdwährungsverbindlichkeiten) ● Kritik an den Bewertungsvorschriften	● 04A3, 05A2, 06A2, 07A2 ● –
	Rechnungslegung nach IAS/IFRS: ● Rechnungslegungsgrundsätze ● Bewertung (AHK für bebaute Grundstücke, unfertige und fertige Erzeugnisse, langfr. Autragsbearbeitung)	 ● – ● –
	Bilanzkennzahlen: ● Kapitalstruktur (EK-Quote) ● Anlagendeckung ● Liquidität	 ● 09A1 ● 08A2, 09A1 ● 04A3, 08A2, 09A1
	Erfolgskennzahlen: ● Rentabilität; Leverage-Effekt ● Cashflow ● EBIT (Ergebnis vor Zinsen und Steuern)	 ● 04A3, 08A1, 08A2, 09A1 ● 08A2, 09A1 ● –
	● Finanzplanung	● –

12	**Unternehmensführung und Controlling**	
	● Personalführung; Humankapital	● –
	● Zielsystem eines Unternehmens	● 09A1
	● Zielbeziehungen (Shareholder-Value vs. Stakeholder-Konzept)	● 09A1
	Strategische Unternehmensführung: ● Umweltanalyse, Unternehmensanalyse	● –
	● Balanced Scorecard	● –
	Operatives Controlling: ● Kennzahlen	● –

	Strategisches Controlling: • Szenariotechnik • Strategietypen • Portfoliokonzept	• – • – • –

13	**Problemorientierte betriebswirtschaftliche Sachverhalte**

14	**Wahlthema**
	Nicht Gegenstand der Abiturprüfung!

Jahrgangsstufe 1 VWL		
LPE	**Thema**	**Abituraufgaben**

15	**Verhalten der Marktteilnehmer unter Wettbewerbsbedingungen**	

	Nachfrage privater Haushalte am Gütermarkt:
	• Bestimmungsfaktoren der individuellen Nachfrage:
	  – Preise des Gutes
	  – Preise anderer Güter
	  – Bedürfnisstruktur; Einkommen; Zukunftserwartungen
		• 04VWL1, 09A4, 10A5

	• Gesamtnachfrage nach einem Gut
	  – Ableitung und Bestimmungsfaktoren der Gesamtnachfrage
	  – Veränderung der Gesamtnachfrage
		• 06A5, 09A4, 10A5

	• Preiselastizität der Nachfrage
	  – direkte Preiselastizität
	  – indirekte Preiselastizität
		• 06A5, 08A4, 09A4, 10A5

	Angebot privater Unternehmen am Gütermarkt: • Angebotsverhalten eines Unternehmens bei linearem Kostenverlauf	• 06A5, 10A5
	• Angebotsverhalten eines Unternehmens bei S-förmigem Kostenverlauf	• 09A4
	• Bestimmungsfaktoren des individuellen Angebots	• 04VWL1, 09A4
	• Gesamtangebot für ein Gut und seine Veränderung	• 07A4, 09A4, 10A5

16	**Preisbildung auf verschiedenen Arten von Märkten**	
	Markt: • Funktionen des Marktes, Marktformen und Marktmacht	• 04VWL1, 08A4
	• Modellannahmen des vollkommenen Marktes	• 07A4, 08A4, 09A4

Preisbildung auf Wettbewerbsmärkten: • Zustandekommen und Eigenschaften des Gleichgewichtspreises • Konsumenten- und Produzentenrente • Anpassungsprozesse bei Ungleichgewichten und Änderungen des Gleichgewichtspreises	• 07A4, 10A5 • 04VWL1, 04VWL2, 07A4 • 07A4, 10A5
Staatliche Eingriffe in die Preisbildung: • Wohlfahrtsverluste bei Störung des Preismechanismus • marktkonforme und marktkonträre Staatseingriffe	• – • 04VWL1, 06A5, 07A4, 10A5
Preisbildung des Angebotsmonopols: • Erlöskurve und Gewinnmaxiumum (Cournot'scher Punkt) des Angebotsmonopols • Marktversorgung – Kritik am Monopol • Preisdifferenzierung des Angebotsmonopolisten	• 07A4, 08A4 • 07A4 • 08A4
Preisbildung im Polypol auf dem unvollkommenen Markt: • Doppelt geknickte Preis-Absatz-Funktion und monopolistischer Preisspielraum	• 07A4
Preisbildung im Oligopol: • Kooperatives Verhalten, Preisstarrheit und Verdrängungswettbewerb	• 07A4, 08A4

17	**Konjunktur- und Strukturkrisen der Marktwirt- schaft – Notwendigkeit und Ziele der Wirtschafts- politik**	
	Konjunkturelle Schwankungen und Strukturwandel: • Konjunkturzyklus und Konjunkturindikatoren • Strukturwandel	• 06A5 • –
	Ziele, Bereiche und Träger der Wirtschaftspolitik: • Ziele der Wirtschaftspolitik und Zielbeziehungen • Bereiche und Träger der Wirtschaftspolitik	• 04VWL1, 05VWL2, 07A5, 08A5 • –

18	**Geldtheorie und Geldpolitik**	
	Zusammenhang zwischen Geld- und Gütermenge: • Fisher'sche Verkehrsgleichung des Geldes	• 06A5, 07A5
	Europäisches System der Zentralbanken (ESZB): • Rechtsstellung, Aufgaben und Organe des ESZB	• 07A5, 08A5

Geldmengenbegriffe, Geldschöpfung und geldpolitische Strategie des ESZB:	
• Geldmengenbegriffe des ESZB	• 07A5
• Geldschöpfung des ESZB	• 07A5, 08A5
• Geldpolitische Strategie des ESZB	• 07A5, 08A5, 10A4
Geldschöpfung der Geschäftsbanken:	
• Geldschöpfungsmultiplikator	• 04VWL2, 07A5, 08A5
Binnenwert des Geldes:	
• Preisniveau und Kaufkraft	• 04VWL2, 05VWL2, 07A5, 08A5, 10A4
• Verbraucherpreisindex	• 04VWL2, 08A5
• Realeinkommen	• 08A5
Geldwertschwankungen:	
• Inflation	• 04VWL2
• Deflation	• –
Geldpolitische Instrumente:	
• Offenmarktpolitik	• 04VWL2, 07A5, 10A4
• Ständige Fazilitäten	• 04VWL2, 07A5, 10A4
• Mindestreservepolitik	• 04VWL2, 08A5
• Probleme und Grenzen der Geldpolitik	• 04VWL2, 07A5, 10A4

Jahrgangsstufe 2 VWL

LPE	Thema	Abituraufgaben
19	**Wirtschaftspolitische Konzepte zur Wachstums-förderung und Konjunkturstabilisierung**	
	Wirtschaftspolitische Konzepte:	
	• Angebotsorientierte Wirtschaftspolitik	• 04VWL1
	• Nachfrageorientierte Wirtschaftspolitik	• 04VWL1, 06A5, 07A5
	• Kombinierter Einsatz wirtschaftspolitischer Konzepte	• –
	Ergebnisse der Wachstums- und Konjunkturpolitik in Deutschland:	
	• Zielerreichung und Zielkonflikte	• –
	• Staatsverschuldung	• –
	• Aktuelle Probleme	• –

20	Aktuelle Probleme der Wirtschaftspolitik	

	Spannungsverhältnis zwischen Ökonomie und Ökologie:
	 • Umweltprobleme
	 • Ziele und Prinzipien der Umweltpolitik
	 • Instrumente der Umweltpolitik
	   – ordnungsrechtliche Instrumente
	   – marktbezogene Instrumente
		• 09A5
		 • –
		 • 07A4, 09A5

	Einer der beiden folgenden Themenbereiche: Beschäftigungs- und Arbeits- marktpolitik sowie Sozial- und Verteilungspolitik ist nach vorheriger Information für das schriftliche Abitur relevant (Sternchenthema). Der jeweils andere dieser beiden Themenbereiche ist nach dem schriftlichen Abitur zu behandeln.	
	Beschäftigungs- und Arbeitsmarktpolitik: • Ausmaß und Struktur der Arbeitslosigkeit • Arbeitslosigkeit als wirtschaftliches und soziales Problem • Ursachen und Formen der Arbeitslosigkeit • Instrumente der Beschäftigungs- und Arbeitsmarktpolitik • Lohnpolitik der Tarifvertragsparteien	• 09A5 • 05VWL2, 09A5 • 05VWL2, 09A5 • 05VWL2, 06A5, 09A5 • 04VWL1, 09A5
	Sozial- und Verteilungspolitik: • Einkommens- und Vermögensverteilung • Ziele, Ansatzpunkte und Maßnahmen der Sozial- und Verteilungspolitik • System und Probleme der sozialen Sicherung in Deutschland	• – • – • –

21	Außenwirtschaft und Globalisierung	
	Bedeutung der Außenwirtschaft: • Außenhandel und Zahlungsbilanz in Deutschland • Ursachen und Vorteile des Außenhandels	• – • –
	System freier Wechselkurse: • Kursbildung • Zusammenhang zwischen Wechselkurs, Außenhandel und Finanztransaktionen	• – • 10A4
	Außenwirtschaftspolitik: • Instrumente der Außenwirtschaftspolitik • Internationale Organisationen zur Förderung des Außen- und Welthandels	• – • –
	Globalisierung: • Begriff, Ursachen und Merkmale der Globalisierung • Folgen der Globalisierung	• – • –

Wichtige Änderungen im Zuge der steuerrechtlichen Bewertung		
	alte Regel	neue Regel
degressive Abschreibung beweglicher Wirtschaftsgüter gem. § 7 Abs. 2 EStG	zweifacher linearer Satz; maximal 20 %	– bei Anschaffung im Jahr 2006 und 2007 gilt dreifacher linearer Satz; maximal 30 % – bei Anschaffung nach dem 31. 12. 07 und vor dem 01. 1. 09 war **keine** degressive Abschreibung mehr möglich. – bei Anschaffung im Jahr 2009 und 2010 gilt 2,5-facher linearer Satz; maximal 25 % – Ab 01. 01. 2011 ist **keine** degressive Abschreibung mehr möglich.
Geringwertige Wirtschaftsgüter (GWG) gem. § 6 Abs. 2 und Abs. 2 a EStG	Bei AHK bis 410 € (netto) → Sofortabschreibung im Jahr der Anschaffung/Herstellung möglich	Bei AHK bis 150 € (netto) → GWG können im Jahr der Anschaffung/Herstellung vollständig als Aufwand verbucht werden. Bei AHK von 150 € bis 1.000 € → mehrere Wahlrechte: – Bei AHK bis 410 € (netto) Sofortabschreibung im Jahr der Anschaffung/ Herstellung – oder Abschreibung über Nutzungsdauer möglich – Bildung eines Sammelpostens (Pool), der jährlich mit 20 % linear abgeschrieben wird.
Abschreibung im Jahr der Anschaffung oder Herstellung bei beweglichen Wirtschaftsgütern	Vereinfachungsregel gem. R 44 Abs. 2 EStR (Wahlrecht): Bei Anschaffung oder Herstellung im 1. Halbjahr: volle Jahresabschreibung 2. Halbjahr: halbe Jahresabschreibung	Die Vereinfachungsregel wurde zum 1. 1. 2004 abgeschafft. Es gilt nur noch die monatsgenaue Abschreibung.

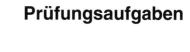

Prüfungsaufgaben

Aufgabe 1: Kapitalgesellschaften: Rechtsfragen – Kapitalerhöhung

Sachverhalt

Zur Erschließung und Verwertung eines ehemaligen Militärgeländes wurde die Baden-Technologiepark AG gegründet und mit einem Grundkapital von 120 Mio. € in das Handelsregister eingetragen. Das Grundkapital wurde auf 6 Mio. Aktien aufgeteilt. Am Grundkapital der AG sind die Baden-Bank AG mit 65 Mio. € und der Kommunalverband Schwaba mit 47 Mio. € beteiligt. Der Rest der Aktien wurde von den Initiatoren Hans und Jakob Schwarzwälder zu gleichen Teilen übernommen. Der Kapitalbedarf wurde zunächst mit 180 Mio. € veranschlagt.

Aufgaben:

1 Weisen Sie rechnerisch nach
 – welchen fiktiven Nennwert eine Stückaktie hat;
 – wie viele Aktien der AG Hans Schwarzwälder besitzt;
 – zu welchem Preis die Aktien von den Gründern übernommen werden mussten.

2 Anfänglich überlegten die Gründer, ob sie zur Verwirklichung ihrer Unternehmensziele eine GmbH gründen sollten.
 Erläutern Sie mit drei Argumenten, woran die Gründung einer GmbH letztlich gescheitert sein könnte.

3 Hans und Jakob Schwarzwälder wollten zunächst durchsetzen, dass ihr Familienname in der Firma der AG erscheint.

 – Unter welcher Voraussetzung wäre dies betriebswirtschaftlich sinnvoll gewesen?
 – Weisen Sie anhand zweier Firmengrundsätze des HGB nach, dass die im Sachverhalt angegebene Firma den gesetzlichen Anforderungen entspricht.

4 Der erste Aufsichtsrat hat Hans und Jakob Schwarzwälder zu Vorständen der Baden-Technologiepark AG bestellt. Hans Schwarzwälder hat an das Tiefbauunternehmen Rheingrund GmbH einen Auftrag über die Geländeplanierung für eine Industriehalle vergeben. Der Werkvertrag wurde von Hans Schwarzwälder und dem Geschäftsführer der Rheingrund GmbH unterzeichnet.
 Begründen Sie, unter welchen Voraussetzungen der Vertrag für die Baden-Technologiepark AG bindend ist.

5 Vor Ablauf der Amtszeit des ersten Aufsichtsrates werden die Gründungsaktionäre der Baden-Technologiepark AG vom Vorstand zur Hauptversammlung eingeladen. Es ist ein neuer Aufsichtsrat zu wählen. Die Gesellschaft beschäftigt derzeit 310 Mitarbeiterinnen und 280 Mitarbeiter. Die geschlechtsspezifische Personalstruktur soll im Aufsichtsrat berücksichtigt werden.

5.1 Machen Sie einen Vorschlag für die Größe und anteilmäßige Zusammensetzung des hier zu wählenden Aufsichtsrates. Begründen Sie Ihren Vorschlag.

5.2 Gerhard Zinser, Vorstand der Baden-Bank AG, will sich in den neuen Aufsichtsrat der Baden-Technologiepark AG wählen lassen.

Erläutern Sie die Absicht, die Zinser mit dieser Wahl verbindet, und prüfen Sie deren rechtliche Zulässigkeit.

6 Die Aktie ist inzwischen zum amtlichen Handel an der Börse zugelassen. Von dem Börsengang versprach sich das Unternehmen positive Auswirkungen.

Erläutern Sie,
– worin diese Erwartung begründet sein kann;
– zwei Nachteile, die mit dem Börsengang verbunden sein können.

7 Im dritten Wirtschaftsjahr wird offensichtlich, dass das Kapital der Gesellschaft nicht ausreichend ist. Die Finanzierungslücke von 19,2 Mio. € soll durch eine Kapitalerhöhung gegen Einlagen geschlossen werden. Dazu wird das Grundkapital um 10 % erhöht. Emissionskosten in Höhe von 600 000 € werden ebenfalls durch die Kapitalerhöhung gedeckt.

7.1 – Zu welchem Kurs mussten die jungen Aktien mindestens ausgegeben werden, um den Finanzbedarf zu decken?
– Ermitteln Sie den rechnerischen Kurs der Aktie nach der Kapitalerhöhung. Die alte Aktie hatte vor der Kapitalerhöhung einen Wert von 40,15 €.

7.2 Die jungen Aktien sollten ursprünglich nach dem Willen der Brüder Schwarzwälder unter Ausschluss des Bezugsrechts ausgegeben werden.

– Begründen Sie, wer den Beschluss über den Bezugsrechtsausschluss hätte verhindern können. Gehen Sie von unveränderten Beteiligungsverhältnissen aus.
– Erklären Sie allgemein zwei Nachteile, die sich für Aktionäre ergeben, die vom Bezugsrecht ausgeschlossen sind.

Punkte:

Frage	1	2	3	4	5.1	5.2	6	7.1	7.2
NP	3	3	3	2	4	3	3	4	5

Lösungsvorschlag

Aufgabe 1: Kapitalgesellschaften: Rechtsfragen – Kapitalerhöhung

1 Berechnung von Aktiengrunddaten

– 120 Mio. € Grundkapital/6 Mio. Stück Aktien	=	20 € Nennwert pro Aktie
– 4 Mio. € Grundkapital/20,00 € pro Aktie	=	200 000 Stück Aktien
(120 Mio. € – 65 Mio. € – 47 Mio. € =		
8 Mio. € für beide Brüder zusammen)		
– 180 Mio. € Kapitalbedarf/6 Mio. Stück Aktien	=	30 € Ausgabekurs pro Aktie

2 Gründungsnachteile der GmbH gegenüber einer AG

– Kein Börsengang bei der GmbH (keine Ausgabe von Aktien), d. h. bei der AG ist die Finanzierung eines hohen Investitionsbedarfes möglich, bei der GmbH ist dies nur begrenzt möglich.

– Übertragung von GmbH-Anteilen ist erschwert (notarielle Beurkundung erforderlich). Aktienanteile sind i. d. R. Inhaberanteile, d. h. leicht übertragbar.

– Bei einer GmbH hat die Gesellschafterversammlung die Möglichkeit, die Geschäftsführung direkt zu beeinflussen. Gegenläufige Interessen würden die Geschäftsführung lähmen (§§ 46 ff. GmbHG).

– Image-Nachteile der GmbH bei Gläubigern (beschränkte Haftung); eine AG erscheint seriöser.

3 Firma der AG

– Die Aufnahme des Familiennamens Schwarzwälder wäre dann sinnvoll, wenn die Marktbeteiligten mit dieser Firma eine hohe Bekanntheit des Produktes, Vertrauenswürdigkeit, persönliche Zuverlässigkeit usw. verbinden.

– Die gewählte Firma ist zur Kennzeichnung des Kaufmanns (GmbH) geeignet (§ 18 Abs. 1 HGB) und ermöglicht die Unterscheidbarkeit der Firma von allen am gleichen Ort bereits bestehenden Firmen (Firmenausschließlichkeit § 30 HGB). Sie enthält insbesondere den geforderten rechtsformeindeutigen Firmenzusatz „AG" (§ 4 AktG). Außerdem enthält die Firma keine über die geschäftlichen Verhältnisse irreführenden Angaben (Firmenwahrheit § 18 Abs. 2 HGB).

4 Vertretung der AG

– Der Vertrag ist für die AG bindend, wenn die Satzung für den Vorstand Einzelvertretung vorsieht und dies im Handelsregister eingetragen und veröffentlicht ist (§ 78 Abs. 2 AktG i. V. m. § 15, Abs. 2 HGB).

– Besteht dagegen die gesetzliche Gesamtvertretungsbefugnis, so könnte der Vertrag auch durch die nachträgliche Zustimmung des 2. Vorstandes für die AG bindend sein.

5.1 Zusammensetzung des Aufsichtsrates einer AG

Der Aufsichtsrat ist nach den Vorschriften des Betriebsverfassungsgesetzes zu bilden, d. h. ein Drittel der Mitglieder müssen Arbeitnehmervertreter sein (§§ 95 f. Akte i. V. m. § 76 BetrVG von 1952).

Bei dem hier vorliegenden kleinen Aktionärskreis empfiehlt sich ein möglichst kleiner Aufsichtsrat (mindestens 3, maximal 21 Mitglieder). Würde man einen Aufsichtsrat aus nur drei Personen bilden, könnte nur ein Arbeitnehmervertreter dabei sein. Da die Personalstruktur berücksichtigt werden soll, wäre ein Aufsichtsrat von sechs Personen zu empfehlen: Vier Vertreter der Anteilseigner (Aktionärsvertreter) und zwei Arbeitnehmervertreter, darunter eine Frau.

5.2 Aufgaben des Aufsichtsrats und persönliche Voraussetzungen

Zinser will die Möglichkeit nutzen, die Geschäftspolitik des Vorstandes der Baden-Technologiepark AG zu überwachen, um bei finanzieller Gefahr bzw. zukünftigen Liquiditätsengpässen rechtzeitig das Kreditrisiko und das Kreditengagement für seine Bank abschätzen zu können.

Die Wahl ist rechtlich zulässig. Zinser darf als Vorstand der herrschenden Unternehmung im Aufsichtsrat der abhängigen Unternehmung sitzen. Umgekehrt wäre dies nicht möglich. Somit liegt kein Verstoß gegen die persönlichen Voraussetzungen für Aufsichtsratsmitglieder vor (§ 100 Abs. 2 Ziff. 2 AktG).

6 Vor- und Nachteile eines Börsenganges

Vorteile:
– Imagezuwachs für das Unternehmen bei positiver Kursentwicklung
– zukünftige Kapitalerhöhungen werden damit erleichtert

Nachteile
– Zulassungskosten, z. B. Börsenprospekt
– verschärfte Publizitätspflichten, z. B. Veröffentlichung in einem Börsenpflichtblatt
– Gefahr einer feindlichen Übernahme

7.1 Kapitalerhöhung gegen Einlagen

– Kapitalbedarf: 19,2 Mio. € + 0,6 Mio. € Emissionskosten = 19,8 Mio. €
   Bei Kapitalerhöhung 10 : 1 → 600 000 Stück junge Aktien
   19,8 Mio. €/600 000 Aktien = 33 € pro Aktie

– Mittelkurs $= \dfrac{10 \cdot 40{,}15 + 1 \cdot 33}{10 + 1} = 39{,}50$ € pro Aktie

(rechnerischer Mischkurs bei 10 alten Aktien und einer jungen Aktie = 11 Aktien)

7.2 Bezugsrecht bei jungen Aktien

– Eine Kapitalerhöhung ist eine Satzungsänderung und bedarf einer 75 %-Mehrheit des bei der Hauptversammlung anwesenden Grundkapitals (§ 182 Abs. 1 S. 1 AktG). Dies gilt auch, wenn das Bezugsrecht für junge Aktien ausgeschlossen wird (§ 186 Abs. 3 AktG). Zur Verhinderung des Beschlusses wäre also die Sperrminorität (mehr als 25 %) nötig gewesen; diese hatte neben der Baden-Bank AG (65/120 = 54,2 %) auch die Schwaba mit 47/120 = 39,2 %. Die beiden Brüder Schwarzwälder hatten – selbst wenn sie sich einig gewesen wären – mit 8/120 = 6,67 % keine Sperrminorität.

– Der vom Bezugsrecht ausgeschlossene Aktionär muss eine rechnerische Verwässerung des Kurses der Altaktien hinnehmen. Auch sein Anteil am Gewinn wird sinken, denn dieser wird auf eine höhere Anzahl von Aktien verteilt. Der hauptsächliche Nachteil ist jedoch die Verminderung seines Stimmrechtsanteils und damit seines Einflusses in der Hauptversammlung.

Aufgabe 2: Vollkostenrechnung, Kostenanalyse, Deckungsbeitragsrechnung

Sachverhalt

Die BIKE GmbH, ein mittelständisches Industrieunternehmen, stellt drei Grundtypen von Fahrrädern her:
- preisgünstiges City-Rad (Typ 1)
- hochwertiges Touren-Rad (Typ 2)
- Mountainbike (Typ 3)

Aufgaben:

1 In letzter Zeit nimmt der Wettbewerb auf dem Fahrradmarkt ständig zu. Vor allem im Billigpreissegment der City-Räder werden von der Konkurrenz Preise unter 350 € verlangt. Die Verkaufszahlen bei City-Rädern der BIKE GmbH sind als Folge davon seit einiger Zeit rückläufig.

Die Abteilung Rechnungswesen stellt für die Analyse der Ursachen das folgende Zahlenmaterial und den Betriebsabrechnungsbogen auf Seite 2004-8 zur Verfügung.

Daten aus der KLAR des letzten Monats:

Bezeichnung	City-Rad Typ 1	Touren-Rad Typ 2	Mountainbike Typ 3
Verkaufspreis	400 €	700 €	600 €
Produktionsmenge	500 Stück	250 Stück	150 Stück
Variable Stückkosten	229 €	412 €	350 €
Fertigungsmaterial/St.	100 €	200 €	150 €
Fertigungslöhne I/St.	50 €	80 €	70 €
Fertigungslöhne II/St.	25 €	40 €	40 €

Mehrbestand an fertigen Erzeugnissen 4 500 €
Minderbestand an unfertigen Erzeugnissen 1 500 €

Zuschlagsgrundlage für die Verwaltungs- und Vertriebsgemeinkosten sind jeweils die Herstellungskosten des Umsatzes.

Die Umlage der Kostenstelle Kantine erfolgt nach der Anzahl der Mitarbeiter in den einzelnen Kostenstellen im Verhältnis 4 : 2 : 12 : 10 : 8 : 4.

Die Gemeinkosten der Fertigungshilfsstelle werden im Verhältnis 2 : 1 auf die Fertigungsstellen I und II verteilt.

1.1 Vervollständigen Sie den Betriebsabrechnungsbogen (siehe Anlage 1 auf Seite 2004-8) und berechnen Sie die Ist-Zuschlagsätze in einer Gesamtkalkulation.

1.2 Die Geschäftsleitung prüft, ob der Preis für das City-Rad (Typ 1) gesenkt werden kann.
  – Ermitteln Sie die Selbstkosten für das City-Rad (Typ 1) je Stück.
  – Erläutern Sie auf dieser Grundlage, ob eine Senkung des Preises auf das Niveau der Konkurrenzpreise unter kostenrechnerischen Gesichtspunkten vertretbar wäre.

1.3 Aufgrund der harten Konkurrenz bei den Fahrrädern des Billigpreissegments (City-Rad) ist damit zu rechnen, dass die Verkaufszahlen in der nächsten Zeit weiter sinken werden.
  Begründen Sie anhand der Vollkostenrechnung, wie sich ein sinkender Beschäftigungsgrad auswirkt, wenn weiterhin mit den bisherigen Gemeinkostenzuschlagsätzen kalkuliert wird.

2 Der Leiter des Rechnungswesens behauptet, dass es möglich sei, das City-Rad unter den Selbstkosten zu verkaufen und gleichzeitig einen Betriebsgewinn von 10 000 € zu erwirtschaften.

2.1 Zu welchem Preis könnte in diesem Fall die BIKE GmbH das City-Rad anbieten, wenn die im Sachverhalt angegebenen Stückzahlen auch in Zukunft bei allen drei Typen produziert und vollständig verkauft werden können?

2.2 Aus Konkurrenzgründen könnte eine weitere Preissenkung bis zur kurzfristigen Preisuntergrenze erforderlich werden. Auf welchen Betrag müsste die BIKE GmbH den Verkaufspreis des City-Rades herabsetzen?

3 Der Leiter der Marketingabteilung schlägt vor, durch eine Werbemaßnahme die Verkaufszahlen beim Typ 3 (Mountainbike) zu erhöhen, um damit die sinkenden Verkaufszahlen bei den City-Rädern auszugleichen.

3.1 Die geschätzten Kosten dieser Werbemaßnahme belaufen sich auf 10 000 € monatlich. Um wie viel Stück im Monat müsste sich der Absatz an Mountainbikes erhöhen, um die Werbekosten zu decken?

3.2 Der Leiter der Marketingabteilung möchte das City-Rad langfristig aus dem Fertigungsprogramm nehmen und dafür die Produktion und den Verkauf von Mountainbikes erhöhen.
  Um wie viel Prozent müsst der Absatz von Mountainbikes gesteigert werden, wenn sich der Gesamtdeckungsbeitrag der Unternehmung nicht verschlechtern soll?

4 Eine Einkaufsorganisation für Fahrradeinzelhändler unterbreitet der BIKE GmbH ein Angebot, monatlich 100 Mountainbikes zu einem Preis von 580 € abzunehmen. Bei keinem der Radtypen bestehen Lieferverpflichtungen.
  Bei der Fertigungsstelle I liegt die maximale Kapazität bei 1 775 Stunden/Monat. Die Bearbeitungszeit beträgt in dieser Fertigungsstelle I für das
  – City-Rad   1,5 Stunden
  – Touren-Rad   2,4 Stunden
  – Mountainbike   2,0 Stunden
  In der Fertigungsstelle II gibt es keinen Engpass.
  Entscheiden Sie mit rechnerischem Nachweis, ob der Auftrag angenommen werden soll, und ermitteln Sie das optimale Produktionsprogramm.

5   Der Betriebsleiter schlägt vor, die Fertigungskosten des City-Rades zu senken. Dazu müsste in der Fertigungsstelle I eine neue Maschine angeschafft werden.

Anschaffungswert der Maschine	255 000 €
Wiederbeschaffungswert der Maschine	286 250 €
Nutzungsdauer	5 Jahre
kalkulatorischer Zinssatz	8 % p. a.
bisherige anteilige Fixkosten des City-Rads	62 000 € /Monat

5.1   Ermitteln Sie die durch die Anschaffung der Maschine verursachten zusätzlichen Fixkosten je Monat.

5.2   Ermitteln Sie die Mcnge an City-Rädern, ab der sich das neue Fertigungsverfahren lohnt, wenn durch die Rationalisierung die variablen Kosten um 10 % sinken.

Punkte:

Frage	1.1	1.2	1.3	2.1	2.2	3.1	3.2	4	5.1	5.2
NP	6	2	2	4	1	2	3	6	2	2

Anlage zu Aufgabe 1.1

Monats-Betriebsabrechnungsbogen (alle Beträge in €)

	Zahlen der Kosten- und Leistungsrechnung	Kantine	Material-stelle	Fertigungs-hilfsstelle	Fertigungs-stelle I	Fertigungs-stelle II	Verwaltungs-stelle	Vertriebs-stelle
Summe der Gemeinkosten	223 700	40 000	8 250	10 000	63 250	43 000	34 720	24 480
Umlage 1								
Zwischensumme								
Umlage 2								
Summe der Gemeinkosten								

Lösungsvorschlag

Aufgabe 2: Vollkostenrechnung, Kostenanalyse, Deckungsbeitragsrechnung

1.1 Mehrstufiger Betriebsabrechnungsbogen

Monats-Betriebsabrechnungsbogen (alle Beträge in €)

	Zahlen der KLR	Kantine	Material-stelle	Ferti-gungs-hilfsstelle	Ferti-gungs-stelle I	Ferti-gungs-stelle II	Verwal-tungs-stelle	Ver-triebs-stelle
Summe der Gemein-kosten	223 700	40 000	8 250	10 000	63 250	43 000	34 720	24 480
Umlage 1	–	→	4 000	2 000	12 000	10 000	8 000	4 000
Zwischen-summe	–	–	12 250	12 000	75 250	53 000	42 720	28 480
Umlage 2	–	–	–	→	8 000	4 000	–	–
Summe der Gemein-kosten	223 700	–	12 250	–	83 250	57 000	42 720	28 480

Einzelkosten:

Fertigungsmaterial	50 000	+	50 000	+	22 500	= 122 500 €
Fertigungslöhne I	25 000	+	20 000	+	10 500	= 55 500 €
Fertigungslöhne II	12 500	+	10 000	+	6 000	= 28 500 €

Gesamtkalkulation und Berechnung der Zuschlagssätze:

Fertigungsmaterial	122 500 €		
Materialgemeinkosten	12 250 €	=	10 %
Fertigungslöhne I	55 500 €		
Fertigungsgemeinkosten I	83 250 €	=	150 %
Fertigungslöhne II	28 500 €		
Fertigungsgemeinkosten II	57 000 €	=	200 %
Herstellkosten der Produktion	359 000 €		
− Mehrbestand an Fertigen Erzeugnissen	−4 500 €		
+ Minderbestand an Unfertigen Erzeugnissen	+1 500 €		
Herstellkosten des Umsatzes	356 000 €		
Verwaltungsgemeinkosten	42 720 €	=	12 %
Vertriebsgemeinkosten	28 480 €	=	8 %
Selbstkosten des Umsatzes	427 200 €		

1.2 Kalkulation der Selbstkosten je City-Rad

Fertigungsmaterial		100,00 €
Materialgemeinkosten	10 %	10,00 €
Fertigungslöhne I		50,00 €
Fertigungsgemeinkosten I	150 %	75,00 €
Fertigungslöhne II		25,00 €
Fertigungsgemeinkosten II	200 %	50,00 €
Herstellkosten		310,00 €
Verwaltungsgemeinkosten	12 %	37,20 €
Vertriebsgemeinkosten	8 %	24,80 €
Selbstkosten		372,00 €

Ein Verkauf des City-Rades zum Konkurrenzpreis von weniger als 350 € würde bei Anwendung der Vollkostenrechnung einen zusätzlichen Verlust von 372 – 350 = 22 € je Stück verursachen, deshalb ist keine langfristige Preissenkung unter 350 € vertretbar.

1.3 Beschäftigung und Fixkostenproblematik

Bei einem rückläufigen Beschäftigungsgrad nehmen die Einzelkosten wie z. B. Fertigungsmaterial und Fertigungslöhne proportional ab. Bei unveränderten Gemeinkostenzuschlagsätzen nehmen damit auch die verrechneten Gemeinkosten ab.

Da die Gemeinkosten jedoch zu einem großen Teil fix sind, werden auf die Produkte zu wenig Gemeinkosten verrechnet, d. h. die Preise werden zu niedrig kalkuliert. Es entsteht eine Kostenunterdeckung (Normalkosten < Istkosten).

2.1 Preisanpassung

Herstellkosten der Produktion (s. 1.1)	359 000 €
Verwaltungsgemeinkosten	42 720 €
Vertriebsgemeinkosten	28 480 €
Selbstkosten des Umsatzes (ohne Best.Veränd.)	430 200 €
+ Betriebsgewinn	10 000 €
erforderlicher Gesamterlös	440 200 €
– Verkaufserlöse Touren-Rad (250 St. · 700 €)	175 000 €
– Verkaufserlöse Mountainbike (150 St. · 600 €)	90 000 €
erforderliche Verkaufserlöse City-Rad	175 200 €

175 200 € : 500 Stück = 350,40 € für ein City-Rad.

2.2 Kurzfristige Preisuntergrenze

Als kurzfristige Preisuntergrenze gelten die variable Stückkosten = 229 €

3.1 Deckung zusätzlicher Fixkosten

Verkaufspreis Mountainbike	600 €
– variable Stückkosten	350 €
Stückdeckungsbeitrag (db)	250 €

zusätzliche Fixkosten/db = 10 000 €/250 € = 40 Stück
Es müssen 40 Mountainbikes im Monat mehr verkauft werden.

3.2 Sortimentsentscheidung

Verkaufspreis City-Rad	400 €
− variable Stückkosten	229 €
Stückdeckungsbeitrag	171 €

Gesamtdeckungsbeitrag City-DB = 171 €/St. · 500 St. = 85 500 €

Der Verlust des City-DB muss mit der Zusatzproduktion von Mountainbikes ersetzt werden:

85 500 € : 250 €/St. (db Mountainbike) = 342 Stück zusätzlich

bisheriger Absatz Mountainbikes	150 St.	= 100 %
erforderlicher Absatz Mountainbikes	492 St.	= 328 %
→ Absatzsteigerung um		228 %

4 Optimales Sortiment im Engpass

	City-Rad	Touren-Rad	Mountainbike (MB)	Zusatzauftrag (MB)	
Preis/St.	400 €	700 €	600 €	580 €	
− k_v	229 €	412 €	350 €	350 €	
db	171 €	288 €	250 €	230 €	
: Fert.zeit (Std.)	1,5	2,4	2,0	2,0	
Relativer db	114	120	125	115	(€/Std.)
Rangfolge	**4**	**2**	**1**	**3**	

Da der relative Deckungsbeitrag beim Zusatzauftrag höher ist als beim City-Rad, sollte der Zusatzauftrag angenommen werden.

Fertigungszeit max.		1 775 Std.
− Mountainbike	150 St. · 2,0 Std.	300 Std.
− Touren-Rad	250 St. · 2,4 Std.	600 Std.
− Zusatzauftrag	100 St. · 2,0 Std.	200 Std.
restliche Fertigungszeit		675 Std.

675 Std. : 1,5 Std./St. = 450 City-Räder

Optimales Produktionsprogramm:	250 St. Mountainbikes	(100 zusätzlich zu bisher 150 St.)
	250 St. Touren-Räder	
	450 St. City-Räder	

5.1 Kalkulatorische Zusatzkosten

− kalkulatorische Abschreibung: linear 20 % vom Wiederbeschaffungswert 286 250 €	= 57 250 €/Jahr
− kalkulatorische Zinsen vom halben Wiederbeschaffungswert: (286 250 € · ½) · 8 %	= 11 450 €/Jahr
zusätzliche Fixkosten/Jahr	= 68 700 €

zusätzliche anteilige Fixkosten/Monat = 68 700 € : 12 Monate = 5 725 €

5.2 Kostenvergleich (pro Monat)

$$K\,(\text{alt}) = k_v + K_f$$
$$= 229\,x + 62\,000$$

$$k_v\,(\text{neu}) = 229\,\text{€} - 10\,\% = 206{,}10\,\text{€}$$
$$K_f\,(\text{neu}) = 62\,000 + 5\,725 = 67\,725\,\text{€}$$
$$K\,(\text{neu}) = 206{,}1\,x + 67.725$$

$$K\,(\text{alt}) = K\,(\text{neu})$$
$$229\,x + 62\,000 = 206{,}1\,x + 67\,725$$
$$x = 250\ \text{Stück}$$

Ab 251 Stück pro Monat lohnt sich das Verfahren mit der neuen Maschine.

Alternative Lösung mithilfe des Deckungsbeitragsunterschiedes:
Kritische Menge $m = \Delta K_f : \Delta\,db = 5\,725 / (193{,}9 - 171) = 250\ \text{Stück}$

Aufgabe 3: AG: Rechnungslegung, Jahresabschluss, Bewertung

Aufgaben:

1 Die Schwäbische Werkzeugmaschinenfabrik AG, die an der Börse notiert wird, erstellt zum 31. 12. 2003 ihren Jahresabschluss

– Nennen Sie die gesetzlichen Bestandteile, aus denen der Jahresabschluss der Schwäbischen Werkzeugmaschinenfabrik AG besteht.

– Erläutern Sie, wer grundsätzlich den Jahresabschluss dieser AG feststellt und welche Bedeutung diese Feststellung hat.

– Beschreiben Sie die wesentlichen Inhalte von Anhang und Lagebericht.

– Nennen Sie zwei Adressaten, an die sich der handelsrechtliche Jahresabschluss richtet, sowie die damit verbundenen Absichten.

2 Für die Aufstellung der Handelsbilanz zum 31. 12. 2003 sind in der AG verschiedene Bewertungsfragen zu lösen, wobei ein möglichst geringer Jahresüberschuss ausgewiesen werden soll.

2.1 Am 01. 10. 2003 kaufte die AG mit notariellem Vertrag ein Grundstück, welches mit einer Lagerhalle – Fertigstellung 2002 – bebaut ist. Nutzen und Lasten gingen noch am gleichen Tag über.

2.1.1 Ermitteln Sie den Wert, mit dem das bebaute Grundstück zum 31. 12. 2003 bilanziert wird, wenn im Zusammenhang mit dem Erwerb folgende Sachverhalte vorliegen:

– Scheckzahlung 774 000 € am 01. 10. 2003

– Übernahme des Fälligkeitsdarlehens in Höhe von 500 000 € samt Grundschuld, die auf dem Grundstück lastet; Zinszahlung jährlich zum 31. 12. (nachschüssig).

– Die Zinsen vom 1. 1. bis 30. 9. 2003 in Höhe von 24 000 € wurden vom Verkäufer übernommen.

– Grunderwerbsteuer 3,5 %

– Notariatsgebühren für Beurkundung des Kaufvertrages netto 5 000 € zuzüglich 16 % USt.

– Wertgutachten eines Bausachverständigen vor der Kaufentscheidung für das bebaute Grundstück 2 000 € zuzüglich 16 % USt.

– anteilige Grundsteuer (01. 10.–31. 12. 2003) 800 €

– Eigentumsübertragung im Grundbuch 4 410 €

– Notariatsgebühren für die Übertragung der übernommenen Grundschuld 1 000 € zuzüglich 16 % USt.

Der anteilige Wert des Grund und Bodens beträgt 20 % der Anschaffungskosten; das Gebäude wird linear mit 3 % abgeschrieben.

2.1.2 Berechnen Sie, wie viel gewinnmindernde Aufwendungen die Finanzierung und der Grundstückserwerb im Geschäftsjahr 2003 insgesamt verursachen.

2.2 Am 02. 11. 2003 hat die AG einen Kleintransporter zum Listenpreis von 50 000 € zuzüglich 8 000 € USt. unter Abzug von 3 % Skonto angeschafft. Die Nutzungsdauer beträgt 6 Jahre.

Weitere Ausgaben:

Überführungskosten	300,00 €
Autoradio samt Einbau	400,00 €
+ 16 % USt. aus 700 €	112,00 €
Kfz-Steuer	620,50 €
Zulassungskosten	40,00 €
Nummernschilder (einschließlich 16 % USt.)	34,80 €

Am 15. 11. 2003 ließ die AG den Kleintransporter mit einem werbewirksamen Firmenschriftzug versehen. Die Rechnung über 1 730 € zuzüglich 16 % USt. wurde am 20. 11. 2003 beglichen.

Ermitteln Sie den Bilanzansatz zum 31. 12. 2003.

Hinweis: Bewertung bewegl. Anlagegüter ist nicht mehr prüfungsrelevant!

2.3 Am 17. 12. 2003 kaufte die AG einen Chef-Sessel für 612,24 € zuzüglich 97,96 € USt. = 710,20 € unter Abzug von 2 % Skonto gegen Barzahlung. Das Leder des Sessels hat einen Farbfehler. Aufgrund einer einvernehmlichen Preisminderung hat die AG vom Verkäufer am 27. 12. 2003 eine Bankgutschrift in Höhe von 232,00 € (einschließlich 16 % USt.) erhalten.

Begründen Sie, mit welchem Wert der Sessel zum 31. 12. 2003 bilanziert wird.

Hinweis: Bewertung bewegl. Anlagegüter ist nicht mehr prüfungsrelevant!

2.4 Im abgelaufenen Jahr 2003 wurden im Produktionsbereich „Fräsmaschinen" 6,0 Mio. € für Fertigungsmaterial und 2,0 Mio. € für Fertigungslöhne aufgewendet. Die Gemeinkosten verteilen sich nach dem BAB auf die folgenden Kostenstellen:

Material	1 800 000 €
Fertigung	1 500 000 €
Verwaltung	2 825 000 €
Vertrieb	1 695 000 €

Die AG setzt eine am 01. 12. 2003 fertig gestellte Fräsmaschine im eigenen Betrieb ein. Die Nutzungsdauer dieser Fräsmaschine beträgt 8 Jahre. Für die Herstellung der Fräsmaschine sind angefallen:

Fertigungsmaterial	100 000 €
Fertigungslöhne	150 000 €
Lizenzgebühren	7 500 €

– Berechnen Sie die Selbstkosten, die bei der Herstellung der Fräsmaschine angefallen sind.
– Ermitteln Sie den Wert, mit welchem die Fräsmaschine zum 31. 12. 2003 zu bilanzieren ist.

2.5 In der Position Verbindlichkeiten aus Lieferungen und Leistungen ist eine Rechnung eines amerikanischen Lieferers enthalten:

Rechnung vom 12. 12. 2003

Rechnungsbetrag: 100 000 US-$, Zahlungsziel: 1 Monat

Kursnotierungen am	12. 12. 2003	1,00 € = 1,0200 US-$
	31. 12. 2003	1,00 € = 0,9900 US-$

– Mit welchem Betrag muss die Rechnung, die in US-$ zu bezahlen ist, in der Handelsbilanz zum 31. 12. 2003 angesetzt werden?
– Erläutern Sie die Bewertungsgrundsätze, die hier anzuwenden sind.

3   Bei der Beurteilung des Jahresabschlusses für 2003 kommt ein Bilanzanalyst der Hausbank der AG zu folgendem Ergebnis:

„Die AG hat im laufenden Geschäftsjahr sehr hohe stille Rücklagen gebildet und dennoch durch die erfolgreiche Ausnutzung des Leverage-Effekts eine ausgezeichnete Eigenkapital-Rentabilität erwirtschaftet. Der Börsenkurs von 33 € am 30. 12. 2003 zeigt, dass die Börse den „inneren Wert" der Aktie durchaus honoriert hat. Bei einem ausgewiesenen Eigenkapital von 22 Millionen € wurden 1 Million Stückaktien ausgegeben."

3.1   Erläutern Sie, wie stille Rücklagen entstehen und welche Auswirkungen sie auf die Eigenkapitalrentabilität im Jahr der Bildung der stillen Rücklagen und im Jahr ihrer Auflösung haben.

Begründen Sie, wie durch den Leverage-Effekt die Eigenkapitalrentabilität gesteigert werden kann.

Erläutern Sie, ob und gegebenenfalls wie sich die Ausnutzung des Leverage-Effekts im Zeitpunkt einer mit langfristigen Mitteln finanzierten Investition in das Anlagevermögen auf die Kapitalstruktur und auf die Liquidität 1. Grades einer Unternehmung auswirkt.

3.2   Ermitteln Sie die Abweichung zwischen Bilanz- und Börsenkurs je Aktie und geben Sie zwei Ursachen für diese Differenz an.

Punkte:

Frage	1	2.1.1	2.1.2	2.2	2.3	2.4	2.5	3.1	3.2
NP	5	4	2	3	2	5	2	5	2

Aufgabe 3: AG: Rechnungslegung, Jahresabschluss, Bewertung

1 Bestandteile des Jahresabschlusses der AG

– Der Jahresabschluss einer börsennotierten AG besteht aus:
Bilanz, GuV-Rechnung und Anhang. Er wird erweitert um den Lagebericht (§ 264 Abs. 1 i. V. m. § 267 Abs. 3 S. 1 HGB).

– Der Jahresabschluss wird vom Vorstand aufgestellt. Billigt der Aufsichtsrat den Jahresabschluss, so ist dieser festgestellt und damit rechtsverbindlich (§ 172 AktG). Dadurch ist die Höhe des Bilanzgewinns festgestellt, der der Hauptversammlung zur Beschlussfassung über die Verwendung vorgelegt wird (§ 174 AktG).

– Anhang: Er soll sicherstellen, dass der Jahresabschluss einen Einblick in die Vermögens-, Finanz- und Ertragslage vermittelt und er erläutert die gewählten Bilanzierungs- und Bewertungsmethoden.
Lagebericht: Er verdeutlicht das Gesamtbild der wirtschaftlichen Lage des Unternehmens mithilfe eines Wirtschafts-, Prognose-, Forschungs- und Entwicklungsberichts.

– Gläubiger: Auskunft über die Vermögenslage und die Schulden der Unternehmung.
Aktionäre: Auskunft über die Sicherheit ihrer Kapitalanlage und die Ertragsentwicklung.

2.1.1 Bewertung bebauter Grundstücke

Anschaffungskosten i. S. des § 255 (1) HGB:

Kaufpreis	1 274 000 €	(Scheck + Grundschuld)
+ 3,5 % Grunderwerbsteuer	44 590 €	
+ Notargebühren f. Kaufvertrag	5 000 €	
+ Wertgutachten	2 000 €	
+ Eigentumsübertragung	4 410 €	
AK bebautes Grundstück	1 330 000 €	
– 20 % Grund und Boden	–266 000 €	
AK Lagerhalle	1 064 000 €	
– Abschreibung 3 % für 3 Monate	7 980 €	
Restbuchwert Lagerhalle 31. 12. 2003	1 056 020 €	
+ Grund und Boden	266 000 €	
Bilanzansatz 31. 12. 2003	1 322 020 €	

Nicht aktiviert werden dürfen die Nebenkosten der Finanzierung sowie wiederkehrende Aufwendungen.

2.1.2 Beschaffungsaufwand für 2003:

Grundsteuer	800 €	
Zinsen: 24 000 / 9 · 3	8 000 €	(ab Oktober 2003)
planmäßige Abschreibung	7 980 €	(siehe 2.1.1)
Übertragung Grundschuld	1 000 €	
Gesamtaufwand im Jahr 2003	17 780 €	

2.2 Bewertung von beweglichem Vermögen *(nicht mehr prüfungsrelevant!)*

Listenpreis	50 000 €	Alle Werte <u>ohne</u> USt!
− 3 % Skonto	1 500 €	
Bareinkaufspreis	48 500 €	
+ ANK: Überführung	300 €	
Autoradio	400 €	
Zulassung	40 €	
Nummernschilder	30 €	
Firmenschriftzug	1 730 €	
Anschaffungskosten	51 000 €	
− Abschreibung degressiv (20 % für ½ Jahr)	5 100 €	
Bilanzansatz 31. 12. 2003	45 900 €	

Kfz-Steuern sind keine Anschaffungsnebenkosten (ANK), sondern laufender Aufwand!

2.3 Bewertung geringwertiger Wirtschaftsgüter (gWG) *(nicht mehr prüfungsrelevant!)*

Nettoverkaufspreis	612,24 €
− 2 % Skonto	12,24 €
Nettobarpreis	600,00 €
− Preisminderung	200,00 €
Anschaffungskosten (AK)	400,00 €

Es handelt sich damit um ein geringwertiges Wirtschaftsgut, da AK < 410 €.
D. h. im Anschaffungsjahr erfolgt die volle Abschreibung der Anschaffungskosten; der Bilanzansatz beträgt somit 0 €.

2.4 Bewertung einer innerbetrieblichen Eigenleistung

Ermittlung der Zuschlagsätze für die Kalkulation:

Fertigungsmaterial	6 000 000 €	
Materialgemeinkosten	1 800 000 €	= 30 %
Fertigungslöhne	2 000 000 €	
Fertigungsgemeinkosten	1 500 000 €	= 75 %
Herstellkosten	11 300 000 €	
Verwaltungsgemeinkosten	2 825 000 €	= 25 %
Vertriebsgemeinkosten	1 695 000 €	= 15 %

Kalkulation der Selbstkosten der Fräsmaschine:		**Bewertung mit handelsrechtlicher Wertuntergrenze (nur Einzelkosten):**
FM	100 000 €	100 000 €
− MGK 30 %	30 000 €	
FL	150 000 €	150 000 €
FGK 75 %	112 500 €	
SEK d. Fertigung	7 500 €	7 500 €

Herstellkosten bzw.	400 000 €	
Herstellungskosten		257 500 €
VwGK 25 %	100 000 €	
VtGK 15 %	60 000 €	

Selbstkosten	560 000 €	

AK (andere aktivierte Eigenleistungen)	257 500 €
– Abschr. degressiv (20 % für ½ Jahr)	25 750 €

Bilanzansatz zum 31. 12. 2003	231 750 €

2.5 Bewertung einer Währungsverbindlichkeit

Wert (USD)	Anschaffungswert	Kurswert 31. 12.
100 000,00 $	98 039,22 €	101 010,10 €
	(100 000/1,02)	(100 000/0,99)

Die $-Verbindlichkeit ist am 31. 12. 2003 mit 101 010,10 € zu bewerten.
Bei Valutaverbindlichkeiten (Schulden) gilt das Höchstwertprinzip (§ 253 Abs. 1 HGB),
d. h. bei gestiegenen Verbindlichkeiten muss der höhere Wert in der Bilanz angesetzt
werden! Drohende Kursverluste müssen im Gegensatz zu nicht realisierten Kurs-
gewinnen ausgewiesen werden (Imparitätsprinzip).

3.1 Stille Rücklagen und Leverage-Effekt

– Stille Rücklagen entstehen durch Unterbewertung von Aktiva (z. B. durch überhöhte
  Abschreibungen) und/oder Überbewertung der Passiva (z. B. Ansatz überhöhter Rück-
  stellungen).
  Auswirkungen auf die Eigenkapitalrentabilität:
  Im Jahr der Bildung sinkt der Jahresüberschuss und somit fällt die Eigenkapitalrenta-
  bilität; im Jahr der Auflösung steigt der Jahresüberschuss und somit steigt die Eigen-
  kapitalrentabilität (Ergebnisverschiebung auf ein späteres Jahr).
– Sofern die Gesamtkapitalrentabilität in % höher ist als der Zinssatz für das eingesetzte
  Fremdkapital, steigt bei zunehmender Fremdfinanzierung die Eigenkapitalrentabilität.
– Die Eigenkapitalquote sinkt, da bei stärkerer Fremdfinanzierung das Gesamtkapital
  mehr zunimmt als das Eigenkapital.
  Die Liquidität 1. Grades bleibt zunächst unverändert, da sich die liquiden Mittel und
  die kurzfristigen Verbindlichkeiten nicht verändern; je nach Kreditvertrag kann sie
  jedoch durch Zins und Tilgungszahlungen belastet werden.

3.2 Differenz zwischen Börsen- und Bilanzkurs

Börsenkurs je Aktie am 30. 12. 2003	33,00 €
– Bilanzkurs je Aktie am 31. 12. 2003 (22 Mio. €/1 Mio. Stück)	22,00 €
Wertdifferenz je Aktie	11,00 €

Ursachen sind z. B.:
– günstige Gewinnentwicklung bzw. Gewinnerwartungen
– positive Zukunftsperspektiven (Branche/Konjunktur; Produkt)
– Unterbewertung von Aktiva
– Börsenangebot und -nachfrage
– Spekulation

Aufgabe 1: Probleme der sozialen Marktwirtschaft anhand wirtschaftspolitischer Tagesfragen

1   Die wirtschaftliche Lage 2002 in Deutschland war durch folgende Merkmale gekennzeichnet:
   – Bruttoinlandsprodukt in jeweiligen Preisen 2 110,4 Mrd.
   – Wachstumsrate des realen Bruttoinlandsprodukts 0,2 %
   – Zahl der Arbeitslosen im Jahresdurchschnitt ca. 4,06 Mio.
   – Außenbeitrag in jeweiligen Preisen 90,7 Mrd.
   – Veränderung des Verbraucherpreisindex gegenüber dem Vorjahr + 1,4 %

1.1   Beurteilen Sie für das Jahr 2002 die Erreichung der in § 1 des Stabilitätsgesetzes formulierten Zielsetzung.

1.2   Die Maßnahmen zur Erreichung der wirtschaftspolitischen Ziele orientieren sich an zwei unterschiedlichen wirtschaftspolitischen Konzepten.

1.2.1   Kennzeichnen und erläutern Sie anhand von zwei Beispielen Unterschiede zwischen diesen beiden Konzepten.

1.2.2   Ein wesentliches wirtschaftspolitisches Ziel ist der Abbau der Arbeitslosigkeit.
   Zeigen Sie Gemeinsamkeiten und Unterschiede der beiden wirtschaftspolitischen Konzepte zur Erreichung dieses Ziels am Beispiel der Steuerpolitik.

1.2.3   Beide wirtschaftspolitische Konzepte stoßen in Deutschland bei ihrer Umsetzung an Grenzen.
   Erläutern Sie dies für die beiden Konzepte anhand von je zwei Umsetzungsproblemen.

1.3   Neben der Steuerung der gesamtwirtschaftlichen Entwicklung besteht für den Staat weiterer Handlungsbedarf zur Erhaltung und Weiterentwicklung der sozialen Marktwirtschaft.
   Erläutern Sie anhand von zwei Wirtschaftsbereichen, dass der Markt als Steuerungsinstrument versagen kann und daher staatliche Maßnahmen notwendig sein können.

2   Der Staat und andere wirtschaftspolitische Entscheidungsträger greifen in Deutschland auf vielfältige Art und Weise in das Marktgeschehen ein.

2.1   Für die Baubranche wurden 2001 in Deutschland Mindestlöhne eingeführt.

2.1.1   Veranschaulichen Sie die Situation auf dem Arbeitsmarkt in der Baubranche nach der Festlegung von Mindestlöhnen anhand eines skizzierten Koordinatensystems mit einer normal verlaufenden Angebots- und Nachfragekurve.
   Erläutern sie anhand der Skizze die volkswirtschaftlichen Konsequenzen der Mindestlohnpolitik.

2.1.2   Tragen Sie in das unter 2.1.1 erstellte Koordinatensystem eine zusätzliche Nachfragekurve ein, die zu einem Gleichgewicht auf dem Arbeitsmarkt führt.

Erläutern Sie, unter welchen Voraussetzungen eine solche Entwicklung der Nachfrage nach Arbeit möglich wäre.

2.2 Auf dem Wohnungsmarkt greift der Staat sowohl durch Mietpreisbegrenzungen als auch durch Subventionen in den Markt ein.

2.2.1 Zur Lösung der Probleme am Wohnungsmarkt wurde 2002 von politischer Seite vorgeschlagen, der Staat solle neben einer Mietpreisbegrenzung durch den Bau von mehr Sozialwohnungen für ausreichenden Wohnraum sorgen.
Angenommen, das Gleichgewicht auf dem Markt für Wohnungen mit vergleichbarer Lage, Ausstattung usw. läge bei 8,00 €/m² und 300 Mio. m² Wohnraum.
Die vom Staat festgelegte Mietpreisbegrenzung soll bei 6,00 €/m² liegen.

Erstellen Sie unter Beachtung der folgenden Bedingungen ein Koordinatensystem, das die beschriebene Marktsituation widerspiegelt.
Bedingungen für die Angebots- und Nachfragekurven:
– X-Achse: 12 cm; 1 cm = 100 Mio. m²
– Y-Achse: 12 cm; 1 cm = 1 €/m²
– normaler Verlauf der Angebots- und Nachfragekurven
– Steigung der Angebotskurve: +1
– Steigung der Nachfragekurve: –1

2.2.2 Ermitteln Sie grafisch durch Einzeichnen einer weiteren Angebotskurve in das unter 2.2.1 erstellte Koordinatensystem, um wie viel Millionen Quadratmeter das Wohnraumangebot steigen müsste, damit der Markt unter sonst gleichen Bedingungen zum Ausgleich kommt.

2.2.3 Berechnen Sie anhand der bei 2.2.2 erstellten Grafik die Konsumentenrente bei der ursprünglichen Gleichgewichtsmiete von 8 €/m² (ohne Berücksichtigung einer Mietpreisbegrenzung).
Vergleichen Sie das Ergebnis mit der Höhe der Konsumentenrente bei der neuen Gleichgewichtsmiete nach der Erhöhung des Wohnraumangebotes.
Worauf ist der Unterschied zurückzuführen?

Punkte:

Frage	1.1	1.2.1	1.2.2	1.2.3	1.3	2.1.1	2.1.2	2.2.1	2.2.2	2.2.3
NP	2	4	4	4	4	3	2	2	2	3

Lösungsvorschlag

Aufgabe 1: Probleme der sozialen Marktwirtschaft anhand wirtschaftspolitischer Tagesfragen

1.1 Wirtschaftspolitische Ziele

Ein gesamtwirtschaftliches Gleichgewicht lag nicht vor.

– Am weitesten entfernt war Deutschland vom Ziel des hohen Beschäftigungsstandes (Arbeitslosenquote > 10 %).
– Ein angemessenes stetiges Wirtschaftswachstum (Ziel: 2–3 %) lag mit nur 0,2 % nicht vor.
– Das außenwirtschaftliche Gleichgewicht ist durch den hohen Außenbeitrag (4,3 % des nominalen BIP) formal nicht erreicht worden. Ein Überschuss ist aber derzeit wirtschaftspolitisch (Wirtschaftswachstum/Beschäftigung) erwünscht.
– Preisniveaustabilität war erreicht, da die Inflationsrate unter 2 % lag.

1.2.1 Wirtschaftspolitische Konzepte

Die beiden Konzepte sind die nachfrageorientierte und die angebotsorientierte Wirtschaftspolitik.

	nachfrageorientiert	angebotsorientiert
Grund-auffassung	Das marktwirtschaftliche System ist instabil; keine automatische Tendenz zum Gleichgewicht. Die gesamtwirtschaftliche Nachfrage bestimmt die Höhe von BIP und Beschäftigung. Der Staat muss eingreifen, um die gesamtwirtschaftliche Nachfrage zu beeinflussen.	Der Staat soll nicht in das wirtschaftliche Geschehen eingreifen; das marktwirtschaftliche System hat die Tendenz zum Gleichgewicht auf allen Märkten, auch auf dem Arbeitsmarkt. Ungleichgewichte sind die Folge von Staatseingriffen und von zu wenig Wettbewerb.
Wirt-schafts-politische Maß-nahmen	Der Staat soll die gesamtwirtschaftliche Nachfrage durch antizyklische Ausgaben- und Einnahmenpolitik steuern.	Der Staat muss die Voraussetzungen für ein optimales Funktionieren des Marktsystems schaffen: Abbau von Wettbewerbshemmnissen, Deregulierung, Privatisierung.

1.2.2 Wirtschaftspolitische Konzepte und Steuerpolitik

Beide Konzepte verlangen Steuersenkungen. Die Begründung und die erhoffte Wirkungsweise sind aber unterschiedlich.

Nachfrageorientiert: Steuersenkung (z. B. Einkommensteuer) zur Erhöhung der privaten Nachfrage und damit der Beschäftigung. Das setzt aber voraus, dass trotz sinkendem Steueraufkommen der Staat seine Ausgaben (Nachfrage des Staates) nicht reduziert, da andernfalls die gesamtwirtschaftliche Nachfrage nicht steigen würde. Das staatliche Haushaltsdefizit muss durch die Auflösung einer Konjunkturausgleichsrücklage oder durch Kreditaufnahme (deficit spending) gedeckt werden.

Angebotsorientiert: Senkung der Unternehmenssteuern, um mehr Leistungs- und Investitionsanreize zu bieten und damit die Nachfrage nach Arbeitskräften zu steigern.

1.2.3 Wirtschaftspolitische Konzepte und Probleme

Probleme der nachfrageorientierten Wirtschaftspolitik	Probleme der angebotsorientierten Wirtschaftspolitik
– Steigende Staatsverschuldung: Die Ausgaben sind leichter zu erhöhen als zu kürzen. – Größerer Staatseinfluss: Bürokratie wächst, individuelle Leistungsbereitschaft sinkt. – Abstimmungsprobleme: Bund, Länder und Gemeinden ziehen oft nicht an einem Strang. – Die Stop-and-go-Politik (ständiger Wechsel zwischen expansiven und kontraktiven Maßnahmen) wirkt nur kurzfristig und mit zeitlicher Verzögerung (Time Lag). – Verdrängungseffekt (Crowding-out-Effekt): Verstärkte Kreditaufnahme des Staates führt zu steigenden Zinsen und reduziert die private Kreditnachfrage.	– Die Instrumente der Steuer- und Geldpolitik können unwirksam sein, da z. B. die Investitionsneigung nicht nur von niedrigen Steuern und Zinsen abhängt. – Die Verbesserung der wirtschaftlichen Rahmenbedingungen durch die Politik ist nur mittel- bis langfristig möglich. – Die Maßnahmen sind mit Sozialabbau, Senkung der Reallöhne, Lockerung von Kündigungsschutz usw. verbunden und daher politisch nur schwer durchsetzbar.

1.3 Notwendigkeit staatlicher Maßnahmen in der sozialen Marktwirtschaft

Versorgung mit öffentlichen Gütern:
Ohne Staatseingriffe stehen in einer Marktwirtschaft zu wenig öffentliche Güter zur Verfügung (Gesundheitswesen, Bildung, Infrastruktur), da diese Güter i. d. R. nicht in ausreichendem Maße von privaten Anbietern über den Markt bereitgestellt werden.

Arbeitsmarkt:
Auf einem völlig unregulierten Arbeitsmarkt kann sich ein aus sozialen Gründen nicht erwünschtes Lohnniveau unterhalb des Existenzminimums einstellen. Der Staat muss dies durch geeignete arbeitsmarktpolitische (z. B. Mindestlöhne, Lohnsubventionen) und sozialpolitische (z. B. Kindergeld, Wohngeld) Maßnahmen korrigieren.

2.1.1 Mindestlöhne in der Baubranche

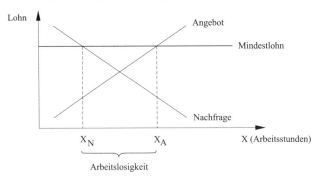

Volkswirtschaftliche Konsequenzen
– Angebotsüberhang an Arbeitsstunden (Arbeitslosigkeit)
– gegenseitige Unterbietung der Arbeitnehmer
– Entwicklung von Schwarzmärkten (Schwarzarbeit)

2.1.2 Gleichgewichtslohn in der Baubranche

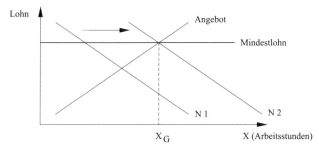

Die Nachfrage nach Arbeitsleistungen durch die Bauunternehmen müsste insgesamt zunehmen. Dazu müssen die Bauunternehmen mehr Aufträge erhalten und dürfen ihre bisherigen Produktionsmethoden nicht durch arbeitssparende Verfahren ersetzen.

2.2.1 und
2.2.2 Höchstpreise / Subventionen auf dem Wohnungsmarkt

Bei der ursprünglichen Marktsituation liegt bei einem Höchstpreis von 6 € ein Nachfrageüberhang (Angebotslücke) von 400 Mio. m^2 vor.

Durch die Angebotsverschiebung muss das Wohnraumangebot um 400 Mio. m^2 steigen, um die Angebotslücke von 400 Mio. m^2 zu schließen.

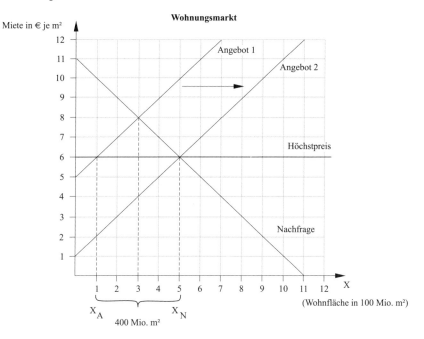

2.2.3 Konsumentenrente

Ursprüngliche Konsumentenrente: 3 · 300 Mio./2 = 450 Mio. €
Konsumentenrente nach der Angebotserhöhung: 5 · 500 Mio./2 = 1 250 Mio. €

Die Konsumentenrente ist um 800 Mio. € gestiegen, da sich durch die Angebotserhöhung ein Preis- und Mengeneffekt ergeben hat: Vorher standen den Mietern lediglich 300 Mio. m² zum Preis von 8 €/m² zur Verfügung. Nach der Angebotserhöhung stehen 500 Mio. m² zum Preis von 6 €/ m² zur Verfügung. Es gibt also jetzt mehr Mieter, die einen Vorteil dadurch erzielen, dass sie eine Wohnung zu einer niedrigeren Miete erhalten, als sie zu zahlen bereit gewesen wären.

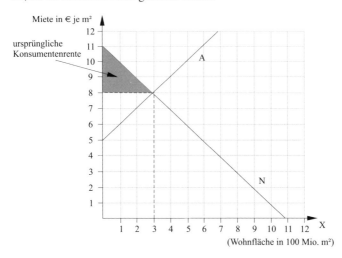

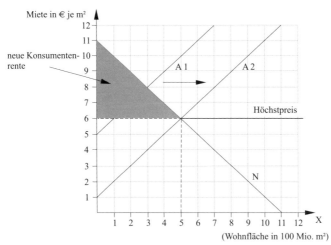

Aufgabe 2: **Binnenwert des Geldes in Verbindung mit den Grundsätzen der Geldpolitik der Europäischen Zentralbank**

1 „Die Preiswirkungen der Bargeldumstellung im Zuge der Euro-Einführung haben im Jahresverlauf 2002 viel Aufmerksamkeit erfahren, von der ausführlichen Berichterstattung in den Medien bis hin zu Aufrufen an die Verbraucher zum Boykott des Einzelhandels. Es wurde behauptet, dass die amtlichen Inflationszahlen, wie z. B. der Harmonisierte Verbraucherpreisindex (HVPI), irreführend seien und daher die jüngsten Preiserhöhungen, mit denen sich die Verbraucher konfrontiert sahen, nicht präzise widerspiegelten. Der Verbraucherumfrage der Europäischen Kommission zufolge ist die subjektive Inflationswahrnehmung der Verbraucher in den letzten Monaten weiter gestiegen und hat neue Höchstwerte erreicht. Dies steht im krassen Gegensatz zur tatsächlichen HVPI-Inflation, die im selben Zeitraum rückläufig war."

(EZB, Monatsbericht Oktober 2002)

Im August 2002 betrug die subjektive Inflationswahrnehmung rund 5 % und die tatsächliche Inflation nur 1,2 %.

1.1 Erklären Sie diesen Widerspruch.
Gehen Sie bei Ihrer Begründung auch auf das Verfahren bei der Messung des Verbraucherpreisindex in Deutschland ein.

1.2 Beschreiben Sie, welche negativen Folgen diese subjektive Einschätzung der Verbraucher auf die Konjunkturentwicklung haben kann.

2 Der Verbraucherpreisindex zeigt folgende Entwicklung:

Jahr	August 2002	August 2003
Preisindex (2000 = 100)	103,5	104,6

2.1 Berechnen Sie die prozentuale Preisveränderung von August 2002 auf August 2003. Beurteilen Sie das Ergebnis hinsichtlich der Zielvorgabe der EZB für die Höhe der Inflationsrate.

2.2 Berechnen und beurteilen Sie die prozentuale Veränderung der Kaufkraft vom Basisjahr bis zum August 2003.

3 Im Modell einer Volkswirtschaft mit einer Zentralbank und Geschäftsbanken fließen der Geschäftsbank A aus dem Verkauf von Devisen an die Zentralbank 1 Mio. Geldeinheiten (GE) zu. Die Geschäftsbank A gewährt einem ihrer Kunden einen Kredit in dieser Höhe.
Für alle Geschäftsbanken gilt ein einheitlicher Reservesatz von 10 %.
Der Kunde der Bank A überweist den Betrag auf ein Konto bei der Geschäftsbank B.

3.1 Begründen Sie auch rechnerisch, wie sich dieser Vorgang auf die Kreditvergabemöglichkeit der Geschäftsbank B auswirkt.

3.2 Ermitteln Sie die Höhe des maximal möglichen Kreditschöpfungsspielraums für das gesamte Geschäftsbankensystem aus diesem Liquiditätszufluss.

3.3 Der Mindestreservesatz ist seit 1. Januar 1999 unverändert. Er beträgt für kurzfristige Einlagen 2 % und für längerfristige Einlagen 0 %.
Beurteilen Sie die Zielsetzung und Bedeutung der Mindestreservepolitik der EZB unter Berücksichtigung dieser Festlegung.

4 Die Deutsche Bundesbank schreibt im Monatsbericht November 2002 zum Thema Geldpolitik und Finanzmärkte in der Europäischen Wirtschafts- und Währungsunion: „Der EZB-Rat beließ die Leitzinsen des Eurosystems in den letzten Monaten unverändert. Die wöchentlichen Hauptrefinanzierungsgeschäfte wurden durchweg als Zinstender mit einem Mindestbietungssatz von 3,25 % ausgeschrieben, die Zinssätze für die Spitzenrefinanzierungs- und die Einlagefazilität betrugen nach wie vor 4,25 % beziehungsweise 2,25 %.“

4.1 Beschreiben Sie die im Sachverhalt genannten Instrumente.
Erläutern Sie, warum diese gleichzeitig angeboten werden.

4.2 Am 13. 11. 2002 wurden den Geschäftsbanken im Rahmen eines Hauptrefinanzierungsgeschäfts 51 Milliarden Euro zugeteilt.
Nehmen Sie an, dass nachfolgend genannte Bietergruppen folgende Gebote abgegeben hätten:

Bieter-gruppen	Bietungsbeträge in Mio. EUR	Bietungssätze in %
A	11 100	3,28
B	21 300	3,29
C	18 213	3,29
D	9 400	3,26
E	10 180	3,27
F	11 874	3,28

4.2.1 Bestimmen und begründen Sie den marginalen Bietungssatz.

4.2.2 Geben Sie an, welcher Betrag zu welchem Zinssatz an die einzelnen Bietergruppen bei Anwendung des derzeit üblichen Zuteilungsverfahrens zugeteilt wird.

4.2.3 Erläutern Sie die Abwicklung des Zinstenders nach dem amerikanischen Verfahren mithilfe des Modells der Preisbildung. Skizzieren Sie dazu die Zusammenhänge auch in einem Koordinatensystem.

4.2.4 Im März 2003 senkte der EZB-Rat die Leitzinsen von 2,5 % auf 2,0 %. Der EZB-Rat erhoffte sich mit dieser Maßnahme Auswirkungen auf die Konjunktur.
Zeigen Sie diese erhofften Auswirkungen schrittweise auf und erläutern Sie, welche Wirkungshemmnisse aufgetreten sein könnten.

Punkte:

Frage	1.1	1.2	2.1	2.2	3.1	3.2	3.3	4.1	4.2.1	4.2.2	4.2.3	4.2.4
NP	3	2	2	2	2	2	3	3	2	2	3	4

Aufgabe 2: Binnenwert des Geldes in Verbindung mit den Grundsätzen der Geldpolitik der Europäischen Zentralbank

1.1 Subjektive Inflationswahrnehmung und Verbraucherpreisindex

Der Verbraucherpreisindex erfasst die Preisveränderungen von ca. 750 Waren und Dienstleistungen (Warenkorb), die von den privaten Haushalten durchschnittlich gekauft werden. Die Gütergruppen werden im Warenkorb entsprechend den Verbrauchergewohnheiten gewichtet einbezogen.

Der Warenkorb wird alle fünf Jahre neu ermittelt, d. h. dem veränderten Verbraucherverhalten angepasst (für den Verbraucher wichtig gewordene Güter kommen hinzu, unbedeutend gewordene Güter werden entfernt) und auf ein neues Basisjahr umgestellt.

Die Diskrepanz zwischen der von Verbrauchern subjektiv wahrgenommenen Inflationsentwicklung und der vom Statistischen Bundesamt errechneten Inflationsrate lässt sich auf Preiserhöhungen bei bestimmten Waren und Dienstleistungen zurückführen, z. B. bei den Preisen für frische Lebensmittel, Kino, Friseur oder Gastronomie; alles Dinge, die traditionell bar bezahlt werden. Dem Verbraucher ist das Preisniveau dieser Waren eher bewusst als das ganze Spektrum des Warenkorbs, obwohl diese Waren ein relativ geringes Gewicht im Warenkorb haben. Wenn die Preisentwicklung dieser Güter merklich von der Entwicklung aller Produkte des Warenkorbs abweicht, erhalten die Verbraucher ein nicht repräsentatives und subjektiv empfundenes Bild des breit gefächerten Warenkorbes.

1.2 Subjektive Inflationswahrnehmung und ihre Folgen

Wenn die Inflationsrate höher empfunden wird, als sie tatsächlich ist, so kann dies beim Verbraucher zu Konsumeinschränkungen führen. Der private Konsum ist aber eine wichtige Konjunkturstütze. Die Kaufzurückhaltung führt zu geringeren Umsätzen bei Handels- und Dienstleistungsunternehmen und in der Industrie. Mangelnde Nachfrage wirkt sich somit negativ auf das Wirtschaftswachstum und die Beschäftigungslage aus.

2.1 Berechnung der Preisveränderung

$$103,5 = 100\,\%$$
$$1,1 = x\,\%$$

$$x = \frac{1,1 \cdot 100}{103,5} = 1,06\,\%$$

Mit einem Preisniveauanstieg von 1,06 % wurde für August die Zielvorgabe der EZB (Inflationsrate von unter 2 %) erreicht.

2.2 Berechnung der Kaufkraftveränderung

Preisniveauanstieg von 2000 bis August 2003 von 100,0 auf 104,6.

$$K = \frac{1}{p} = \frac{1}{\frac{104,6}{100,0}} = \frac{100,0}{104,6} = 95,60$$

Kaufkraftverlust von 100 auf 95,60 = −4,4 %
Ein Kaufkraftverlust in dieser Höhe innerhalb eines Zeitraumes von fast drei Jahren ist im Hinblick auf das Ziel Preisniveaustabilität bzw. Kaufkraftsicherung vertretbar.

3.1 Kreditvergabemöglichkeit von Bank B

Der Liquiditätszufluss der Geschäftsbank B steigt um 1 Mio. GE (= Kundeneinlage). Davon sind 100 000 GE als Reserve in Form von Zentralbankgeld zu halten. Die sich daraus ergebende Überschussreserve von 900 000 GE kann als Kredit ausgeliehen werden.

3.2 Kreditschöpfungsspielraum des Bankensystems

Die Überschussreserve von Bank A beträgt 1 Mio. GE, da die Liquidität direkt von der Zentralbank kommt.

$$Kr = \ddot{U}R \cdot \frac{1}{r} = 1\,000\,000 \cdot \frac{1}{0,1} = 10\,000\,000 \text{ GE}$$

Kr = Kreditschöpfungsspielraum
ÜR = Überschussreserve
r   = Reservesatz

3.3 Mindestreservepolitik

Die EZB kann den Geschäftsbanken vorschreiben, dass diese einen Teil ihrer Einlagen bei ihr anlegen.

Das Mindestreservesystem stabilisiert die Geldmarktzinsen:
Das Mindestreserve-Soll ist nicht täglich, sondern im Monatsdurchschnitt als Guthaben bei der Zentralbank zu halten. Die Banken können so die Mindestreserve-Guthaben für ihren laufenden Zahlungsverkehr nutzen: Bei einem Geldzufluss stocken sie ihre Mindestreserve-Guthaben auf und halten so vorsorglich höhere Reserveguthaben, bei einem Geldabfluss lassen sie ihre Mindestreserve-Guthaben abschmelzen. Die Mindestreserve wirkt deshalb am Geldmarkt als Puffer, der starke Liquiditätsschwankungen ausgleicht.

Das Mindestreservesystem beeinflusst die Geldschöpfungsmöglichkeit der Banken:
Durch die Mindestreserve kann im Bedarfsfall eine Liquiditätsverknappung herbeigeführt (oder vergrößert) werden und u. U. zur Begrenzung des Geldmengenwachstums beitragen. Je höher der Mindestreservesatz, desto kleiner ist der Geldschöpfungsmultiplikator und umgekehrt.

Der seit dem 1. Januar 1999 konstant gehaltene Mindestreserve-Satz erleichtert die Gelddisposition der Geschäftsbanken. Die EZB hat in diesem Zeitraum keine aktive Mindestreservepolitik zur Steuerung der Geldmenge betrieben. Für längerfristige Einlagen (> 2 Jahre) müssen die Banken momentan keine Mindestreserven unterhalten (Reservesatz 0 %), die EZB kann dies bei Bedarf ändern.

4.1 Offenmarktpolitik und Fazilitäten

Hauptrefinanzierungsgeschäfte:
Dem Geschäftsbankensystem wird regelmäßig (wöchentlich) für eine befristete Zeit (z. B. 14 Tage) Liquidität zugeführt. Den Umfang der Liquiditätszuführung bestimmt die EZB. Dem Hauptrefinanzierungsinstrument kommt im Eurosystem eine Schlüsselrolle zu, da mit diesem Instrument dem Finanzsektor der größte Teil des Refinanzierungsvolumens zur Verfügung gestellt wird.

Spitzenrefinanzierungsfazilität:
Kreditinstitute können sich kurzfristig benötigte Liquidität für einen Geschäftstag (Übernachtkredit) bei der EZB zum angegebenen Zinssatz beschaffen. Der Zinssatz wirkt als Obergrenze des Tagesgeldsatzes am Geldmarkt.

Einlagefazilität:
Kreditinstitute können kurzfristig überschüssige Liquidität für einen Geschäftstag (Übernachtanlage) bei der EZB zum angegebenen Zinssatz anlegen. Der Zinssatz wirkt als Untergrenze des Tagesgeldsatzes am Geldmarkt.

Mit dem gleichzeitigen Angebot verschiedener Instrumente wird ein Gesamtrahmen (Zinskanal) für die Entwicklung des Geldmarktzinses als der von der Zentralbank zu beeinflussenden Größe vorgegeben.

4.2.1 Marginaler Zinssatz

Bieter-gruppe	Bietungs-beträge in Mio. €	Kumulierte Bietungsbeträge in Mio. €	Bietungssätze in %	
B	21 300	21 300	3,29	
C	18 213	39 513	3,29	
A	11 100	50 613	**3,28**	⎫ Marginaler
F	11 874	62 487	**3,28**	⎭ Zinssatz

Der marginale Zinssatz beträgt 3,28 %, da dies der niedrigste noch zum Zuge kommende Zinssatz ist.

4.2.2 Zinstender (amerikanischen Verfahren)

Derzeit übliches Zuteilungsverfahren: Zinstender nach dem amerikanischen Verfahren, d. h. die Zuteilung erfolgt nach individuell gebotenen Zinssätzen, die auch jeweils bezahlt werden müssen.

Bieter-gruppe	Bietungsbeträge in Mio. €	Bietungssätze in %
B	21 300	3,29
C	18 213	3,29
A	5 550 (50 %)	**3,28**
F	5 937 (50 %)	**3,28**
D	keine Zuteilung	
E	keine Zuteilung	

B + C kommen voll zum Zuge, danach sind 39 513 Mio. € von 51 000 Mio. € verteilt. A + F wollen zusammen 22 974 Mio. €, es sind jedoch nur noch 11 487 Mio. € für die Zuteilung übrig (Zuteilungsquote = 50 %), d. h. A + F bekommen jeweils 50 % ihres Bietungsvolumens.

4.2.3 Zinstender (amerikanisches Verfahren)

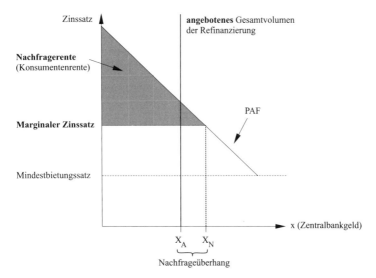

Aus den Geboten der Geschäftsbanken ergibt sich für die EZB als Angebotsmonopolisten eine Preis-Absatz-Funktion (PAF). Die EZB legt zu einem bestimmten Preis (marginaler Zinssatz) die Menge (Gesamtvolumen der Refinanzierung) fest.

Wenn das von der EZB festgelegte Gesamtvolumen der Refinanzierung zu gering ist, um alle Gebote, die zum marginalen Zinssatz abgegeben wurden, befriedigen zu können, ergibt sich ein Nachfrageüberhang, der eine Repartierung nötig macht. Beim amerikanischen Verfahren schöpft die EZB durch Preisdifferenzierung die Nachfragerente (Konsumentenrente) bei den bietenden Banken vollständig ab.

4.2.4 Auswirkungen der Leitzinssenkung

Erhoffte Wirkungsweise:
Senkung der Leitzinsen → Kreditinstitute können sich verbilligt Zentralbankgeld beschaffen → Kreditinstitute geben diese Zinssenkung an ihre Kunden weiter → Unternehmen nehmen mehr Kredite für Investitionen auf und Haushalte nehmen mehr Kredite für den Konsum auf → kreditfinanzierte Güternachfrage steigt → Gesamtnachfrage auf den Gütermärkten steigt → Konjunktur wird belebt.

Wirkungshemmnisse:
- Zeitliche Verzögerung (time lag) bis zum Wirksamwerden der Maßnahmen;
- negative Zukunftserwartungen, d. h. trotz billigen Geldes keine Kreditaufnahme (Angebotscharakter der Maßnahmen), d. h. keine zusätzlichen Investitionen bzw. kein zusätzlicher Konsum;
- eventuell Kapitalabflüsse ins Ausland (wenn Auslandszins höher ist) mit der Folge, dass die Geldmenge sinkt;
- Geschäftsbanken geben die Zinssenkung nicht an ihre Kunden weiter, sondern nutzen sie zur Verbesserung der eigenen Ertragslage.

Aufgabe 1: Außenfinanzierung: Kreditfinanzierung – Eigenfinanzierung, Innenfinanzierung – insbesondere Selbstfinanzierung

Sachverhalt

Die Merkura Maschinenbau AG muss im Laufe der nächsten zwei Jahre Investitionen mit einem Volumen von insgesamt etwa 430 Mio. € vornehmen. Die erforderlichen Mittel will der Vorstand des Unternehmens wie folgt beschaffen:
– Zunächst soll im Jahr der Investition eine möglichst hohe offene Selbstfinanzierung betrieben werden.
– Daneben liegt dem Vorstand eine Genehmigung der Hauptversammlung aus dem Jahr 2001 vor, das gezeichnete Kapital innerhalb der nächsten fünf Jahre um bis zu 200 Mio. € zu erhöhen.
– Der verbleibende Rest des Investitionsvolumens muss durch die Aufnahme zusätzlicher Kredite beschafft werden.

Folgende vereinfachte Bilanz des Jahres 2004 ist bei den Entscheidungen im Jahr 2005 zugrunde zu legen:

AKTIVA		Bilanz zum 31. 12. 2004 in Mio. €	PASSIVA
Anlagevermögen	1 166	Gezeichnetes Kapital	400
Umlaufvermögen	340	Kapitalrücklage	20
		Gewinnrücklagen:	
		– gesetzliche Rücklage	18
		– andere Gewinnrücklagen	581
		Jahresüberschuss	120
		Verlustvortrag	–3
		Rückstellungen	180
		Verbindlichkeiten	190
	1 506		1 506

Die Merkura Maschinenbau AG hat seit ihrer Gründung 80 Mio. Stückaktien ausgegeben.

Aufgaben:

1   Die geplante Investition soll unter Berücksichtigung einer Stückdividende von 0,30 € so weit wie möglich aus dem Gewinn des Jahres 2004 finanziert werden.

1.1   Zeigen Sie in einer übersichtlichen Darstellung unter Berücksichtigung aktienrechtlicher Bestimmungen die Ermittlung und die Verwendung des Bilanzgewinns sowie den maximalen Betrag der offenen Selbstfinanzierung der AG im Jahr 2004.
        Geben Sie an, welche Organe der AG für die notwendigen Entscheidungen jeweils zuständig sind.

1.2   Einige Aktionäre behaupten, die AG habe in den vergangenen Jahren eine überzogene verdeckte Selbstfinanzierung betrieben. Sie schlagen deshalb vor, zur Finanzierung des Investitionsvorhabens stille Rücklagen aufzulösen.

1.2.1 Beschreiben Sie anhand von zwei Beispielen, wie stille Rücklagen entstehen können.

1.2.2 Zeigen Sie, wie die Höhe der stillen Rücklagen näherungsweise bestimmt werden kann.

1.2.3 Nehmen Sie zu dem Vorschlag der Aktionäre kritisch Stellung.

2 Auf der Hauptversammlung im Jahr 2001, bei der das genehmigte Kapital beschlossen wurde, waren 85 % des Grundkapitals vertreten. Nach Vorstellung und Erläuterung der geplanten Kapitalerhöhung durch den Vorstand sind 51 310 000 Stimmen für diesen Vorschlag abgegeben worden.
Weisen Sie rechnerisch nach, dass damit die erforderliche Mehrheit erreicht wurde.

3 Die Aktien der Merkura Maschinenbau AG notieren zur Zeit an der Börse mit 15,95 €. Der Vorstand beschließt, die Kapitalerhöhung im Verhältnis 5 : 1 im Laufe des Jahres durchzuführen.

3.1 Berechnen Sie, zu welchem Kurs die jungen Aktien ausgegeben werden müssen, wenn der Kapitalbedarf von 188 Mio. € genau gedeckt werden soll.

3.2 Ermitteln Sie den rechnerischen Wert des Bezugsrechts und den Mittelkurs der Aktien.

3.3 Zeigen Sie mit rechnerischem Nachweis die Höhe der Eigenkapitalpositionen nach der Kapitalerhöhung.

3.4 Weisen Sie nach, dass die 2001 genehmigte und 2005 durchgeführte Kapitalerhöhung den Vorschriften des Aktiengesetzes entspricht.
Hinweis: Genehmigtes Kapital ist nicht mehr prüfungsrelevant!

4 Über den erforderlichen Restbetrag gewährt die Hausbank einen Kredit zu folgenden Konditionen:
– Kreditbetrag 200 Mio. €
– Auszahlung 100 %
– Zinssatz 7 % p. a.
– Laufzeit 5 Jahre.

4.1 Das Darlehen kann als Raten- oder Annuitätendarlehen bewilligt werden. Der Raten-kredit wird jeweils am Jahresende in fünf gleichen Teilbeträgen getilgt. Beim Annuitä-tendarlehen beträgt die Annuität 48 778 000 €.
Die Merkura Maschinenbau AG rechnet in den nächsten zwei Jahren mit einer ange-spannten finanziellen Lage. Vergleichen Sie in einer Tabelle für beide Darlehensarten die Auswirkung auf die Liquidität und den Erfolg in diesem Zeitraum.
Treffen Sie eine begründete Entscheidung für eine der beiden Kreditarten.

4.2 Vergleichen Sie Kreditfinanzierung und Beteiligungsfinanzierung hinsichtlich ihrer Wirkung auf
– Liquidität
– Aufwand.

Punkte:

Frage	1.1	1.2.1	1.2.2	1.2.3	2	3.1	3.2	3.3	3.4	4.1	4.2
NP	7	2	2	2	2	2	2	2	2	5	2

**Aufgabe 1:   Außenfinanzierung: Kreditfinanzierung – Eigenfinanzierung,
Innenfinanzierung – insbesondere Selbstfinanzierung**

1.1   Gewinnverwendungsrechnung und Höhe der offenen Selbstfinanzierung der AG

Jahresüberschuss	120,0 Mio. €	
– Verlustvortrag	3,0 Mio. €	
=	117,0 Mio. €	
– Einstellung in gesetzliche Rücklage[1]	2,0 Mio. €	(§ 150 Abs. 2 AktG)
=	115,0 Mio. €	
– 50 % Einstellung in andere Gewinnrücklagen	57,5 Mio. €	(§ 58 Abs. 2 AktG)
= Bilanzgewinn	57,5 Mio. €	
– Dividende (0,30 /Aktie · 80 Mio. Aktien)	24,0 Mio. €	
= Gewinnvortrag		
bzw. Einstellung in andere Gewinnrücklagen	33,5 Mio. €	(§ 58 Abs. 3 AktG)

[1] Einstellung von 5 % des JÜ bis gesetzliche Rücklage (18 Mio. €) + Kapitalrücklage (20 Mio. €) 10 % des GK (40 Mio. €) betragen; im Jahr 2004 fehlen lediglich noch 2,0 Mio. €.

zuständige Organe: (§§ 170 ff AktG)
– Der **Vorstand** legt den Vorschlag für die Gewinnverwendung vor, der **Aufsichtsrat** prüft den Vorschlag. Billigt der Aufsichtsrat den Vorschlag, so ist der Jahresabschluss festgestellt.
– Die **Hauptversammlung** beschließt über die Verwendung des Bilanzgewinns.

Jahresüberschuss	120,0 Mio. €
– ausgeschüttete Dividende	24,0 Mio. €
= offene Selbstfinanzierung	96,0 Mio. €

1.2.1   Entstehung von stillen Rücklagen
Stille Rücklagen entstehen durch
– Unterbewertung des Anlagevermögens, z. B. Bilanzansatz von Grundstücken zu Anschaffungskosten trotz gestiegener Grundstückspreise.
– Überbewertung von Schulden, z. B. überhöhte Rückstellungen für laufende Prozesse oder Gewährleistungen.

1.2.2   Bestimmung der Höhe der stillen Rücklagen
Die Höhe der stillen Rücklagen kann näherungsweise bestimmt werden, indem der (höhere) Börsenkurs mit dem Bilanzkurs verglichen wird. Eine Differenz kann auf die Bildung stiller Reserven zurückzuführen sein.

1.2.3   Auflösung stiller Rücklagen zur Finanzierung von Investitionen
Ein Finanzierungseffekt kann sich ergeben, wenn unterbewertete Vermögensgegenstände verkauft werden. Bei der Zahlung von Schulden, die in der Bilanz überhöht ausgewiesen waren, ergibt sich kein unmittelbarer Finanzierungseffekt, d. h. es erfolgt nur eine geringere Auszahlung als Verbindlichkeiten bilanziert waren. Der Vorschlag der Aktionäre ist daher nur bedingt zur Finanzierung des Investitionsvorhabens geeignet.

2   Berechnung der 3/4-Mehrheit in der Hauptversammlung
Für eine Kapitalerhöhung müssen 75 % des anwesenden Grundkapitals stimmen (§ 202 Abs. 2 Satz 2 AktG).
anwesendes Grundkapital: 85 % von 80 Mio. stimmberechtigten Stückaktien = 68 Mio.
notwendige 3/4-Mehrheit: 75 % von 68 Mio. = 51 Mio.
tatsächliche Stimmenzahl: 51 310 000 entsprechen 75,46 %

3.1 Ausgabekurs für junge Aktien
Bezugsverhältnis (lt. Aufgabe) 5 : 1
80 Mio. Aktien/5 = 16 Mio. junge Aktien
gewünschter Mittelzufluss = 188 Mio. €
188 Mio. €/16 Mio. Aktien = 11,75 € Ausgabekurs je Aktie

3.2 Wert des Bezugsrechts und Mittelkurs

$$BRW = \frac{Kurs_{alt} - Kurs_{neu}}{Bezugsverhältnis + 1} = \frac{15,95 - 11,75}{\frac{5}{1} + 1} = 0,70 \text{ €/Stück}$$

Mittelkurs = 15,95 – 0,70 = 15,25 €/Aktie

3.3 Auswirkung der Kapitalerhöhung auf die Eigenkapitalpositionen
gezeichnetes Kapital: fiktiver Nennwert/Aktie · Anzahl junger Aktien
                    5,– €/Aktie · 16 Mio. Aktien = 80 Mio. €
                    Erhöhung um 80 Mio. € auf 480 Mio. €
Kapitalrücklage: Einstellung des Agios (11,75 – 5,0) · 16 Mio. Aktien = 108 Mio. €
                    Erhöhung um 108 Mio. € auf 128 Mio. €

3.4 Rechtliche Voraussetzungen für genehmigtes Kapital
(nicht mehr prüfungsrelevant!)
– Die Kapitalerhöhung findet innerhalb von 5 Jahren nach der Genehmigung statt (§ 202 Abs. 1, 2 AktG).
– Die Kapitalerhöhung ist mit 80 Mio. € geringer als die Hälfte des Grundkapitals zur Zeit der Ermächtigung (§ 202 Abs. 3 AktG).

4.1 Vergleich Ratendarlehen und Annuitätendarlehen

Ratendarlehen (in €)				
Jahr	Zinsen	Tilgung	Mittelabfluss	Erfolgsauswirkung
1	14 000 000	40 000 000	54 000 000	– 14 000 000
2	11 200 000	40 000 000	51 200 000	– 11 200 000
$\sum$	25 200 000	80 000 000	105 200 000	– 25 200 000

Annuitätendarlehen (in €)					
Jahr	Annuität	Zinsen	Tilgung	Mittelabfluss	Erfolgsauswirkung
1	48 778 000	14 000 000	34 778 000	48 778 000	– 14 000 000
2	48 778 000	11 565 540	37 212 460	48 778 000	– 11 565 540
$\sum$	97 556 000	25 565 540	71 990 460	97 556 000	– 25 565 540

Beim Annuitätendarlehen ist der Mittelabfluss geringer. Der höhere Aufwand führt beim Annuitätendarlehen zu einem geringeren Jahresüberschuss. Niedrigere Ertragssteuern und geringere Dividende mindern zusätzlich den Mittelabfluss. Deshalb sollte, bezogen auf den Zeitraum von zwei Jahren, das Annuitätendarlehen gewählt werden.

4.2 Vergleich Kreditfinanzierung und Beteiligungsfinanzierung

Wirkung auf	Kreditfinanzierung	Beteiligungsfinanzierung
Liquidität	regelmäßige Zahlung von Zinsen und Tilgung	Gewinnausschüttung und Kapitalrückführung nach Entscheidung der Eigner
Aufwand	Zinsen = Aufwand	keine Auswirkung (Ausnahme: Emissionskosten)

Aufgabe 2: KG: Rechtsfragen, Gewinnverwendung, Umwandlung in eine GmbH;
Bewertung unter Einbeziehung der Vollkostenrechnung

Aufgaben:

1 Die Klein Kühlwagen KG mit Sitz in Stuttgart nahm zu Beginn des Jahres 2003 die
Produktion von Kühlwagenausstattungen der gehobenen Klasse für Catering- und Par-
tyservicebetriebe in ihr Produktionsprogramm auf. Die neue Produktlinie wurde vom
Markt sehr gut angenommen und entwickelte sich aufgrund eines hohen Exportanteils
zum stärksten Umsatzträger.
Die KG ist ein typisches mittelständisches Unternehmen, das sich aus einem kleinen
Handwerksbetrieb zu einem Betrieb mit 120 Mitarbeitern und einem Jahresumsatz von
25 Mio. Euro entwickelte. Für die Zukunft werden zweistellige Umsatzzuwächse und
eine Mitarbeiterzahl von 250 erwartet.

Das Eigenkapital verteilt sich wie folgt:
Egon Klein, 62 Jahre, Komplementär: 2,8 Mio. Euro
Fritz Müller, 52 Jahre, Kommanditist: 1,8 Mio. Euro
Peter Klein, 38 Jahre, Kommanditist: 0,4 Mio. Euro

Bilanzsumme am 01. 01. 2003   8,2 Mio. Euro

Die Gesellschafter der KG überlegen, ihr Unternehmen im Jahre 2003 in eine GmbH
umzuwandeln. Darüber hinaus beabsichtigt der geschäftsführende Gesellschafter Egon
Klein, sich spätestens in drei Jahren zur Ruhe zu setzen. Dagegen möchte der Kommanditist Dipl.-Ing. Peter Klein seine Fachkenntnisse stärker in das Unternehmen einbringen.

1.1 Erläutern Sie zwei Gründe, die aus der Sicht des Komplementärs Egon Klein für die
Rechtsform der GmbH sprechen.

1.2 Gesellschafter Müller befürchtet durch die Umwandlung Nachteile gegenüber seiner
bisherigen Stellung als KG-Gesellschafter. Er führt folgende Argumente an:
– Die Möglichkeiten der Mitentscheidung und Kontrolle werden eingeschränkt.
– Die Fremdeinflüsse nehmen durch die Verpflichtung zur Bildung eines Aufsichtsrats
mit Drittparität zu.
Prüfen Sie, inwieweit die Argumente zutreffend sind. Gehen Sie dabei auch auf die unterschiedliche Rechtsstellung eines Kommanditisten und eines GmbH-Gesellschafters
ein.

1.3 Trotz der anfänglichen Bedenken des Gesellschafters Müller wird am 30. 06. 2003 die
Umwandlung der KG in eine GmbH mit einem Stammkapital von 5 Mio. Euro beschlossen. Die Firma der neuen Gesellschaft lautet Klein & Müller GmbH. Die Gesellschafter der KG bringen ihren KG-Kapitalanteil als Stammeinlage ein. Im Gesellschaftsvertrag wird Peter Klein als Geschäftsführer der GmbH mit Einzelvertretungsbefugnis benannt. Die GmbH wird am 19. 09. 2003 in das Handelsregister eingetragen.

1.3.1 Begründen Sie den Zweck der für diesen Gesellschaftsvertrag geltenden Formvorschrift.

1.3.2 Am 10. 07. 2003 kauft Peter Klein im Namen der GmbH eine CNC-Maschine im Wert von 200 000 €, Zahlungsziel zwei Monate. Der Lieferant verlangt am 10. 09. 2003 von der Klein & Müller GmbH die fällige Zahlung. Erläutern Sie die Rechtslage.

Hinweis: Handeln vor Eintragung ist nicht mehr prüfungsrelevant!

2 Die Klein & Müller GmbH erstellt zum 31. 12. den Jahresabschluss 2004. Dabei müssen die folgenden Aufgaben gelöst werden.
Am 3. Mai 2004 wurde ein Grundstück mit Produktionshalle für 600 000 € erworben. Die Notarkosten für den Kaufvertrag betrugen 2 000 € zuzüglich 16 % USt. Die Umschreibung des bebauten Grundstücks im Grundbuch kostete 1 000 €. Bis zum Bezug am 15. 10. 2004 fielen noch Umbauarbeiten an der Halle für 232 000 € einschließlich 16 % USt. an. Die Halle wurde erst zu diesem Zeitpunkt nutzungsfähig. Die Grunderwerbsteuer betrug 3,5 %, die anteilige Grundsteuer für das laufende Jahr 800 €. Die Halle steht auf einem 3 000 m² großen Grundstück, dessen Verkehrswert bei 120 € je m² liegt.
Zur Finanzierung der Halle wurde Anfang Mai 2004 ein Ratentilgungsdarlehen über 300 000 € bei der Volksbank aufgenommen. Im Jahr 2004 fielen dafür 12 000 € Zinsen an. Die Sicherung des Darlehens erfolgte über eine erstrangige Grundschuld. Die Kosten der Grundschuldeintragung betrugen 1 500 €.

2.1 Ermitteln Sie den Bilanzansatz für das bebaute Grundstück zum 31. 12. 2004 bei einem Abschreibungssatz von 3 %.

2.2 Steigende Grundstückspreise werden den Wert des Grundstückes in den folgenden Jahren erhöhen. Begründen Sie, inwieweit sich dadurch in den nächsten Jahren Auswirkungen auf den Bilanzansatz ergeben.

2.3 Berechnen Sie, in welcher Höhe im Zusammenhang mit dem bebauten Grundstück im Jahr 2004 Aufwendungen entstanden sind.

3 Zum 31. 12. 2004 muss der Wert des Lagerbestands von 500 Kühlboxen ermittelt werden. Für die Produktion dieser Kühlboxen-Menge liegen folgende Angaben vor: Fertigungsmaterial 80 000 €, Fertigungslöhne 100 000 €, Sondereinzelkosten der Fertigung 14 000 €, Materialgemeinkostenzuschlag 20 %, Fertigungsgemeinkostenzuschlag 60 %. Die Aggregate werden mit einem Verwaltungsgemeinkostenzuschlag von 40 % und einem Vertriebsgemeinkostenzuschlag von 10 % kalkuliert.

3.1 Ermitteln Sie jeweils den höchst- und niedrigstmöglichen Wertansatz für den Lagerbestand an Kühlboxen nach HGB.

3.2 Beschreiben Sie, wie sich die Wahl des niedrigstmöglichen Wertansatzes auf den Gewinnausweis der Jahre 2004 und 2005 auswirkt, wenn die gelagerten Kühlboxen im Jahr 2005 verkauft werden.

4 Am 05. 11. 2004 erhielt die GmbH eine Spezialmaschine der Firma Ingebriksen aus Norwegen mit einem Rechnungsbetrag von 487 440 nkr (norwegische Kronen), fällig am 05. 01. 2005. Es gelten folgende Kurse:

Devisen	Geld 05. 11. 04	Brief 05. 11. 04	Devisen	Geld 31. 12. 04	Brief 31. 12. 04
nkr	8,1240	8,1280	nkr	8,0000	8,0040

4.1 Berechnen Sie den Bilanzansatz für die Verbindlichkeit zum Jahresende 2004. Begründen Sie diesen anhand von zwei Bewertungsgrundsätzen.

4.2 Berechnen und erklären Sie die Gewinnauswirkung des Bilanzansatzes aus 4.1 für das Jahr 2004.

Punkte:

Frage	1.1	1.2	1.3.1	1.3.2	2.1	2.2	2.3	3.1	3.2	4.1	4.2
NP	2	4	2	2	5	2	3	3	2	3	2

Lösungsvorschlag

Aufgabe 2: KG: Rechtsfragen, Gewinnverwendung, Umwandlung in eine GmbH; Bewertung unter Einbeziehung der Vollkostenrechnung

1.1 Vorteile für den Komplementär bei der Umwandlung in eine GmbH
– Verminderung des Risikos: Vollhafter Egon Klein haftet nicht mehr unbeschränkt und persönlich.

– Möglichkeit der Drittorganschaft: Egon Klein muss nicht mehr zwingend die Geschäfte der Gesellschaft führen, da die GmbH auch durch angestellte Geschäftsführer geleitet werden kann. Er kann sich früher aus der Geschäftsführung zurückziehen.

1.2 Vergleich der Rechtsstellung: Kommanditist – GmbH-Gesellschafter
– **Einschränkung der Mitentscheidungsmöglichkeiten:**
Als Kommanditist ist Müller von der Geschäftsführung ausgeschlossen (§ 164 HGB). Ihm steht aber bei außergewöhnlichen Rechtsgeschäften ein Widerspruchsrecht zu. Als Gesellschafter einer GmbH kann er nur auf der Gesellschafterversammlung bei Beschlüssen mitwirken. Hier entscheidet die Mehrheit der abgegebenen Stimmen (§ 47 GmbHG). Nach einer Umwandlung in eine GmbH hätte Vollhafter Egon Klein außer im Falle einer Satzungsänderung (§ 53 GmbHG) immer die Mehrheit.

– **Verminderung der Kontrollmöglichkeiten:**
Müller ist als Kommanditist hierbei schlechter gestellt als ein GmbH-Gesellschafter. Ihm steht nach § 166 HGB nur eine Kontrolle des Jahresabschlusses zu. Ein GmbH-Gesellschafter hat nach § 51 a GmbHG jederzeit ein Einsichts- und Kontrollrecht.

– **Aufsichtsrat:**
Bei einer GmbH muss erst bei mehr als 500 Arbeitnehmern ein Aufsichtsrat bestellt werden (§§ 76 f BetrVerfG 1952; ab 01. 07. 04: § 1 Drittelbeteiligungsgesetz). Fremdeinflüsse im Rahmen der Mitbestimmung im Unternehmen sind daher ausgeschlossen.

1.3.1 Formvorschrift
Der Gesellschaftsvertrag (Satzung) bedarf notarieller Form (§ 2 GmbHG). Wegen der beschränkten Haftung der Gesellschafter stellt der Gesetzgeber hohe Anforderungen an den Wahrheitsgehalt der Angaben im Gesellschaftsvertrag. Dies dient in erster Linie dem Gläubigerschutz.

1.3.2 Haftung vor HR-Eintragung der GmbH *(nicht mehr prüfungsrelevant!)*
Der Kaufvertrag vom 10. 07. 2003 verpflichtet die GmbH nicht zur Zahlung, da diese vor der Eintragung ins HR am 19. 09. 2003 noch nicht entstanden war (§ 11 Abs. 1 GmbHG).
Da vor der Eintragung im Namen der GmbH gehandelt wurde, haftet Peter Klein als Handelnder persönlich (§ 11 Abs. 2 GmbHG).
(Daneben haftet aber auch die Vorgesellschaft mit ihrem gesamten Vermögen, da diese mit Abschluss des Gesellschaftsvertrages als rechtsfähig gilt.)

2.1 Bewertung bebauter Grundstücke

in €	bebautes Grundstück	Grundstück	Gebäude
Kaufpreis	600 000	360 000	240 000
+ Notarkosten	2 000	1 200	800
+ Grundbuchkosten	1 000	600	400
+ Grunderwerbssteuer	21 000	12 600	8 400
= Zwischensumme	624 000	374 400	249 600
+ Kosten Umbauarbeiten netto			200 000
=			449 600
– Abschreibung 3 % für 3 Monate			3 372
=			446 228
+ Grundstück			374 400
= Bilanzansatz			820 628

Nicht aktiviert werden dürfen die Kosten der Finanzierung sowie wiederkehrende Aufwendungen.

2.2 Bilanzierungsgrundsätze Vermögen
Der Bilanzansatz bei Grundstücken bleibt gleich. Es entstehen gesetzlich erzwungene stille Reserven. Nicht realisierte Gewinne dürfen nicht ausgewiesen werden (§ 252 Abs. 1 Nr. 4 HGB). Anschaffungskosten sind die absolute Wertobergrenze (§ 253 Abs. 1 S. 1 HGB).

2.3 Aufwendungen für bilanziertes Grundstück

Grundsteuer	800 €
+ Grundschuldeintragung	1 500 €
+ Zinsen	12 000 €
+ Abschreibung	3 372 €
= Gesamtaufwand	17 672 €

3.1   Bewertung von Lagerbeständen

in €	niedrigster Wertansatz	höchster Wertansatz
Fertigungsmaterial	80 000	80 000
MGKZ 20 %		16 000
Fertigungslöhne	100 000	100 000
FGKZ 60 %		60 000
SEKF	14 000	14 000
		270 000
VwGKZ 40 %		108 000
Bilanzansatz	194 000	378 000

3.2   Auswirkungen des niedrigsten Wertansatzes auf den Gewinn
Gewinnauswirkung 2004: Hohe Aufwendungen für die Herstellung, geringerer Wert
der Bestandserhöhung als Ertrag ergeben eine Gewinnminderung.
Gewinnauswirkung 2005: Niedriger Wert der Bestandsminderung als Aufwand, aber
höhere Erlöse aus dem Verkauf der Erzeugnisse führen zu einer Gewinnerhöhung.
Ergebnis: Gewinnverlagerung vom Jahr 2004 auf das Jahr 2005.

4.1   Bewertung von Verbindlichkeiten in Fremdwährung
Am 05. 11. 04: Anschaffungskosten   487 440 nkr/8,1240 = 60 000 €
Am 31. 12. 04: Tageswert   487 440 nkr/8,0000 = 60 930 €

Bilanzansatz = 60 930 €
Höchstwertprinzip bei Schulden (§ 253 Abs. 1 S. 2 HGB)
Imparitätsprinzip: Ausweis noch nicht realisierter Verluste (§ 252 Abs. 1 S. 4 HBG)

4.2   Gewinnauswirkung des Bilanzansatzes von Verbindlichkeiten
60 930 – 60 000 = 930 €
Der Kursverlust des Euro mindert als Aufwand den Gewinn um 930 €.

Aufgabe 3: GmbH: Rechtsfragen; Vollkostenrechnung, Kostenanalyse, Deckungsbeitragsrechnung

Sachverhalt

Felix Brause, Karl Wasser und Thomas Hahn gründen eine GmbH. Sie wollen ihr technisches Wissen bei der Produktion von exklusiven Sanitärartikeln gemeinsam anwenden, um als Nischenanbieter gegen die großen Konkurrenten bestehen zu können. Am 20. Januar 2004 wird folgender Gesellschaftsvertrag entworfen (Auszug):

§ 1   Das Unternehmen wird unter der Firma „Wasser, Hahn & Brause" geführt.

§ 2   Gegenstand des Unternehmens ist die Entwicklung und Produktion von Sanitärartikeln für das Hotelgewerbe.

§ 3   Die Gesellschaft nimmt ihre Geschäfte am 20. Januar 2004 auf.

§ 4   Das Stammkapital beträgt 250 000 €. Die Stammeinlagen der Gesellschafter setzen sich wie folgt zusammen:
   – Felix Brause: 100 000 € als Geldeinlage.
   – Karl Wasser: 80 000 € als Sacheinlage (automatische Schweißanlage)
   – Thomas Hahn: 70 000 € als Geldeinlage.
   Die Gesellschafter verpflichten sich, ...

§ 6   Als Geschäftsführer werden die Herren Felix Brause, Karl Wasser und Thomas Hahn bestellt.

Soweit in diesem Vertrag nichts anderes bestimmt ist, gelten die gesetzlichen Bestimmungen. Die Anmeldung zur Handelsregistereintragung soll am 29. Januar 2004 erfolgen.

Aufgaben:

1   Prüfen Sie die Zulässigkeit der Firma anhand der gesetzlichen Vorgaben. Gegebenenfalls ist eine Ergänzung vorzunehmen oder ein neuer Vorschlag zu machen.

2   Bis zum 29. Januar 2004 haben Brause 50 000 € und Hahn 15 000 € auf ihre Stammeinlage eingezahlt. Wasser hat der Gesellschaft das Eigentum an der Schweißanlage übertragen. Deren Wert wird zum Zeitpunkt der Einbringung von einem unabhängigen Sachverständigen lediglich auf 60 000 € geschätzt.

Prüfen Sie anhand von vier gesetzlichen Bedingungen für die Kapitalaufbringung, ob zu diesem Zeitpunkt die Anmeldung zur Handelsregistereintragung erfolgen kann.

3   Nachdem die Handelsregistereintragung und deren Veröffentlichung am 05. 02. 2004 erfolgt ist, unterzeichnet Wasser ohne Rücksprache mit den anderen Geschäftsführern einen umfangreichen Wartungsvertrag mit der Technoservice KG für die Schweißanlage.

Erläutern Sie die Rechtslage im Außenverhältnis.

4 Von der GmbH wird ein hochwertiger Abfalleimer aus einem speziellen Stahlblech gefertigt.
Hierbei werden u. a. folgende Produktionsschritte durchlaufen:
- Umformung der angelieferten Bleche mit **automatisierten** Hydraulikpressen
- Verbindung der entstandenen Blechteile zu einem Blechmantel mit der **Schweißanlage** bei geringem Personaleinsatz
- Entfernung von überstehenden Graten und Verschönerung der Oberfläche durch **manuelles** Schleifen und Polieren.

Brause und Wasser wollen eine einheitliche Kostenstelle „Fertigung" einrichten. Da dieser Fertigungsablauf jedoch nicht für alle Sanitärerzeugnisse gilt, schlägt Hahn vor, für die Bereiche „Umformung", „Schweißen" und „Oberflächenbearbeitung" jeweils eigene Kostenstellen zu bilden.

4.1 Begründen Sie, welche unterschiedlichen Bezugsgrößen bei der Verrechnung der Fertigungsgemeinkosten für die genannten Kostenstellen zweckmäßig sind.

4.2 Erläutern Sie, inwiefern bei dem geschilderten Produktionsablauf von einem „Zwang zu hohen Stückzahlen" auszugehen ist.

4.3 Angenommen, die Schweißanlage werde durch einen groben Bedienungsfehler schwer beschädigt.
Erläutern Sie, inwieweit diese Wertminderung sich auf die Kalkulation der Selbstkosten auswirkt.

5 Im Zweigwerk I des Sanitärartikelherstellers werden die beiden Produktlinien „Classicsteel" und „Luxorsteel" gefertigt. Für den Monat März 2005 liegend dort folgende Daten vor:

	Calssicsteel	Luxorsteel
Stückzahl (Produktion u. Absatz)	2 400	2 000
Verkaufspreis / Stück (€)	80	120
Einzelkosten / Stück (€)	40	60
variable Gemeinkosten / Stück (€)	20	30
erzeugnisfixe Kosten (€)	25 000	35 000
unternehmensfixe Kosten (€)	28 000	

5.1 Berechnen Sie in einer mehrstufigen Deckungsbeitragsrechnung die Deckungsbeiträge I und II für beide Produktlinien und das Betriebsergebnis des Zweigwerks I im Monat März 2005.
Hinweis: Mehrstufige DB-Rechnung ist nicht mehr prüfungsrelevant!

5.2 Auf dem Absatzmarkt verschiebt sich die Nachfrage von „Classicsteel" hin zu „Luxorsteel" Um den Nachfragerückgang bei „Classicsteel" zu bremsen, senkt der zuständige Produktmanager dessen Stückpreis um 10 %. Trotzdem werden im Monat April 2005 nur noch 2 000 Stück dieser Linie produziert und verkauft. Aufgrund von Rationalisierungsmaßnahmen können die unternehmensfixen Kosten monatlich um 3 000 € gesenkt werden.
Berechnen Sie, wie viel Stück von „Luxorsteel" im Monat April 2005 produziert und verkauft werden müssen, wenn das Betriebsergebnis des Vormonats erreicht werden soll (bei unverändertem Preis für „Luxorsteel").

5.3 Es wird erwogen, den Nachfragerückgang bei „Classicsteel" durch eine weitere Preissenkung aufzuhalten.
Um wie viel Prozent kann der jetzt geltende Preis höchstens noch einmal vorübergehend gesenkt werden, bevor das Produkt aus kostenrechnerischer Sicht aus dem Produktionsprogramm gestrichen wird?

6 Im Zweigwerk II wird das Produkt „Palmasteel" mit variablen Stückkosten von 40 € hergestellt. Die anteiligen Fixkosten betragen 24 000 €/Monat. Dasselbe Produkt könnte von einem Lieferanten aus Lettland bezogen werden. In diesem Falle ergäbe sich ein Bezugspreis von umgerechnet 48 €/Stück.

6.1 Bis zu welcher monatlichen Bedarfsmenge lohnt sich der Fremdbezug?

6.2 Nennen Sie neben den Kosten zwei weitere Kriterien, die bei der Entscheidung zwischen Eigenfertigung und Fremdbezug zu berücksichtigen sind.

Punkte:

Frage	1	2	3	4.1	4.2	4.3	5.1	5.2	5.3	6.1	6.2
NP	2	5	2	2	2	2	3	6	2	2	2

===

Lösungsvorschlag

Aufgabe 3: GmbH: Rechtsfragen; Vollkostenrechnung, Kostenanalyse, Deckungsbeitragsrechnung

1 Firmierung der GmbH
Die Firma muss den Zusatz „GmbH" enthalten (§ 4 GmbHG), d. h. die gewählte Firma ist nicht zulässig. Ergänzungsvorschlag: „Wasser, Hahn & Brause GmbH"

2 Gesetzliche Bedingungen zur Kapitalaufbringung einer GmbH

Bedingungen gemäß GmbHG	Ergebnis in diesem Fall
Stammkapital mindestens 25 000 € (§ 5 Abs. 1)	mit 250 000 € erfüllt
Stammeinlage jedes Gesellschafters mindestens 100 € (§ 5 Abs. 1)	erfüllt
Summe der Einzahlungen und der Gegenwert der Sacheinlagen mindestens 50 % vom Mindestkapital, also 12 500 € (§ 7 Abs. 2)	erfüllt
Einzahlung von 25 % auf jede Stammeinlage, sofern keine Sacheinlage vereinbart ist (§ 7 Abs. 2). Bei Sacheinlagen müssen 100 % eingebracht werden.	– von Brause erfüllt, aber von Hahn <u>nicht</u> erfüllt; es fehlen noch 2 500 € – von Wasser <u>nicht</u> erfüllt; es fehlen noch 20 000 € in Geld, da der Wert der Sacheinlage zum Zeitpunkt der HR-Anmeldung nicht ausreicht (§ 9 Abs. 1)

3   Vertretungsbefugnis

Die GmbH wird durch sämtliche Geschäftsführer gemeinsam vertreten, wenn keine abweichende vertragliche Regelung besteht (§ 35 Abs. 2 GmbHG). Die GmbH ist an den Wartungsvertrag nicht gebunden.

4.1   Bezugsgrößen für die Fertigungsgemeinkosten

– Kostenstellen „Schweißen" und „Umformen": Maschinenlaufzeit als Bezugsgröße für die maschinenabhängigen Fertigungsgemeinkosten, da hauptsächlich maschinell gefertigt wird; Fertigungslöhne für die Restgemeinkosten.
– Kostenstelle „Oberfläche": Fertigungslöhne als Bezugsgröße, da Handarbeit dominiert.

4.2   Gesetz der Massenproduktion

Die Fertigung ist maschinenintensiv, d. h. es bestehen relativ hohe Fixkosten. Nur durch hohe produzierte Stückzahlen lassen sich die Stückkosten senken (Fixkostendegression gemäß dem „Gesetz der Massenproduktion").

4.3   Einfluss von Wertminderungen auf die Kalkulation

Außergewöhnliche Wertminderungen gehen nicht in die Kosten- und Leistungsrechnung ein und haben somit keinen Einfluss auf die Selbstkosten. Die kalkulatorischen Abschreibungen werden weiterhin planmäßig auf der Grundlage unveränderter Wiederbeschaffungskosten vorgenommen.

5.1   Mehrstufige Deckungsbeitragsrechnung *(DB II nicht mehr prüfungsrelevant!)*
Ergebnisse für Monat März:

in €	Classicsteel	Luxorsteel
Erlöse	192 000	240 000
– variable Kosten (Einzelkosten + variable GK)	144 000	180 000
= DB I	48 000	60 000
– erzeugnisfixe Kosten	25 000	35 000
= DB II	23 000	25 000
– unternehmensfixe Kosten	28 000	
= Betriebsergebnis	20 000	

5.2 Mehrstufige Deckungsbeitragsrechnung als Rückwärtsrechnung
Ergebnisse für Monat April:

in €	Classicsteel	Luxorsteel
Erlöse (2 000 Stück · 72 €/Stück)	144 000	
– variable Kosten (Einzelkosten + variable GK)	120 000	
= DB I	24 000	
– erzeugnisfixe Kosten	25 000	
= DB II	–1 000	
– unternehmensfixe Kosten	25 000	
= erforderliches Betriebsergebnis	20 000	

Berechnung der notwendigen Stückzahl von „Luxorsteel":

erforderliches Betriebsergebnis	20 000 €
+ unternehmensfixe Kosten	25 000 €
+ DB II „Classicsteel", der mit erwirtschaftet werden muss	1 000 €
+ erzeugnisfixe Kosten „Luxorsteel"	35 000 €
= notwendiger DB I „Luxorsteel"	81 000 €

$DB\ I = e \cdot x - k_v \cdot x$
$81\ 000\ € = 120\ € \cdot x - 90\ € \cdot x$
$x = 81\ 000\ €/30\ €$
$\underline{\underline{x = 2\ 700\ \text{Stück}}}$

5.3 Kurzfristige Preisuntergrenze
Als kurzfristige Preisuntergrenze gelten die variablen Stückkosten = 60 €/Stück

maximale Preissenkung in % = $\dfrac{(72-60)\cdot 100}{72} = 16\ 2/3\ \%$

6.1 Fremdbezug
Kosten des Fremdbezugs = Kosten der Eigenfertigung
$48\ € \cdot x = 24\ 000\ € + 40\ € \cdot x$
$x = 3\ 000\ \text{Stück}$
Der Fremdbezug ist bis zu einer Stückzahl von 2 999/Monat kostengünstiger.

6.2 Entscheidungskriterien über Fremdbezug (Beispiele)

– Bei Fremdbezug sind vermehrte Qualitätskontrollen erforderlich.

– Mögliche Störungen bei der Zulieferung durch Unzuverlässigkeit des Lieferanten können auftreten.

Aufgabe 1: Volkswirtschaftliche Gesamtrechnung und wirtschaftspolitische Tagesfragen
Hinweis: Die komplette Aufgabe ist nicht mehr prüfungsrelevant!

1 Auszug aus einem Bericht zur Konjunkturlage für das Jahr 2004:

> **Außenwirtschaftliche Komponente rettet Zunahme des BIP**
>
> Dank der außenwirtschaftlichen Komponente konnte das Bruttoinlandsprodukt (BIP)
> im Jahr 2004 gegenüber dem Vorjahr nominal zwar um 1,8 % steigen, real aber
> blieben gerade noch 0,2 % übrig.
>
> Der Export erhöhte sich um 3,6 % auf jetzt 758 Mrd. €, der Import fiel um 3,5 % auf
> 667 Mrd. €.
>
> Im Inland sind kaum Wachstumsimpulse auszumachen. Die Bruttoinvestitionen blie-
> ben schwach. Gegenüber dem Vorjahr sanken sie auf 379 Mrd. €. Zwar stiegen die
> Ersatzinvestitionen um 2 % auf jetzt 318 Mrd. €, dafür aber fielen die Nettoanlage-
> investitionen um 33 %. Die Vorratsinvestitionen gingen um 13 Mrd. € zurück.
>
> Die privaten Konsumausgaben bleiben mit 1 236 Mrd. € nahezu konstant, die Kon-
> sumausgaben des Staates erhöhten sich dafür um 2,5 % auf 404 Mrd. €.
>
> Das Volkseinkommen betrug 1 573 Mrd. €. Das Arbeitnehmerentgelt erhöhte sich
> um 0,8 %. Das Unternehmens- und Vermögenseinkommen stieg um 4,8 % auf
> 441 Mrd. €.

1.1 Berechnen Sie aus den in dem Bericht gemachten Angaben für das Jahr 2004
– das Bruttoinlandsprodukt,
– die Nettoinvestitionen und
– die Nettoanlageinvestitionen.

1.2 Erklären Sie den Unterschied zwischen nominalem und realem Bruttoinlandsprodukt.
Beschreiben Sie die Bedeutung dieser Unterscheidung für die Beurteilung der Wirtschaftsleistung eines Landes.

1.3 Erklären Sie die gesamtwirtschaftliche Bedeutung der Nettoanlageinvestitionen.

1.4 Beschreiben Sie zwei Gründe, die zu einem Rückgang der gesamten Nettoinvestitionen
geführt haben können.

1.5 Berechnen Sie anhand der vorgegebenen Daten für das Jahr 2004 das Bruttonationalein-
kommen der Volkswirtschaft. Im Jahr 2004 betrug der Saldo zwischen Produktions-/
Importgaben und Subventionen 217 Mrd. €.
Beschreiben Sie, unter welcher Voraussetzung das Bruttoinlandsprodukt höher als das
Bruttonationaleinkommen ist.

1.6 Gegenüber dem letzten Jahr ging die Lohnquote im Jahr 2004 zurück.
– Berechnen Sie die Lohnquote für das Jahr 2004.
– Erklären Sie, worauf diese Entwicklung zurückgeführt werden könnte.

2 Um die Leistungsfähigkeit der europäischen Volkswirtschaften besser vergleichen zu können, wurde 1999 begonnen, die eigenständigen nationalen Systeme der Volkswirtschaftlichen Gesamtrechnungen auf das Europäische System der Volkswirtschaftlichen Gesamtrechnung (ESVG) umzustellen. Das Bruttoinlandsprodukt in der EU wird seitdem nach einheitlichen Verfahren ermittelt.
Im Jahresgutachten des Sachverständigenrats vom November 2003 ist folgende Tabelle veröffentlicht:

Land / Ländergruppe	Bruttoinlandsprodukt [1] [2]			
	2000	2001	2002	2003 [3]
Belgien	+3,8	+0,6	+0,7	+0,8
Deutschland	+2,9	+0,8	+0,2	−0,1
Finnland	+5,1	+1,2	+2,2	+1,3
Frankreich	+3,8	+2,1	+1,2	+0,2
Griechenland	+4,4	+4,0	+3,8	+4,0
Irland	+10,1	+6,2	+6,9	+1,6
Italien	+3,1	+1,8	+0,4	+0,4
Luxemburg	+9,1	+1,2	+1,3	+1,3
Niederlande	+3,5	+1,2	+0,2	−0,7
Österreich	+3,4	+0,8	+1,4	+0,8
Portugal	+3,7	+1,6	+0,4	−0,8
Spanien	+4,2	+2,8	+2,0	+2,3
EURO-Raum [4]	**+3,5**	**+1,6**	**+0,9**	**+0,4**

1) In Preisen von 1995   2) Veränderung gegenüber Vorjahr in v. H.
3) Eigene Schätzung   4) Ab 2001 einschließlich Griechenland

2.1 Vergleichen Sie anhand der gegebenen Werte die Entwicklung des wirtschaftlichen Wachstums in Deutschland ab 2000 im Vergleich zur Entwicklung im Euro-Raum insgesamt.
Vergleichen Sie für das Jahr 2003 die Werte für Deutschland mit denen der anderen europäischen Staaten.

2.2 Begründen Sie mit zwei Argumenten, weshalb die obigen Zahlen zur Veränderung des Bruttoinlandsprodukts nur bedingt geeignet sind, um Aussagen über die Entwicklung des Wohlstands und der Lebensqualität machen zu können.

2.3 Beschreiben Sie anhand eines Beispiels die Bedeutung der Volkswirtschaftlichen Gesamtrechnung für die Träger der Wirtschaftspolitik.

Punkte:

Frage	1.1	1.2	1.3	1.4	1.5	1.6	2.1	2.2	2.3
NP	6	3	3	2	3	4	3	4	2

Lösungsvorschlag

Aufgabe 1: Volkswirtschaftliche Gesamtrechnung und wirtschaftspolitische Tagesfragen

1.1 Ermittlung des Bruttoinlandsproduktes (Verwendungsrechnung)

Bruttoinvestitionen	379 Mrd. €
+ Privater Konsum	1 236 Mrd. €
+ Staatlicher Konsum	404 Mrd. €
+ Außenbeitrag	91 Mrd. €
= Bruttoinlandsprodukt	2 110 Mrd. €

Berechnung der Nettoinvestitionen

Bruttoinvestitionen	379 Mrd. €
– Ersatzinvestitionen	318 Mrd. €
= Nettoinvestitionen	61 Mrd. €

Berechnung der Nettoanlageinvestitionen

Nettoinvestitionen	61 Mrd. €
– Vorratsinvestitionen (hier negativ, daher plus)	13 Mrd. €
= Nettoanlageinvestitionen	74 Mrd. €

1.2 Nominales und reales Bruttoinlandsprodukt (BIP)

- Das **nominale BIP** entspricht in jeweiligen Preisen dem Wert aller in einer Periode in einer Volkswirtschaft erzeugten Güter und Dienstleistungen nach Abzug der Vorleistungen. Preissteigerungen erhöhen das nominale BIP.
- Das **reale BIP** zeigt diesen Wert in Preisen eines Basisjahres. Dadurch wird die durch Preisveränderungen bedingte Änderung des BIP ausgeklammert.

Als **Maßstab für die Beurteilung der Wirtschaftsleistung** eignet sich nur das reale BIP, da Preissteigerungen keine höhere Leistung darstellen und sich die Güterversorgung dadurch nicht verbessert. Die Veränderung des realen BIP zeigt das Wirtschaftswachstum.

1.3 Gesamtwirtschaftliche Bedeutung der Nettoanlageinvestitionen

→ Die Anlageinvestitionen setzen sich aus Ausrüstungsinvestitionen (z. B. Maschinen, Produktionsanlagen, Fahrzeuge) und Bauinvestitionen zusammen.
→ Die erhöhte Nachfrage der Unternehmen nach solchen Gütern erhöht die Investitionsgüterproduktion.
→ Dadurch entstehen Einkommen, die wiederum zu einer höheren gesamtwirtschaftlichen Nachfrage führen (Einkommenseffekt der Investitionen). Dies kann positive Beschäftigungseffekte haben.

Zusätzlich erhöhen die Nettoanlageinvestitionen die Produktionskapazität (Kapazitätseffekt der Investitionen). Sie ermöglichen somit eine Erhöhung der gesamtwirtschaftlichen Güterproduktion und der Beschäftigung.
Da aber Nettoanlageinvestitionen häufig mit technischem Fortschritt verbunden sind, können Rationalisierungseffekte dazu führen, dass der Beschäftigungseffekt für den Produktionsfaktor Arbeit relativ gering ausfällt.

1.4 Gründe für den Rückgang der Nettoinvestitionen

- Globalisierung: Aufgrund hoher inländischer Produktionskosten werden Produktionskapazitäten in kostengünstigeren Regionen der Welt aufgebaut.
- Rückgang der Nachfrage nach Konsumgütern (Konsumschwäche): Als Folge der verringerten Konsumgüterproduktion geht die Nachfrage nach Investitionsgütern zurück. Die Nettoanlageinvestitionen sinken unter das Vorjahresniveau (schlechtes Investitionsklima).
- Sinken der Vorratsinvestitionen: Die Lager werden in Erwartung schlechter Absatzmöglichkeiten nicht mehr aufgefüllt. Es kommt zu einem Abbau der Lagerbestände und damit zu einer Verringerung der Nettoinvestitionen.

1.5 Bruttonationaleinkommen (BNE)

Das BNE und das Volkseinkommen unterliegen dem Inländerkonzept.

Verteilungsrechnung:

Volkseinkommen	1 573 Mrd. €
+ (Produktions-/Importabgaben – Subventionen)	217 Mrd. €
+ Ersatzinvestitionen (Abschreibungen)	318 Mrd. €
= Bruttonationaleinkommen	2 108 Mrd. €

BIP = von Inländern und Ausländern im Inland bezogene Primäreinkommen
BNE = von Inländern im In- und Ausland bezogene Primäreinkommen (Inländerprodukt)

Das Bruttoinlandsprodukt ist höher als das Bruttonationaleinkommen, wenn per Saldo den Ausländern aus dem Inland mehr Primäreinkommen zugeflossen sind als den Inländern aus dem Ausland.

1.6 Ermittlung der Lohnquote

Volkseinkommen	1 573 Mrd. €
– Unternehmenseinkommen	441 Mrd. €
= Arbeitnehmerentgelt	1 132 Mrd. €

$$\text{Lohnquote} = \frac{\text{Arbeitnehmerentgelt} \cdot 100}{\text{Volkseinkommen}} = \frac{1\,132 \text{ Mrd. } € \cdot 100}{1\,573 \text{ Mrd. } €} = 71,96 \%$$

Gründe für den Rückgang der Lohnquote

- Die hohe Arbeitslosigkeit schwächt die Position der Arbeitnehmer im Verteilungskampf. Deshalb sind die Löhne (+0,8 %) nicht so stark gestiegen wie die Unternehmens- und Vermögenseinkommen (+4,8 %).
- Eventuell haben sich aufgrund der Arbeitsmarktlage bisher abhängig Beschäftigte vermehrt selbständig gemacht.

2.1 Wachstumsraten in Deutschland und Europa

Vergleich Deutschland und Euro-Raum von 2000 bis 2003

In diesen Jahren lagen die Wachstumsraten des realen BIP in Deutschland stets unter dem Durchschnitt des realen BIP-Wachstum im Euro-Raum. Sowohl im Jahr 2000 als auch im Jahr 2002 hatte Deutschland die geringste prozentuale Steigerung des realen BIP.

Vergleich Deutschland mit anderen EU-Staaten im Jahr 2003
Nur Deutschland, Portugal und die Niederlande hatten 2003 einen Rückgang des realen
BIP zu verzeichnen. Die anderen Staaten erzielten positive Wachstumsraten.

2.2 Kritik am BIP als Wohlstandsindikator

– Das Bruttoinlandsprodukt berücksichtigt nicht die **sozialen Kosten**, die mit dem
Wachstum verbunden sind. Beispielsweise werden die Umweltverschmutzung, der
Rohstoffabbau und Krankheiten durch Industrialisierung bei der BIP-Berechnung
nicht berücksichtigt, obwohl dadurch die Lebensqualität zurückgeht.

– Die Wachstumsraten des BIP sagen nichts über die **Einkommensverteilung** in einem
Land aus. Trotz hoher Wachstumsarten ist es möglich, dass der individuelle Wohlstand
von Teilen der Bevölkerung zurückgeht.

– Viele Güter und Dienstleistungen, die den Wohlstand mehren, werden **nicht erfasst**,
da sie nicht auf Märkten gehandelt werden (z. B. Hausfrauenarbeit, Kindererziehung,
Nachbarschaftshilfe oder ehrenamtliche Tätigkeit).

2.3 Bedeutung der VGR für die Träger der Wirtschaftspolitik

Für die Träger der Wirtschaftspolitik liefert die VGR wichtige Daten. So beeinflussen beispielsweise die ermittelten Wachstumsraten die Wirtschafts- und Haushaltspolitik der
Bundesregierung sowie die Geldpolitik der EZB. Daneben dient die Lohnquote den Gewerkschaften als Argument bei der Durchsetzung ihrer Ziele.

Aufgabe 2: Wirtschaftspolitik und wirtschaftspolitische Konzepte anhand von Tagesfragen

1   In den letzten Jahren wurden in Deutschland unter anderem die folgenden steuer- und arbeitsmarktpolitischen Maßnahmen beschlossen:

Auszug aus einer Pressenotiz:

- Steuerentlastung insgesamt 7,8 Mrd. €

  Einkommensteuer: Eingangssatz von 19,9 % auf 16 % gesenkt

  Spitzensatz von 48,5 % auf 45 % gesenkt

- Hartz-IV-Gesetz: Senkung der Arbeitslosenunterstützung. Außerdem müssen Langzeitarbeitslose jede Beschäftigung, die ihnen von der Arbeitsvermittlung angeboten wird, annehmen. Andernfalls wird ihnen die Arbeitslosenunterstützung weiter gekürzt.

1.1   Untersuchen Sie die erwähnten Maßnahmen hinsichtlich ihrer Wirkung auf die gesamtwirtschaftliche Nachfrage, die Beschäftigungssituation und die Sanierung der öffentlichen Finanzen.
Zeigen Sie dabei auch Widersprüche auf.

1.2   Das „magische Viereck" der wirtschaftspolitischen Ziele beinhaltet als Ziel einen hohen Beschäftigungsstand.
Beschreiben und beurteilen Sie die Messgröße, mit der die Erreichung dieses Zieles in der Arbeitsmarktstatistik gemessen wird.
Geben Sie an, wann von einer Zielerreichung gesprochen werden könnte.

1.3   Unterscheiden Sie drei Formen der Arbeitslosigkeit hinsichtlich der Verursachung.
Beschreiben Sie je eine Ursache der Arbeitslosigkeit und je eine Maßnahme staatlicher Beschäftigungspolitik zur Eindämmung der Arbeitslosigkeit.

1.4   Geben Sie die jeweilige Messgröße für die Erreichung der anderen Teilziele des magischen Vierecks an.
Erläutern Sie, weshalb das „magische Viereck" so bezeichnet wird.

1.5

Zitat aus einer Tageszeitung:

Zinsschritt in Europa erwartet

Die Europäische Zentralbank (EZB) wird die Leitzinsen demnächst … erhöhen.
Diese Einschätzung vertreten die Volkswirte der Investmentbank Morgan Stanley.
„Wir sind dichter vor einem solchen Zinsschritt, als viele glauben", sagte Elga Bartsch, Ökonomin der Investmentbank in London, am Donnerstag in Frankfurt.
Eine relativ rasche Zinsanhebung sei aus mehreren Gründen sinnvoll.

- Beschreiben Sie den Konflikt mit dem Ziel „hoher Beschäftigungsstand", der im Falle eines solchen Zinsschritts eintreten könnte.
- Aus welchem Grund könnte ein solcher Zinsschritt aus Sicht der EZB trotzdem sinnvoll sein?

2   In einer Volkswirtschaft haben sich die Preise für Verbrauchsgüter wie folgt entwickelt:

Jahr	Preisindex
00 (Basisjahr)	100
01	108
02	106

2.1   Berechnen Sie auf drei Nachkommastellen, wie sich die Kaufkraft, ausgehend
- vom Jahr 02 gegenüber dem Jahr 01, und
- vom Jahr 01 gegenüber dem Basisjahr

verändert hat.
Erläutern Sie die Bedeutung der jeweiligen Kaufkraftänderung.

2.2   Erklären Sie, welche Auswirkung die von Ihnen ermittelte Kaufkraftveränderung vom Jahr 1 zum Jahr 2 auf den Lebensstandard hat, wenn in diesem Zeitraum das verfügbare Nominaleinkommen der Haushalte im Durchschnitt um 1 % abgenommen hat.

3   Die Preisentwicklung für Europa wird mit dem Harmonisierten Verbraucherpreisindex (HVPI) gemessen. Die Position „Wohnung und Nebenkosten" ist in den einzelnen Warenkörben der Länder unterschiedlich gewichtet.

Struktur der Warenkörbe im Harmonisierten Verbraucherpreisindex (Auszug)						
	EU	EWWU	Deutschland	Frankreich	Italien	Spanien
Wohnung und Nebenkosten	15,4 %	15,8 %	20,3 %	14,7 %	10,2 %	11,2 %

Quelle: Eurostat

Vergleichen Sie die angegebenen Werte für die Wohnungskosten in Deutschland und Italien und geben Sie an, worauf man diesen Unterschied zurückführen könnte.

Punkte:

Frage	1.1	1.2	1.3	1.4	1.5	2.1	2.2	3
NP	6	3	6	4	3	3	2	3

Lösungsvorschlag

Aufgabe 2: Wirtschaftspolitik und wirtschaftspolitische Konzepte anhand von Tagesfragen

1.1 Auswirkungen der Einkommensteuersenkung und des Hartz-IV-Gesetzes

Wirkung der Einkommensteuersatzsenkung auf die

– Gesamtwirtschaftliche Nachfrage:
Erhöhung des verfügbaren Einkommens der Bevölkerung → Erhöhung der Konsum- und Investitionsausgaben → höhere gesamtwirtschaftliche Nachfrage …

– Beschäftigungssituation:
Höhere gesamtwirtschaftliche Nachfrage → Ausweitung der Produktion → höhere Beschäftigung …

– Sanierung der öffentlichen Finanzen:
Zumindest kurzfristig werden sich die Steuereinnahmen durch die Einkommensteuersenkung vermindern. Dies wäre ein Widerspruch der Maßnahme zum Sanierungsziel. Tritt jedoch die erhoffte Konjunkturbelebung ein, ergäbe sich langfristig eine Erhöhung der Steuereinnahmen (Laffer-Theorem). Damit könnte sich die öffentliche Haushaltslage verbessern.

Wirkung des Hartz-IV-Gesetzes auf die

– Gesamtwirtschaftliche Nachfrage:
Durch Hartz IV sinken die verfügbaren Einkommen der Arbeitslosen → Senkung der Konsumausgaben → geringere gesamtwirtschaftliche Nachfrage …
Aber: Gelingt durch das beabsichtigte „Fördern und Fordern" eine Verminderung der Arbeitslosigkeit, könnte langfristig die gesamtwirtschaftliche Nachfrage steigen.

– Beschäftigungssituation:
Kurzfristig geringere gesamtwirtschaftliche Nachfrage → tendenziell geringere Beschäftigung (Widerspruch zur beabsichtigten Wirkung der Steuersenkung) …
Aber: Das Hartz-IV-Gesetzes sieht vor, dass die Arbeitsagentur die Arbeitslosen verstärkt fördern (bessere Vermittlung und Weiterbildung) und auch fordern (Streichung des Arbeitslosengeldes z. B. bei Ablehnung zumutbarer Arbeit) soll. Dadurch könnte sich die Beschäftigungslage langfristig verbessern.

– Sanierung der öffentlichen Finanzen:
Durch die Senkung der Arbeitslosenunterstützung werden die öffentlichen Haushalte zumindest kurzfristig entlastet. Falls das Ziel der Beschäftigungssteigerung erreicht würde, könnte dies auch langfristig zur Sanierung der öffentlichen Haushalte beitragen.

1.2 Wirtschaftspolitisches Ziel: Hoher Beschäftigungsstand

Messgröße: Arbeitslosenquote = $\dfrac{\text{registrierte Arbeitslose} \cdot 100}{\text{Anzahl ziviler Erwerbspersonen}}$

Beurteilung:
Die Formel erfasst nicht die versteckte Arbeitslosigkeit derjenigen Personen, die nicht als arbeitslos erfasst werden.
Z. B.: Personen in staatlichen Arbeitsbeschaffungsmaßnahmen, unfreiwillig in Vorruhestand gegangene Arbeitnehmer, Arbeitslose, die sich nicht bei der Arbeitsagentur melden und Freiberufler, die aufgrund mangelnder Auftragslage ihre Existenz aufgeben müssen, werden nicht als Arbeitslose erfasst.

Zielerreichung liegt vor, wenn Arbeitslosenquote $\leq 3\,\%$

1.3 Formen der Arbeitslosigkeit und Maßnahmen staatlicher Beschäftigungspolitik

Formen	Beschreibung	Maßnahmen
Friktionelle	Durch Wohnsitzwechsel und/oder Arbeitsplatzwechsel verursachte überwiegend kurzfristige Beschäftigungslosigkeit	Optimierung der Vermittlung durch die Agentur für Arbeit oder durch private Vermittler
Saisonale	Folge von jahreszeitlich bedingten Nachfrageschwankungen in bestimmten Sektoren (z. B. Landwirtschaft, Bauindustrie und Fremdenverkehr)	Förderung und Vermittlung von Beschäftigungen für die Zeit außerhalb der Saison
Konjunkturelle	Arbeitslosigkeit, die in Zeiten konjunkturellen Abschwungs entsteht, bei Besserung der Konjunktur jedoch größtenteils wieder beseitigt werden kann	Der Staat kann kurzfristige nachfrageorientierte Maßnahmen zur Belebung der Konjunktur ergreifen, z. B. Staatsaufträge erteilen oder Steuern senken
Strukturelle	Arbeitslosigkeit, die beispielsweise aufgrund von Absatzkrisen in den Wirtschaftssektoren oder bestimmten Branchen entsteht, z. B. Bergbau, Schiffbau	Der Staat kann Strukturpolitik betreiben, indem er zukunftsträchtige Wirtschaftszweige gezielt in strukturschwachen Gebieten ansiedelt.

1.4 Magisches Viereck

Neben dem Ziel des hohen Beschäftigungsstands bilden folgende Ziele das magische Viereck.

– Stabilität des Preisniveaus: Messgröße ist die Preissteigerungsrate ($\leq 2\%$ p. a.)

– Außenwirtschaftliches Gleichgewicht: Messgröße ist der Anteil des Außenbeitrags am BIP

– Stetiges und angemessenes Wirtschaftswachstum: Messgröße ist die jährliche Steigerungsrate des realen BIP (mindestens 3 %)

Das magische Viereck wird so bezeichnet, weil es aufgrund der teilweise auftretenden Zielkonflikte zwischen den Einzelzielen beinahe „an Magie" grenzt, durch entsprechende Maßnahmen alle Vorgaben gemeinsam erreichen zu können.

1.5 Erhöhung der Leitzinsen

– Durch steigende Kreditzinsen kann die Investitions- und Konsumneigung geschwächt werden, was das Beschäftigungsziel konterkariert. Eine Erhöhung der Leitzinsen der EZB würde letztlich die Konjunktur eher dämpfen.

– Wenn die EZB eine deutliche Inflationsgefahr sieht, wäre unter Berücksichtigung des time-lags der geldpolitischen Maßnahmen eine Zinserhöhung zum gegenwärtigen Zeitpunkt vertretbar.

2 Kaufkraft

2.1 Vergleich vom Jahr 02 zum Jahr 01:

$$\frac{2 \cdot 100}{106} = +1,887 \ \% \ \textit{Kaufkraftgewinn}$$

Vergleich vom Jahr 01 zum Basisjahr:

$$\frac{-5 \cdot 100}{108} = -7,407 \ \% \ \textit{Kaufkraftverlust}$$

Kaufkraftgewinn bedeutet, dass mit derselben Geldmenge eine größere Gütermenge erworben werden kann.
Kaufkraftverlust bedeutet, dass mit derselben Geldmenge eine geringere Gütermenge erworben werden kann.

2.2 Da vom Jahr 01 zum Jahr 02 der Kaufkraftzuwachs (+1,887 %) größer ist als der Einkommensrückgang (−1 %), steigt der Lebensstandard.

3 Wohnkosten im Warenkorb

Die Deutschen geben einen größeren Anteil ihres Einkommens für das Wohnen aus als die Italiener.

Mögliche Gründe:

– höhere Immobilienpreise in Deutschland

– höhere Mieten und Nebenkosten (z. B. Heizkosten)

– in Italien mehr Großfamilien unter einem Dach, in Deutschland dafür mehr (verhältnismäßig teure) Single-Wohnungen. Kinder ziehen in Deutschland eher von zu Hause aus.

– andere Bedeutung des Wohnens

Vollkostenrechnung, Kostenanalyse

1 Die Bianca Sauter GmbH, Herstellerin von Drehteilen, hat zum 01. 01. 2003 ihre Tätigkeit aufgenommen. Die zusammengefasste Bilanz für 2005 hat folgendes Aussehen:

AKTIVA		Bilanz zum 31. 12. 2005 (in €)	PASSIVA
Bebaute Grundstücke	746.000	Gezeichnetes Kapital	1.000.000
Maschinen	409.600	Rücklagen	152.000
Betr.- u. Geschäftsausstattung	102.400	Darlehen	458.000
Fuhrpark	20.000	erhaltene Anzahlungen	85.000
Roh-, Hilfs- u. Betriebs-Stoffe	150.000	Verbindlichkeiten a. L. u. L.	115.000
Forderungen	220.000	sonstige Verbindlichkeiten	18.000
Bank	180.000		
	1.828.000		**1.828.000**

Zum Jahresende 2005 beträgt der Gebäudeanteil in der Position bebaute Grundstücke
546.000 €. Die bebauten Grundstücke wurden bilanziell und kalkulatorisch mit 3 %
linear, Maschinen und Betriebs- und Geschäftsausstattung (BuG) jeweils bilanziell mit
20 % geometrisch-degressiv und kalkulatorisch linear abgeschrieben. Der kalkulatorische Wertansatz für den Fuhrpark übersteigt zum Jahresende 2005 den Bilanzansatz
um 10.000 €. Für die Maschinen und die BuG wird eine Nutzungsdauer von jeweils
10 Jahren angenommen.

Die Wiederbeschaffungskosten betragen:
– Bebaute Grundstücke 974.000 € (Gebäudeanteil 650.000 €)
– Maschinen   960.000 €
– BuG   240.000 €

Die Verbindlichkeiten aus Lieferungen und Leistungen können nicht skontiert werden.

1.1 Erklären Sie allgemein, in welchem Fall bei der Position „Abschreibungen auf Maschinen" entweder neutraler Aufwand oder Zusatzkosten entstehen können.

1.2 In welcher Höhe sind seit der Aufnahme der Geschäftstätigkeit bis zum 31. 12. 2005
durch Abschreibungen auf die Positionen „bebaute Grundstücke" und „Maschinen"
jeweils Grundkosten, Zusatzkosten und neutrale Aufwendungen angefallen?

1.3 Angenommen, der Höchstsatz der geometrisch-degressiven Abschreibung wäre in der
Ausgangssituation niedriger als 20 % gewesen. Begründen Sie ohne rechnerischen
Nachweis, ob und gegebenenfalls wie sich dies in den ersten Nutzungsjahren auf das
Unternehmensergebnis und das Betriebsergebnis ausgewirkt hätte.

1.4 Ermitteln Sie für das Geschäftsjahr 2006 die zu verrechnenden kalkulatorischen Zinsen
bei einem Zinssatz von 6 % p. a.
Hinweis: Kalkulatorische Zinsen sind nicht mehr prüfungsrelevant!

1.5 Begründen Sie, warum in der Kosten- und Leistungsrechnung (KLR) kalkulatorische
Zinsen verrechnet werden.
Hinweis: Kalkulatorische Zinsen sind nicht mehr prüfungsrelevant!

1.6 Weshalb wird im vorliegenden Fall kein kalkulatorischer Unternehmerlohn in der KLR angesetzt?

2 Aufgrund des Konkurrenzdrucks plant die Unternehmensleitung eine Erhöhung der Arbeitszeit von 35 auf 40 Stunden pro Woche ohne Lohnausgleich. Für die zurückliegenden Monate stehen folgende Daten zur Verfügung:

Monat	Stückzahl	Gesamtkosten	Umsatz
Mai 2005	52.000	804.000 €	790.400 €
Juni 2005	66.000	972.000 €	1.003.200 €

2.1 Bei der bisherigen Arbeitszeit von 35 Stunden pro Woche hätten monatlich maximal 70.000 Drehteile produziert werden können.

2.1.1 Berechnen Sie die bisherigen Fixkosten und die variablen Stückkosten.

2.1.2 Wie hoch wäre die maximal produzierbare Menge nach der geplanten Erhöhung der wöchentlichen Arbeitszeit, wenn keine sonstigen Engpässe zu erwarten sind?

2.1.3 Ermitteln Sie die variablen Stückkosten nach der geplanten Arbeitszeitverlängerung, wenn davon auszugehen ist, dass bisher 30 % der variablen Kosten Fertigungslöhne waren.

2.1.4 Um welche Stückzahl würde sich nach Einführung der Arbeitszeitverlängerung die Gewinnschwelle bei unverändertem Verkaufspreis ändern?

2.2 Das Auftragsvolumen von 66.000 Stück (Juni 2005) könnte auch für die folgenden Monate bei unverändertem Absatzpreis beibehalten werden. Es besteht die Aussicht, zusätzlich 14.000 Stück zu verkaufen.

2.2.1 Wie hoch wären die Gesamtkosten für die zusätzliche Produktionsmenge, wenn die Arbeitszeitverlängerung nicht eingeführt würde und bei einer Überschreitung der Normalarbeitszeit ein Überstundenzuschlag von 25 % auf den Lohnanteil zu verrechnen wäre?

2.2.2 Angenommen, die Arbeitszeitverlängerung würde durchgeführt. Die Unternehmensleitung möchte zur Gewinnung eines neuen Kunden die Konkurrenz mit einem niedrigen Verkaufspreis unterbieten und sich in den Folgemonaten mit demselben Ergebnis wie im Juni 2005 begnügen.
Zu welchem Stückpreis könnten unter diesen Bedingungen die 14.000 Teile verkauft werden?
(Falls Sie die Teilaufgabe 2.1.3 nicht rechnen konnten, gehen Sie davon aus, dass die Lohnstückkosten nach der Arbeitszeitverlängerung 3,15 € betragen.)

Punkte:

Frage	1.1	1.2	1.3	1.4	1.5	1.6	2.1.1	2.1.2	2.1.3	2.1.4	2.2.1	2.2.2
NP	2	4	2	4	2	2	2	2	2	3	2	3

Lösungsvorschlag

Aufgabe 1:   Vollkostenrechnung, Kostenanalyse

1.1   Entstehung von neutralem Aufwand bzw. Zusatzkosten
Neutraler Aufwand: bilanzielle Abschreibung > kalkulatorische Abschreibung
Zusatzkosten: bilanzielle Abschreibung < kalkulatorische Abschreibung

1.2   Grundkosten, Zusatzkosten und neutrale Aufwendungen
Abschreibungen auf
– **Gebäude:**   linear mit 3 %
bilanziell: $x = 9\ \%$ (3 % · 3 Jahre)
$546.000\ € = 91\ \%$
$\underline{x = 54.000\ €}$

kalkulatorisch: (3 % von 650 000 € Wiederbeschaffungswert) · 3 Jahre = $\underline{\underline{58.500\ €}}$

– **Maschinen:**
bilanziell: geometrisch degressiv mit 20 % vom Restwert

Wertansatz zum Tätigkeitsbeginn		800.000 €	100 %
Abschreibung 2003		160.000 €	20 %
Wertansatz Ende 2003		640.000 €	80 %
	640.000 €		100 %
Abschreibung 2004	128.000 €		20 %
Wertansatz Ende 2004		512.000 €	80 %
	512.000 €		100 %
Abschreibung 2005	102.400 €		20 %
Wertansatz Ende 2005	409.600 €		80 %

Summe der Abschreibungen: 160.000 € + 128.000 € + 102.400 € = $\underline{\underline{390.400\ €}}$

kalkulatorisch: linear mit 10 % (Nutzungsdauer 10 Jahre)
(10 % von 960.000 € Wiederbeschaffungswert) · 3 Jahre = $\underline{\underline{288.000\ €}}$

	neutrale Aufwendungen	Grundkosten	Zusatzkosten
bebaute Grundstücke	–	54.000 €	4.500 €
Maschinen	102.400 €	288.000 €	–

1.3 Auswirkung des gesetzlichen Abschreibungssatzes auf Unternehmensergebnis und Betriebsergebnis

Die Absenkung des steuerrechtlich zulässigen Abschreibungssatzes betrifft lediglich die Finanzbuchhaltung. Dort werden die Aufwendungen in den ersten Nutzungsjahren geringer und damit der Jahresüberschuss (= Unternehmensergebnis) höher.

In der KLR soll durch die Abschreibung die tatsächliche Wertminderung erfasst werden. Somit ergeben sich durch diese gesetzgeberische Maßnahme keine Auswirkungen auf die Kosten und damit auf das Betriebsergebnis.

1.4 Berechnung der kalkulatorischen Zinsen *(nicht mehr prüfungsrelevant!)*

betriebsnotwendiges AV		€
– bebaute Grundstücke	$650.000 - 19.500 \cdot 3 + 324.000$	915.500
– Maschinen	$960.000 - 96.000 \cdot 3$	672.000
– BuG	$240.000 - 24.000 \cdot 3$	168.000
– Fuhrpark	$20.000 + 10.000$ (höherer Wertansatz)	30.000
betriebsnotwendiges UV		
– RHB-Stoffe		150.000
– Forderungen		220.000
– Bank		180.000
betriebsnotwendiges Vermögen		**2.335.500**
Abzugskapital		
– Anzahlungen		−85.000
– Verbindlichkeiten aus L. u. L.		−115.000
– sonst. Verbindlichkeiten		−18.000
zu verzinsendes betriebsnotwendiges Kapital		**2.117.500**

Kalkulatorische Zinsen $= 2.117.500$ € $\cdot\ 0,06 = 127.050$ €

1.5 Kalkulatorische Zinsen *(nicht mehr prüfungsrelevant!)*

Verzinst werden soll das betriebsnotwendige Kapital, unabhängig von der Finanzierungsart. Das beinhaltet auch einen Ausgleich für entgangene Zinsen, die das Unternehmen bei einer alternativen Anlage ihres Kapitals erzielt hätte. Durch den Ansatz kalkulatorischer Zinsen in der Kalkulation geht der Betrag in den Verkaufspreis ein und soll über die Umsatzerlöse wieder in das Unternehmen zurückfließen.

1.6 Kalkulatorischer Unternehmerlohn

In der GmbH ist der Geschäftsführer Angestellter der juristischen Person. Sein Entgelt ist bereits als Personalaufwand tatsächlich gebucht und stellt in gleicher Höhe Grundkosten in der KLR dar.

2.1.1 Fixkosten und variable Stückkosten

$$k_v = \frac{\text{Gesamtkosten (Juni)} - \text{Gesamtkosten (Mai)}}{\text{Stückzahl (Juni)} - \text{Stückzahl (Mai)}}$$

$$= \frac{972.000 - 804.000}{66.000 - 52.000} = 12 \; \text{€/Stk.}$$

Fixe Kosten $(K_f) = K$ (Juni) $- k_v \cdot x$ (Juni) $= 972.000 - 12 \cdot 66.000 = 180.000$ €

2.1.2 Maximale Produktion nach Kapazitätserhöhung

$$\frac{70.000 \cdot 40}{35} = 80.000 \; \text{Stück}$$

2.1.3 Variable Stückkosten nach Arbeitszeitverlängerung

Fertigungslöhne $= 30 \%$ von $12 \, € = 3,60 \, €$/Stk.

Da die Arbeitszeitverlängerung ohne Lohnausgleich durchgeführt wird, ergeben sich neue Lohnkosten pro Stück.

$$\text{Lohnkosten}_{\text{neu}} = \frac{3,60 \cdot 70.000}{80.000} = 3,15 \; \text{€/Stk.}$$

$k_{v \, \text{neu}} = 12 - 3,60 + 3,15 = 11,55 \; \text{€/Stk.}$

2.1.4 Gewinnschwelle

Erlös je Stück $= 790.400 : 52.000 = 15,20 \, €$

Gewinnschwelle vorher: $15,20 \, x = 180.000 + 12 \, x$
$\qquad\qquad\qquad\qquad\quad x = 56.250$ Stück

Gewinnschwelle nachher: $15,20 \, x = 180.000 + 11,55 \, x$
$\qquad\qquad\qquad\qquad\quad\; x = 49.315,06$

Produktionsdifferenz $= 56.250 - 49.316 = 6.934$ Stück weniger

2.2.1 Gesamtkosten bei Überstundenzuschlag

$k_{v \, \text{Zusatzproduktion}} = 12 \, € + (\text{Anteil der Fertigungslöhne an den } k_v + 25 \% \text{ Zuschlag})$
$\qquad\qquad\quad = 12 \, € + (3,60 \, € + 0,90 \, €) = 12,90 \, €$

ohne Zuschlag:	4.000 Stück · 12 €/Stk.	= 48.000 €
mit Zuschlag:	10.000 Stück · 12,90 €/Stk.	= 129.000 €

gesamter Kostenzuwachs $\qquad\qquad\qquad\qquad\qquad = 177.000$ €

2.2.2 Stückpreisberechnung

Kostenrückgang für 66.000 Stück	$= 66.000 \cdot 0,45 \, €$	$= 29\,700 \, €$
Kosten für zusätzliche 14.000 Stück	$= 14.000 \cdot 11,55 \, €$	$= 161.700 \, €$
Kostenzuwachs	$= 161.700 \, € - 29.700 \, € =$	$132.000 \, €$
Preis je Stück	$= 132.000 \, € : 14.000 \quad =$	$9,429 \, € ;$
	gerundet	$9,43 \, €$

Aktiengesellschaft: Rechtsfragen, Jahresabschluss

Die Huber OHG ist ein erfolgreiches Unternehmen der Maschinenbauindustrie mit Sitz in Lörrach. Um die vorhandenen Wachstumschancen nutzen zu können, wandeln die Gesellschafter Huber und Ladig zum Jahresbeginn 2004 die OHG in die HULA AG um. Die letzte Handelsbilanz weist dabei folgende zusammengefasste Werte aus:

	Schlussbilanz		
AKTIVA	zum 31. 12. 2003 (in Tsd. €)		PASSIVA
Anlagevermögen	5.400	Eigenkapital	6.000
Umlaufvermögen	5.100	Fremdkapital	4.500
	10.500		10.500

1 Huber ist mit 40 % und Ladig mit 60 % an der bisherigen OHG beteiligt. Sie übernehmen jeweils Aktien in Höhe ihres Eigenkapitalanteils zu pari.

Außerdem beteiligt sich die bisherige Hausbank, die VR-Bank Freiburg, mit 2.000.000 € am Grundkapital der HULA AG. Es wird vereinbart, dass die VR-Bank ihre Aktien mit einem Agio von 50 % übernimmt. Bei der Übernahme der Aktien verrechnet die VR-Bank ein der OHG gewährtes Darlehen in Höhe von 1.600.000 €.

Alle Aktien haben den gesetzlichen Mindestnennwert und werden als Namensaktien ausgegeben.

1.1 Wodurch unterscheiden sich bei einer AG die Stadien der
– Errichtung und
– Entstehung der Gesellschaft?

1.2 Berechnen Sie die prozentualen Kapitalanteile der Gründer und ermitteln Sie den Liquiditätszufluss durch die Aktienausgabe.

1.3 Erläutern Sie, warum die bisherigen Gesellschafter die Aktien zu pari erhalten, die VR-Bank jedoch mit einem Agio.

1.4 Erläutern Sie zwei Gründe für die Ausgabe von Namensaktien.

2 Huber und Ladig wollen auch zukünftig wie bei der vormaligen OHG im gleichen Umfang Vertretungsmacht besitzen.

2.1 Erläutern Sie, wie das vertretungsberechtigte Organ der AG bestellt wird.
Beurteilen Sie die Chance von Huber und Ladig, Mitglied dieses Organs zu werden.

2.2 Erklären Sie, welche satzungsmäßige Bestimmung im Handelsregister eingetragen werden muss, damit die Vertretungsmacht bei der AG der gesetzlichen Regelung für die OHG entspricht.

3   Nach dem Verlustjahr 2004 konnte im Geschäftsjahr 2005 ein befriedigender vorläufiger Jahresüberschuss erzielt werden. Allerdings sind einige Vorgänge im Jahresabschluss noch nicht berücksichtigt. Da die Unternehmung in Zukunft eine Kapitalerhöhung plant, soll aus Attraktivitätsgründen ein möglichst hoher Jahresüberschuss ausgewiesen werden.

3.1   Mit notariell beurkundetem Vertrag vom 01. 12. 2005 hat die AG eine Lagerhalle zum Preis von 320.000 € gekauft und sofort genutzt.

Das Grundstück hat eine Größe von 500 m^2. Der Verkehrswert des Grund und Bodens beläuft sich zum Zeitpunkt des Kaufs auf 64 € je m^2. Gleichzeitig wurde an den Grundstücksmakler eine Provision in Höhe von 11.136 € einschließlich 16 % Umsatzsteuer überwiesen. Die Notar- und Grundbuchgebühren für den Kaufvertrag und die Eigentumsübertragung in Höhe von insgesamt 4.200 € netto wurden im Dezember 2005 überwiesen. 11.200 € Grunderwerbsteuer wurden am 28. 12. 2005 bezahlt. Für die Aufnahme eines Darlehens am 30. 11. 2005 in Höhe von 100.000 €, Zinssatz 4,5 %, wurde eine Grundschuld eingetragen. Die dafür berechneten Gebühren betrugen netto 1.000 €. Die Zinszahlung erfolgt jeweils zum 30. 11. eines Jahres nachschüssig. Auf das Jahr 2005 entfällt ein Grundsteueranteil von 250 €. Der Abschreibungssatz beträgt 3 %.

Berechnen Sie die
– Anschaffungskosten des bebauten Grundstücks in übersichtlicher Form.
– gesamten Aufwendungen, die im Zusammenhang mit dem angeschafften Grundstück den Jahreserfolg zum 31. 12. 2005 beeinflussen.

3.2   Die Fertigungsabteilung stellte 2005 eine spezielle Maschine her, die im eigenen Betrieb ab dem 01. 10. 2005 eingesetzt wird. Die betriebsgewöhnliche Nutzungsdauer wird auf 8 Jahre geschätzt. Der Materialaufwand betrug 15.000 €. Fertigungslöhne entstanden in Höhe von 10.000 €.

Aus der Kosten- und Leistungsrechnung liegen für das abgelaufene Geschäftsjahr 2005 folgende Daten (in €) vor:

	Material-stelle	Fertigungs-stelle	Verwaltungs-stelle	Vertriebs-stelle
Summe der Gemeinkosten	550.000	2.950.000	600.000	350.000

Fertigungsmaterial insgesamt: 4.000.000 €
Fertigungslöhne insgesamt   2.500.000 €

3.2.1   Berechnen Sie die Herstellungskosten für die Maschine. Berücksichtigen Sie dabei die unter 3 genannte Zielsetzung der Bewertung.

3.2.2   Erläutern Sie, warum der Gesetzgeber für Eigenleistungen, wie z. B. die Herstellung einer selbst genutzten Maschine, die Aktivierung vorschreibt.

3.2.3   Berechnen Sie die im Sinne des Bewertungsziels zweckmäßige Abschreibung der Maschine für das Jahr 2005 und begründen Sie Ihre Wahl.

4   Angenommen, in der Geschäftsbuchführung würden im Jahr 2005 Bestandsminderungen in Höhe von 160.000 € berücksichtigt.
Begründen Sie, wie sich diese auf den Jahresüberschuss 2005 auswirken würden.

Punkte:

Frage	1.1	1.2	1.3	1.4	2.1	2.2	3.1	3.2.1	3.2.2	3.2.3	4
NP	2	4	3	2	2	2	5	4	2	2	2

Lösungsvorschlag

Aufgabe 2: Aktiengesellschaft: Rechtsfragen, Jahresabschluss

1.1 Errichtung und Entstehung einer AG
Vollständige Aktienübernahme durch die Gründer → Errichtung (§ 29 AktG)
Handelsregistereintragung der AG → Entstehung (§ 41 AktG)

1.2 Liquiditätszufluss durch Aktienausgabe

Gesamtes gezeichnetes Kapital		8.000.000 €	100 %
davon: Huber 40 % von 6.000.000 €		2.400.000 €	30 %
Ladig 60 % von 6.000.000 €		3.600.000 €	45 %
VR-Bank		2.000.000 €	25 %
gezeichnetes Kapital VR-Bank	= 2.000.000 €		
+ 50 % Agio	= 1.000.000 €		
=	= 3.000.000 €		
– verrechnetes Darlehen	= 1.600.000 €		
= Liquiditätszufluss	= 1.400.000 €		

1.3 Begründung für ein Agio bei der Aktienausgabe
Über das Agio wird ein Ausgleich geschaffen für die in der OHG entstandenen und in die AG eingebrachten stillen Reserven. Damit wird eine Ungleichbehandlung zwischen den bisherigen OHG-Gesellschafter und der VR-Bank vermieden.

1.4 Gründe für Namensaktien
– Erleichterung der Kommunikation mit den Aktionären, da deren Namen im Aktienregister vermerkt sind, z. B. Einladung zur HV.
– Sich verändernde Mehrheitsverhältnisse in der HV werden unter Umständen früher bekannt.

2.1 Bestellung des Vorstandes
Die Gründer bestellen den ersten Aufsichtsrat (§ 30 Abs. 1 AktG). Der Aufsichtsrat bestellt den ersten Vorstand (§ 30 Abs. 4 AktG).

Huber und Ladig können somit als Gründer indirekt bestimmen, dass sie zu Vorstandsmitgliedern bestellt werden. Sie bestellen Aufsichtsratsmitglieder ihres Vertrauens, von denen sie dann gegebenenfalls gewählt werden.

2.2 HR-Eintragung für die Vertretungsregelung entsprechend einer OHG
Ausgangslage OHG:
§§ 125 f. HGB sehen Einzelvertretungsbefugnis für alle Rechtsgeschäfte und Rechtshandlungen vor.

Situation AG:
§ 78 AktG bestimmt bei mehreren Vorstandsmitgliedern Gesamtvertretung.

Die Einzelvertretungsbefugnis für jeden der beiden Vorstände muss daher in der Satzung der AG festgelegt und in das HR eingetragen werden.

3.1 Anschaffungskosten eines bebauten Grundstücks; Berechnung der Aufwendungen

in €	Gesamtbetrag 100 %	Gebäude 90 %	Grundstück 10 %
Kaufpreis (500 m² · 64 €)	320.000	288.000	32.000
Maklergebühr (ohne USt.)	9.600	8.640	960
Notar- und Grundbuchgebühr	4.200	3.780	420
Grunderwerbsteuer	11.200	10.080	1.120
Anschaffungskosten	345.000	310.500	34.500

Abschreibung (3 % von 310.500 € für 1 Monat)	776,25 €
Grundsteuer	250,00 €
Eintragung Grundschuld	1.000,00 €
Zinsaufwand (100.000 €/4,5 %/1 Monat)	375,00 €
Gesamtaufwand 2005	2.401,25 €

3.2.1 Bewertung von selbst erstellten Anlagen

		Zuschlagsätze
Fertigungsmaterial	4.000.000 €	
Materialgemeinkosten	550.000 €	550.000 · 100 / 4.000.000 = 13,75 %
Fertigungslöhne	2.500.000 €	
Fertigungsgemeinkosten	2.950.000 €	2.950.000 · 100 / 2.500.000 = 118,0 %
Herstellkosten	10.000.000 €	
Verwaltungsgemeinkosten	600.000 €	600.000 · 100 / 10.000.000 = 6,0 %
Vertriebsgemeinkosten	350.000 €	350.000 · 100 / 10.000.000 = 3,5 %

Für das Jahr 2005 soll ein möglichst hoher Jahresüberschuss ausgewiesen werden. Bei der Bewertung der Maschine wird daher das Aktivierungswahlrecht für die Material-, Fertigungs- und Verwaltungsgemeinkosten genutzt. Für die Vertriebsgemeinkosten besteht ein Aktivierungsverbot.

Bewertung:

Fertigungsmaterial		15.000,00 €
+ Materialgemeinkosten	13,75 %	2.062,50 €
+ Fertigungslöhne		10.000,00 €
+ Fertigungsgemeinkosten	118 %	11.800,00 €
=		38.862,50 €
+ Verwaltungsgemeinkosten	6 %	2.331,75 €
= Herstellungskosten		41.194,25 €

3.2.2 Aktivierungspflicht für Eigenleistungen
Die Bilanz hat sämtliche Vermögensgegenstände zu enthalten (§ 246 Abs. 1 HGB). Alle Vermögenswerte sind mit den Anschaffungs- oder Herstellungskosten zu aktivieren, um die tatsächliche Vermögenslage des Unternehmens darzustellen (§ 264 HGB). Der Vermögenszuwachs entspricht den bei der Herstellung entstandenen Aufwendungen (§ 255 Abs. 2 HGB).

3.2.3 Abschreibung selbst erstellter Anlagen

Um das Ziel eines hohen Jahresüberschusses zu erreichen, wird die lineare Abschreibung angewandt, da hierbei ein geringerer Betrag als Aufwand zu buchen ist.

$$\text{Abschreibung } 2005 = \frac{41.194{,}25\ \text{€} \cdot 3\ \text{Monate}}{8\ \text{Jahre} \cdot 12\ \text{Monate}} = 1.287{,}32\ \text{€}$$

4 Auswirkung von Bestandsminderungen auf die GuV

Bestandsminderungen gehen als Aufwendungen in die GuV-Rechnung ein. Der Jahresüberschuss 2005 sinkt um diesen Betrag.

Den Verkaufserlösen der abgesetzten Produkte müssen auch die Herstellungskosten der vom Lager entnommenen Produkte gegenübergestellt werden, um eine periodengerechte Erfolgsermittlung zu gewährleisten.

Vergleich Kapital- und Personengesellschaften und Finanzierung bei diesen Gesellschaftsformen

1   Der Elektroingenieur Hans Reich erbt 2004 eine größere Summe Bargeld. Er überlegt, ob er sich mit einem Teil des Geldes als weiterer Gesellschafter an einer bereits bestehenden OHG, einer KG oder einer GmbH beteiligen soll.

1.1   Erläutern und begründen Sie mit Hilfe des Gesetzes, wie Reich nach der Handelsregistereintragung als

– OHG-Gesellschafter
– Kommanditist
– GmbH-Gesellschafter

gegenüber den Gläubigern der Gesellschaft haftet, wenn jeweils eine Bareinlage von 200.000 € vereinbart, zunächst jedoch nur eine Einzahlung von 160.000 € geleistet wird.

1.2   Reich entschließt sich, als Kommanditist in die bereits bestehende Meister KG, die elektronisch gesteuerte Drehbänke herstellt, einzutreten. Bei den Vertragsverhandlungen erfährt Reich, dass das Kapital des Komplementärs Meister nicht im Handelsregister eingetragen ist.
Begründen Sie, warum der Gesetzgeber diese Eintragung nicht verlangt.

1.3   Meister beabsichtigt einen Kaufvertrag über elektronische Bauteile in Höhe von 20.000 € abzuschließen. Als Reich von diesem Vorhaben erfährt, widerspricht er mit der Begründung, dass die Bauteile veraltet seien.

1.3.1   Untersuchen Sie, ob der Widerspruch von Reich eine rechtliche Wirkung hat.

1.3.2   Begründen Sie, welche rechtliche Wirkung dieser Widerspruch hätte, wenn er diesen als
– OHG-Gesellschafter,
– nicht geschäftsführender Gesellschafter einer GmbH eingelegt hätte.

1.4   Aufgrund weiterer Meinungsverschiedenheiten beschließt Reich aus der KG auszutreten. Im August 2005 teilt er diesen Entschluss allen Mitgesellschaftern schriftlich mit.

1.4.1   Ermitteln Sie den frühest möglichen Austrittstermin für Reich, wenn das Geschäftsjahr dem Kalenderjahr entspricht.

1.4.2   Erläutern Sie zwei wirtschaftliche Folgen, die der Austritt von Reich auf den Fortbestand der KG haben kann.

2   Reich hat 2005 ein größeres Aktienpaket der Titan AG erworben. In der Haupt-
     versammlung 2006 der Titan AG sind Beschlüsse über die Gewinnverwendung und
     erstmals über eine Kapitalerhöhung gegen Einlagen zu fassen.

     Die vereinfachte Bilanz der Titan AG weist vor der geplanten Kapitalerhöhung folgen-
     de Zahlen aus:

AKTIVA	Bilanz zum 31. 12. 2005 (in Tsd. €)		PASSIVA
Sachanlagen	32.000	Gezeichnetes Kapital	10.000
Finanzanlagen	8.000	Kapitalrücklage	6.000
Vorräte	3.000	Gewinnrücklagen	3.000
Forderungen	4.000	Bilanzgewinn	2.300
Wertpapiere	2.000	Rückstellungen	1.700
Bankguthaben	4.000	Verbindlichkeiten	30.000
	53.000		53.000

2.1   Die Hauptversammlung beschließt, den Bilanzgewinn an die Aktionäre auszuschütten.
      Es soll eine auf volle 10 Cent abgerundete Dividende je Aktie ausgezahlt werden. Die
      Aktien haben einen Nennwert von 5,00 €.
      Führen Sie die vollständige Gewinnverwendung durch.

2.2   Auf Beschluss der Hauptversammlung erhöht die Titan AG ihr Grundkapital zum
      01. 04. 2006 um 4 Mio. €. Der Börsenkurs der alten Aktien betrug vor der Kapital-
      erhöhung 12,00 € je 5-€-Aktie.
      Die jungen Aktien haben einen Nennwert von 5,00 € und können zum Ausgabekurs
      von 10,25 €/Aktie bezogen werden.

      Ermitteln Sie aufgrund des vorliegenden Sachverhalts den

2.2.1 Ausgabekurs der alten Aktien und die Anzahl der Aktien nach der Kapitalerhöhung,

2.2.2 Bilanzkurs der Aktien vor und nach der Kapitalerhöhung,

2.2.3 rechnerischen Wert des Bezugsrechts.

2.3   Reich besitzt alte Titan-Aktien im Nennwert von 2,1 Mio. €. Er will Satzungsänderun-
      gen in der Hauptversammlung der AG verhindern können, aber dafür so wenig wie
      möglich Kapital einsetzen.
      Berechnen Sie gemäß dieser Zielsetzung die Anzahl der von Reich mindestens zu
      erwerbenden Aktien und den dafür erforderlichen Kapitaleinsatz, wenn Reich davon
      ausgeht, dass in den Hauptversammlungen der Titan AG 80 % des gezeichneten Kapi-
      tals vertreten sind. Der tatsächliche Wert des Bezugsrechts stimmt mit dem rechneri-
      schen Wert überein.

Punkte:

Frage	1.1	1.2	1.3.1	1.3.2	1.4.1	1.4.2	2.1	2.2.1	2.2.2	2.2.3	2.3
NP	4	2	2	3	2	2	3	3	3	2	4

Lösungsvorschlag

Aufgabe 3: Vergleich Kapital- und Personengesellschaften und Finanzierung bei diesen Gesellschaftsformen

1.1 Haftung als OHG-, KG- oder GmbH-Gesellschafter

OHG: Reich tritt in eine bestehende OHG ein. Er haftet unabhängig von der vereinbarten Höhe seiner Einlage und der tatsächlichen Einzahlung mit seinem gesamten Vermögen unmittelbar und solidarisch (§ 130 Abs. 1 HGB i. V. m. §§ 105, 128 Abs. 1 HGB).

KG: Reich tritt als Kommanditist in eine bestehende Handelsgesellschaft ein und haftet somit für die vor seinem Eintritt begründeten Verbindlichkeiten der Gesellschaft (§ 173 Abs. 1 HGB).
Da Reich als Kommanditist seine Einlage nach der Eintragung ins Handelsregister noch nicht voll geleistet hat, haftet er mit der noch ausstehenden Einlage in Höhe von 40.000 € unmittelbar den Gesellschaftsgläubigern (§ 171 Abs. 1 HGB).

GmbH: Als Gesellschafter einer GmbH besteht für ihn keine persönliche Haftung für die Verbindlichkeiten der GmbH. Nur die GmbH haftet als juristische Person mit ihrem Gesellschaftsvermögen (§ 13 Abs. 2 GmbHG)

1.2 Komplementär

Meister ist Komplementär. Er haftet unbeschränkt, d. h. mit seiner Einlage und seinem Privatvermögen. Die Höhe seiner Kapitaleinlage hat somit keinen Einfluss auf die Höhe der Haftung. Aus diesem Grund ist die Eintragung seines Kapitalanteils im Handelsregister nicht notwendig.

1.3.1 Widerspruchsrecht des Kommanditisten

Reich ist als Kommanditist von der Geschäftsführung ausgeschlossen. Er hat nur bei außergewöhnlichen Rechtsgeschäften ein Widerspruchsrecht. Das Vorhaben des Komplementärs, elektronische Bauteile zu kaufen, gehört zu den gewöhnlichen Rechtsgeschäften dieser KG. Der Widerspruch von Reich hat keine rechtliche Wirkung (§ 164 HGB).

1.3.2 Widerspruchsrecht des OHG- und GmbH-Gesellschafters

– Die Gesellschafter der OHG haben für gewöhnliche Rechtsgeschäfte Einzelgeschäftsführungsbefugnis (§§ 114 Abs. 1, 116 Abs. 1 HGB). Wenn Reich als OHG-Gesellschafter widerspräche, so müsste das Vorhaben unterbleiben (§ 115 Abs. 1 HGB).
– Als Gesellschafter in einer GmbH hätte sein Widerspruch keine rechtliche Wirkung, da er nicht Geschäftsführer wäre. Ein Widerspruchsrecht für nicht geschäftsführende Gesellschafter ist gesetzlich nicht vorgesehen.

1.4.1 Ausscheiden eines Kommanditisten

Die Kündigung muss mindestens 6 Monate vor Ende des Geschäftsjahres erfolgen. Da dies für das Jahresende 2005 nicht mehr möglich ist, kann er erst zum 31. 12. 2006 als Kommanditist aus der KG ausscheiden (§ 132 HBG i. V. m. § 161 Abs. 2 HGB).

1.4.2 Wirtschaftliche Folgen des Ausscheidens für die KG

– Eventuell Liquiditätsproblem für die KG bei Auszahlung der Einlage
– Kreditwürdigkeit der KG kann sich verringern, wenn die Einlage als Haftungsgrundlage entzogen wird.

2.1 Vollständige Gewinnverwendung

10 Mio. € (Gezeichnetes Kapital) : 5,00 € Nennwert je Aktie = 2 Mio. Aktien
2,3 Mio. Bilanzgewinn : 2 Mio. Aktien = 1,15 € maximale Dividende pro Aktie
ausgeschüttete Dividende pro Aktie = 1,10 € (Abrundung auf volle 10 Cent)
ausgeschüttete Dividende (insgesamt) = 1,10 € · 2 Mio. Aktien = **2,2 Mio. €**
neuer Gewinnvortrag = 2,3 Mio. Bilanzgewinn – 2,2 Mio. € Ausschüttung = **0,1 Mio. €**

2.2.1 Ausgabekurs der Altaktien und Aktienanzahl nach der Kapitalerhöhung

gezeichnetes Kapital alt	=	10 Mio. €
+ Kapitalrücklage alt	=	6 Mio. €

	=	16 Mio. € : 2 Mio. Altaktien
	=	**8,00 € pro Aktie (= Ausgabekurs der alten Aktien)**

gezeichnetes Kapital alt	=	10 Mio. €
+ Kapitalerhöhung	=	4 Mio. €

	=	14 Mio. € : 5,00 € Nennwert je Aktie
	=	**2,8 Mio. Aktien (= neue Aktienzahl))**

2.2.2 Bilanzkurs

Eigenkapital vor der Kapitalerhöhung
= 10 Mio. + 6 Mio. + 3 Mio. + 0,1 Mio. (neuer Gewinnvortrag)
= 19,1 Mio. € : 2 Mio. Stück

= 9,55 € pro Aktie (Bilanzkurs vor der Kapitalerhöhung)

Eigenkapital vor der Kapitalerhöhung	19,1 Mio. €
+ 800.000 (Anzahl der jungen Aktien)	
· 10,25 € (Ausgabekurs)	8,2 Mio. € (Ek-Erhöhung)
= neues Eigenkapital	27,3 Mio. € : 2,8 Mio. Stück

= 9,75 € pro Aktie (Bilanzkurs nach der Kapitalerhöhung)

2.2.3 Wert des Bezugsrechts

$$\text{Bezugsverhältnis (BZV)} = \frac{Gezeichnetes\ Kapital\ alt}{Grundkapitalerhöhung} = \frac{10\ \text{Mio. €}}{4\ \text{Mio. €}} = 2,5$$

$$\text{Bezugsrechtswert} = \frac{Kurs\ der\ alten\ Aktien - Kurs\ der\ neuen\ Aktien}{BZV + 1} = \frac{12 - 10,25}{2,5 + 1}$$
$$= \underline{\underline{\mathbf{0,5\ €\ pro\ Stück}}}$$

2.3 Sperrminorität bei der Hauptversammlung (HV)

Bisher vertretene Aktien bei der HV $= 80\%$ von 2 Mio. Aktien $= 1,60$ Mio. Aktien
$= 100\%$

Bisherige Aktienanzahl von Reich $= 2,1$ Mio. € : 5 € (NW/Aktie) $= 0,42$ Mio. Aktien
$= x\%$

$x = 26,25\%$ → Reich besitzt 26,25 % der bei der HV vertretenen Aktien, d. h. er besitzt die Sperrminorität.

Nach der Kapitalerhöhung muss er neue Aktien erwerben, um die Sperrminorität zu erhalten:

Vertretene Aktien bei der HV nach der Kapitalerhöhung:
80 % von 2,8 Mio. Aktien = 2,24 Mio. Aktien davon 25 % = 560.000 Aktien
→ erforderliche Aktienanzahl für die Sperrminorität = 560.001 Aktien

Reich besitzt bisher 420.000 alte Aktien → Er muss mindestens 140.001 junge Aktien erwerben.

Hierzu benötigt er $\dfrac{140.001 \cdot 5}{2} = 350\,003$ *Bezugsrechte.*

Da er 420.000.Bezugsrechte (je alter Aktie ein Bezugsrecht) besitzt, kann er
420.000 − 350.003 = 69.997 Bezugsrechte verkaufen.

Kaufpreis der jungen Aktien: 140.001 · 10,25 €	= 1.435.010,25 €
− Verkauf von 69.997 Bezugsrechten · 0,50 €	= 34.998,50 €

= erforderlicher Kapitaleinsatz zur Erhaltung der Sperrminorität = 1.400.011,75 €

**Grundlagen der Volkswirtschaftslehre; Ziele der Wirtschaftspolitik, auch anhand
wirtschaftspolitischer Tagesfragen**
Hinweis: Die komplette Aufgabe ist nicht mehr prüfungsrelevant!

1   Das statistische Amt eines Landes veröffentlichte die folgenden Zahlen:

Konsumausgaben der privaten Haushalte	1.120 Mrd. €
Abschreibungen	285 Mrd. €
Produktionsabgaben an den Staat abzüglich Subventionen	280 Mrd. €
Konsumausgaben des Staates	354 Mrd. €
Nettoinvestitionen	51 Mrd. €
Außenbeitrag	(+) 12 Mrd. €
Saldo der Primäreinkommen aus der übrigen Welt	(+) 10 Mrd. €

1.1   Erstellen Sie für dieses Land das Nationale Produktionskonto (Gesamtwirtschaftliches
Produktionskonto).

1.2   Ermitteln Sie das Bruttoinlandsprodukt (BIP), das Nettoinlandsprodukt zu Faktorkosten
(NIP_F) sowie das Volkseinkommen.
Zeigen Sie an einem Beispiel, wie es zu dem Unterschied zwischen Bruttoinlandsprodukt und Bruttonationaleinkommen kommen konnte.

1.3   Beschreiben Sie jeweils die Situation einer Volkswirtschaft, wenn die nachfolgenden
Werte gelten:

Jahr	Abschreibungen	Bruttoinvestitionen
01	285 Mrd. €	335 Mrd. €
02	305 Mrd. €	305 Mrd. €
03	270 Mrd. €	215 Mrd. €

2   Das Statistische Bundesamt hat für Deutschland die folgenden Zahlen bekannt gegeben:

Jahr:	2002	2003	2004
Bruttoinlandsprodukt in jeweiligen Preisen in Mrd. Euro	2.145,0	2.163,4	2.215,7
reales Wachstum (Veränderung zum Vorjahr in %)	+0,1 %	−0,2 %	+1,6 %

2.1   Vergleichen Sie die Wachstumsraten real und in jeweiligen Preisen für die Jahre 2003
und 2004 und begründen Sie, weshalb diese voneinander so abweichen.

2.2   Beurteilen Sie die wirtschaftliche Entwicklung in den Jahren 2002 bis 2004.

2.3   Kritiker behaupten, es sei zu einseitig, nur das Bruttoinlandsprodukt als Maßstab zur
Beurteilung des Wohlstands eines Landes heranzuziehen.
Erklären Sie anhand von drei Beispielen, welche weitere Kriterien sinnvoll wären.

2.4 Die Lohnquote ist in den letzten Jahren gesunken. Beurteilen Sie, ob dies zwangsläufig zu einer Verschlechterung des Lebensstandards der abhängig Beschäftigten geführt haben muss.

3 In einer Volkswirtschaft können nur die beiden Güter A und B gemäß der unten aufgeführten Produktionsmöglichkeitenkurve produziert werden.

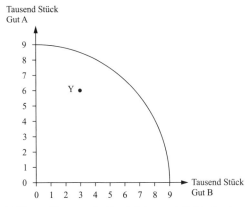

3.1 Erklären Sie, was die Produktionsmöglichkeitenkurve aussagt, und begründen Sie den in der Abbildung dargestellten Verlauf.

3.2 Beschreiben Sie, in welcher wirtschaftlichen Situation sich eine Volkswirtschaft in Punkt Y des Modells befindet.

3.3 Erläutern Sie, wie sich technischer Fortschritt auf die Produktionsmöglichkeitenkurve auswirkt.

4 Der Bundesverband der Deutschen Industrie (BDI) spricht sich für eine Erhöhung der Wochenarbeitszeit auf 40 Stunden bei unveränderter Gesamtvergütung für die Arbeitnehmer aus. (Financial Times Deutschland vom 7. 11. 04)

4.1 Begründen Sie, wie sich die Erhöhung der Wochenarbeitszeit auf die Produktionsmöglichkeitenkurve bei sonst gleichen Bedingungen auswirkt.

4.2 Es wird behauptet: „Die Rückkehr zur 40-Stunden-Woche ohne Lohnausgleich hilft das Problem der Arbeitslosigkeit zu lösen!"
Beurteilen Sie diese Aussage.

Punkte:

Frage	1.1	1.2	1.3	2.1	2.2	2.3	2.4	3.1	3.2	3.3	4.1	4.2
NP	4	3	3	3	2	3	2	3	1	2	2	2

Aufgabe 4: Volkswirtschaftliche Gesamtrechnung und wirtschaftspolitische Tagesfragen

1.1 Erstellung des Nationalen Produktionskontos (nach dem Inlandskonzept)

Nationales Produktionskonto (in Mrd. €)			
Abschreibungen (Ab)	285	Bruttoinvestitionen (I_{br})	336
Produktionsabgaben (T_{prod}) – Subventionen (Z)	280	Privater Konsum (C_{pr})	1.120
		Staatskonsum (C_{st})	354
Nettowertschöpfung	1.257	Außenbeitrag (Ex – Im)	12
	1.822		1.822

1.2 Inlandsprodukt und Volkseinkommen

Bruttoinlandsprodukt (BIP) = 1 822 Mrd. €

Nettoinlandsprodukt (NIP_F) = BIP – (T_{prod} – Z) – Ab = 1.822 – 280 – 285 = 1.257 Mrd. €

Volkseinkommen = NIP_F + Saldo der Primäreinkommen aus der übrigen Welt
= 1.257 + 10 = 1.267 Mrd. €

Hier ist das Bruttonationaleinkommen (BNE) mit 1.822 Mrd. € um den positiven Saldo der Primäreinkommen höher als das BIP. Das BNE basiert auf dem Inländerkonzept, während das BIP nach dem Inlandskonzept ermittelt wird.

In diesem Fall erzielen die Inländer mehr Einnahmen (z. B. Zins- oder Mieteinnahmen) aus dem Ausland als Ausländer aus dem Inland erhalten.

1.3 Nettoinvestitionen

Jahr 01: I_{br} – Ab = I_n = 50 Mrd. € → Evolutorische (wachsende) Wirtschaft

Jahr 02: I_n = 0 Mrd. € → stationäre Wirtschaft (kein Wachstum des Kapitalstocks)

Jahr 03: I_n = –55 Mrd. € → schrumpfende Wirtschaft (Produktionskapazitäten entwickeln sich zurück)

2.1 Nominelles und reales Wirtschaftswachstum

Das nominelle Wachstum beträgt

im Jahr 2003 = $\dfrac{(2.163,4 - 2.145) \cdot 100}{2.145}$ = + 0,86 % und

im Jahr 2004 = $\dfrac{(2.215,7 - 2.163,4) \cdot 100}{2.163,4}$ = +2,4 % .

Das reale Wachstum beträgt im Jahr 2003: –0,2 % und im Jahr 2004: +1,6 %.

Bei der Ermittlung des realen Wachstums werden die Preissteigerungsraten herausgerechnet. Das reale Wachstum wird also preisbereinigt gemessen. Das nominelle Wachstum ist hingegen inflationsverfälscht.

2.2 Wirtschaftliche Entwicklung 2002–2004
Die reale wirtschaftliche Entwicklung blieb 2002 gegenüber dem Vorjahr nahezu unverändert (Wachstum 0,1 %). Im Jahr 2003 ist sie zurückgegangen (–0,2 %) und im Jahr 2004 wieder leicht angestiegen (+1,6 %). Insgesamt ist eine gewisse Stagnation ersichtlich.

2.3 Kritik am Bruttoinlandsprodukt als Wohlstandmaßstab
Ein steigendes reales Inlandsprodukt signalisiert zwar eine zunehmende materielle Güterversorgung, der Wohlstand eines Landes hängt aber auch von der Lebensqualität ab. Dabei sind z. B. folgende Kriterien zu nennen: gerechte Einkommensverteilung, effizientes Bildungssystem, Lebenserwartung, Freizeitwert, gute Umweltbedingungen.

2.4 Lohnquote

$$Lohnquote = \frac{Arbeitnehmerentgelt \cdot 100}{Volkseinkommen}$$

Eine Abnahme der Lohnquote bedeutet nicht zwangsläufig eine Verschlechterung des Lebensstandards. Falls die Unternehmereinkommen stärker steigen als die Arbeitnehmereinkommen, sinkt zwar die Lohnquote, die Einkommen haben jedoch zugenommen. Daneben beziehen Arbeitnehmer ebenfalls Unternehmens- und Vermögenseinkommen (z. B. Dividenden, Mieten oder Zinsen). Deren Entwicklung können sinkende Löhne und Gehälter überkompensieren.

3.1 Produktionsmöglichkeitenkurve (Transformationskurve, Kapazitätskurve)
Die Produktionsmöglichkeitenkurve zeigt alle Mengenkombinationen, die bei der Herstellung von 2 Güterarten in einer Volkswirtschaft bei voller Kapazitätsauslastung und bei optimalem Einsatz der verfügbaren Produktionsfaktoren maximal möglich sind. Die Kurve ist nach rechts gekrümmt, da die Produktivität der eingesetzten Produktionsfaktoren bei zunehmendem Einsatz in Zusammenhang mit der Gütersubstitution abnimmt.

3.2 Unterbeschäftigung
Im Punkt Y wird das Produktionspotenzial einer Volkswirtschaft nicht voll bzw. nicht optimal genutzt. Es liegt eine Unterbeschäftigung vor.

3.3 Technischer Fortschritt
Wenn der technische Fortschritt zu einer Vergrößerung des Produktionspotenzials führt, verschieben sich die Produktionsmöglichkeiten nach rechts oben.

4.1 Erhöhung der Wochenarbeitszeit
Eine Erhöhung der Wochenarbeitszeit erhöht ebenfalls das Produktionspotenzial einer Volkswirtschaft. Die Produktionsmöglichkeitenkurve verschiebt sich nach rechts.

4.2 Erhöhung der Arbeitszeit ohne Lohnausgleich zur Bekämpfung der Arbeitslosigkeit
Durch die Erhöhung der Arbeitszeit ohne Lohnausgleich sinken die Lohnstückkosten → Anreiz zur Substitution des Produktionsfaktors Arbeit durch den Produktionsfaktor Kapital verringert sich. Daneben steigt die Wettbewerbsfähigkeit der inländischen Unternehmen. Somit könnte dies ein Beitrag zum Erhalt der bestehenden Arbeitsplätze und zur Schaffung neuer Arbeitsplätze sein.
Demgegenüber führt die steigende Wochenarbeitszeit u. a. dazu, dass ein gleichbleibendes Arbeitsvolumen von weniger Arbeitskräften erledigt werden kann und dadurch Arbeitskräfte eingespart werden können.

Wirtschaftspolitik und wirtschaftspolitische Konzepte anhand von Tagesfragen

1   Im Dezember 2003 hat die Bundesregierung beschlossen, die für 2005 geplante Steuerreform auf den 01. 01. 2004 vorzuziehen. Die wichtigste Änderung betraf die Einkommensteuer. So wurden der Eingangssteuersatz für die Einkommensteuer von 19,9 % auf 16 % und der Spitzensteuersatz von 48,5 % auf 45 % gesenkt. Die Bundesregierung ging davon aus, dass die Steuerreform Entlastungen in Höhe von 15 Milliarden Euro mit sich bringt.

1.1   Begründen Sie, in welcher Konjunkturphase der Staat die oben beschriebene Maßnahme ergreifen wird.
Stellen Sie den idealtypischen Konjunkturverlauf in einer Skizze dar.

1.2   Beschreiben Sie an Hand jeweils eines Früh- und Gegenwartsindikators die konjunkturelle Phase aus Aufgabe 1.1.

1.3   Erläutern Sie in diesem Zusammenhang die beabsichtigten Auswirkungen und Folgen einer Einkommensteuersenkung für private Haushalte auf dem Markt für Konsumgüter.
Stellen Sie diese auch in einer Skizze dar.
Unterstellen Sie einen annähernd realistischen Verlauf der Angebotskurve.

1.4   Erörtern Sie zwei Gründe, die dazu führen können, dass die Einkommensteuersenkung nicht das gewünschte Ergebnis erzielt.

1.5   Benennen und beschreiben Sie die wirtschaftspolitische Konzeption, der die genannte staatliche Maßnahme zuzuordnen ist.
Erläutern Sie zwei Kritikpunkte an dieser wirtschaftspolitischen Konzeption.

1.6   Die nachfragewirksame Geldmenge ist im Jahr 2004 um 3,5 % gestiegen. Die Preise sind im gleichen Zeitraum um 2 % gestiegen.
– Zeigen Sie anhand der Verkehrsgleichung des Geldes, wie sich das Handelsvolumen verändert hat.
– Beurteilen Sie die Aussagekraft der Verkehrsgleichung des Geldes.

2   Weiterhin hat die Regierung beschlossen, ab März 2004 die Tabaksteuer bis Herbst
    2005 in drei Stufen zu erhöhen.

2.1 Es wird behauptet, die Erhöhung der Tabaksteuer stehe in Widerspruch zur Zielset-
    zung, die mit der vorherigen Einkommensteuersenkung verfolgt wurde. Nehmen Sie
    hierzu Stellung und begründen Sie das staatliche Vorgehen.

2.2 Beschreiben Sie Auswirkungen der Tabaksteuererhöhung auf den Staatshaushalt, die
    Ausgaben im Gesundheitswesen und auf den Arbeitsmarkt.

2.3 Seit der Tabaksteuererhöhung von 3,60 € auf 4,00 € je Schachtel wurden 14 % weni-
    ger Zigaretten gekauft. Experten erwarteten nur einen Nachfragerückgang in Höhe von
    8 %.

2.3.1 Berechnen Sie die direkte Preiselastizität der tatsächlich eingetretenen Nachfrage und
     beschreiben Sie diese anhand der errechneten Kennzahl.

2.3.2 Erläutern Sie, welche Bedeutung diese Elastizität für die Tabakindustrie hat.

2.3.3 Stellen Sie die in 2.3.1 berechnete Elastizität der Elastizität nach Meinung der Exper-
     ten gegenüber und geben Sie zwei Gründe an, die zu dieser Abweichung geführt haben
     könnten.
     Skizzieren Sie eine Nachfragekurve der Raucher und kennzeichnen Sie die Elastizitäts-
     bereiche, die den berechneten Elastizitäten entsprechen.

Punkte:

Frage	1.1	1.2	1.3	1.4	1.5	1.6	2.1	2.2	2.3.1	2.3.2	2.3.3
NP	2	2	3	2	4	3	2	4	2	2	4

Lösungsvorschlag

Aufgabe 5: Wirtschaftspolitik und wirtschaftspolitische Konzepte anhand von Tagesfragen

1.1 Konjunkturverlauf und -phasen

Die Steuersenkung wird in der Phase der Rezession ergriffen, um die Nachfrage zu steigern, da in dieser Konjunkturphase hohe Arbeitslosigkeit herrscht. Durch diese Maßnahme staatlicher Wirtschaftspolitik soll die Konjunktur belebt werden. Die höheren verfügbaren Einkommen stärken hoffentlich den Konsum und die niedrigeren Unternehmenssteuern fördern die Investitionsbereitschaft der Unternehmen.

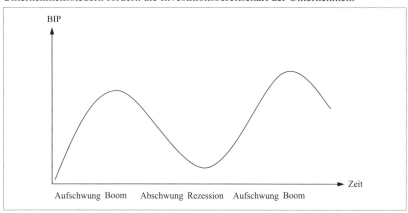

1.2 Konjunkturindikatoren

Frühindikator: z. B. Auftragseingänge oder Lagerbestände
Rückläufige Auftragslage der Unternehmen bzw. zunehmende Lagerbestände bei Investitions- und Konsumgüter deuten auf eine Verschlechterung der Konjunktur hin (Rezessionsgefahr).

Gegenwartsindikator: z. B. reales BIP oder Kapazitätsauslastung
Geringer Anstieg oder Stagnation des realen BIP bzw. sinkende Kapazitätsauslastung zeigen eine schwache Konjunktur an.

1.3. Auswirkung einer Einkommensteuersenkung auf den Konsumgütermarkt

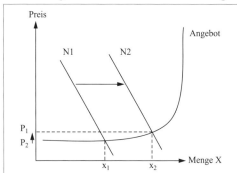

Nachfragekurve für Konsumgüter verschiebt sich nach rechts, da das verfügbare Einkommen steigt.
→ Produktion und damit Gleichgewichtsmenge steigen.
Bei nicht ausgelasteter Kapazität und damit elastischem Angebot hat dies keine oder nur geringe Auswirkung auf das Preisniveau.

1.4 Wirkungshemmnisse der Einkommensteuersenkung
– Aus Angst vor Arbeitsplatzverlust wird das zusätzlich verfügbare Einkommen für Vorsorgezwecke und nicht zur Ausweitung der Konsumgüternachfrage verwendet.
– Das verfügbare Einkommen steigt nicht, wenn gleichzeitig Sozialabgaben oder andere öffentliche Abgaben zunehmen.

1.5 Wirtschaftspolitische Konzeption der Einkommensteuersenkung: Nachfrageorientierte Wirtschaftspolitik

Merkmale:
– Beeinflussung der gesamtwirtschaftlichen Nachfrage mit dem Ziel, die Wirtschaft anzukurbeln.
– Antizyklische Konjunkturbeeinflussung: Durch Deficit Spending (Erhöhung der Staatsausgaben bzw. gleichzeitigem Verzicht auf Staatseinnahmen) soll die wirtschaftliche Entwicklung verbessert werden.

Kritikpunkte:
– Eine erhöhte Staatsverschuldung über Deficit Spending schränkt die Haushaltspolitik des Staates zunehmend ein, da beispielsweise die Zinsausgaben ansteigen.
– Crowding out: Die zunehmende Staatsverschuldung führt zu einem Anstieg des Zinsniveaus. Dadurch wird möglicherweise die private Investitionstätigkeit zurückgedrängt.
– Zeitliche Verzögerungen (time-lags): Zeitliche Verzögerungen der Maßnahmen der staatlichen Wirtschaftspolitik; die erwünschte Wirkung tritt eventuell zu einem späteren, ungünstigen Zeitpunkt ein.

(Da die Einkommensteuer auch eine Unternehmenssteuer ist (bei Einzelunternehmen und Personengesellschaften), wäre eine Lösung der Aufgabe unter Zugrundelegung der **angebotsorientierten Wirtschaftspolitik** ebenso möglich.)

1.6 Verkehrsgleichung des Geldes
– $G * U = P * H$

$$H = \frac{G \cdot U}{P} = \frac{1{,}035 \cdot 1}{1{,}02} = 1{,}0147 \text{ , } d.\, h. \text{ Zuwachs um } 1{,}47\,\%$$

– Die Verkehrsgleichung ist eine Identitätsgleichung und sagt nur aus, dass der Wert der gekauften Güter (M * U; monetäre Gesamtnachfrage) dem Wert der verkauften Güter (P * H; mit jeweiligem Preisen bewertetes Güterangebot) entspricht. Sie macht keine Aussagen über die Inflationsursachen.

2.1 Tabaksteuererhöhung und Ziele der Einkommensteuersenkung
Einerseits liegt ein Widerspruch vor, da die Einkommensteuersenkung die Konjunktur ankurbeln soll, die Tabaksteuererhöhung jedoch die Konsumgüternachfrage dämpfen kann.
Andererseits liegt die eigentliche Zielsetzung des Staates in der Steigerung der Steuereinnahmen und der Einschränkung des Rauchens.

2.2 Folgen der Tabaksteuererhöhung auf Staatshaushalt, Gesundheitsausgaben und Arbeitsmarkt

Staatshaushalt:
Die Steuereinnahmen steigen, falls die Nachfrageelastizität gering ist.
Die Steuereinnahmen sinken jedoch, wenn überproportional weniger geraucht wird (bei hoher Nachfrageelastizität).

Gesundheitswesen:
Die Ausgaben sinken, wenn weniger geraucht wird.

Arbeitsmarkt:
Die sinkende Nachfrage nach Tabakprodukten könnte in dieser Branche zu einem Arbeitsplatzabbau führen.

2.3.1 Direkte Preiselastizität

Die Preiserhöhung entspricht $\dfrac{0,40 \cdot 100}{3,60} = 11,11\ \%$

$\text{El}_{dir} = \dfrac{prozentuale\ Mengenänderung}{prozentuale\ Preisänderung} = \dfrac{14\ \%}{11,11\ \%} = 1,26 > 1$

→ Die Nachfrage ist elastisch.

2.3.2 Bedeutung der direkten Preiselastizität

$\text{El}_{dir} > 1$, d. h. die prozentuale Mengenänderung ist größer als die prozentuale Preisänderung. Durch die Preiserhöhung gehen die Umsätze der Tabakindustrie zurück. Die Gewinne werden sinken, falls nicht gleichzeitig die Kosten entsprechend gesenkt werden können.

2.3.3 Vergleich der Preiselastizitäten

El_{dir} nach Meinung der Experten $= \dfrac{8\ \%}{11,11\ \%} = 0,72 < 1$

→ bei einem erwarteten nur 8%-igem Rückgang wäre die Nachfrage unelastisch.

Gründe dafür, dass die Nachfrage elastisch und nicht wie vermutet unelastisch reagiert:
– Die Raucher sind nicht mehr bereit, diesen hohen Preis zu bezahlen.
– Die finanziellen Mittel sind nicht mehr ausreichend, da z. B. die Einkommen zurückgegangen sind.

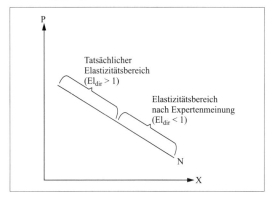

Personenunternehmen: Gründung, Rechtsfragen, Gewinnverwendung, Beendigung, Vergleich mit Kapitalgesellschaften

Die Einzelunternehmen Claus Clever e. Kfm., Peter Singel e. Kfm. und Frederike Schnellmann e. Kfr. produzieren im Raum Stuttgart in ihren Unternehmen jeweils Planen für Lastkraftwagen und setzen diese im süddeutschen Raum ab. Die aktuelle Marktsituation erfordert ein Umdenken und Umstrukturieren, da die drei Unternehmen auf Dauer allein wirtschaftlich nicht überleben können. Aus diesem Grund wollen sie sich zu einer Personengesellschaft zusammenschließen und weitere Kapitalquellen erschließen. Rudi Rastlos ist bereit, sich als Kommanditist mit 300.000 € zu beteiligen. Die Gesellschafter unterzeichnen am 28. 02. 2005 den Gesellschaftsvertrag, der auszugsweise als Anlage (Seite 3) wiedergegeben ist. Die Geschäftsaufnahme erfolgt am 01. 03. 2005, die Handelsregistereintragung 15. 03. 2005.

1 Prüfen Sie anhand von zwei Kriterien, ob die gewählte Firmierung zulässig ist.

2 Erläutern Sie die Haftungssituation aller Gesellschafter vor und nach der Eintragung in das Handelsregister.
Begründen Sie dabei jeweils, welche Wirkung die Handelsregistereintragung hat.
Hinweis: Handeln vor Eintragung ist nicht mehr prüfungsrelevant!

3 Claus Clever kauft am 15. 06. 2005 ein neues Gerät zur Beschriftung der Lkw-Planen. Der Kaufpreis liegt bei 25.000 €. Frederike Schnellmann geht davon aus, dass der Kaufvertrag für die KG nicht rechtswirksam ist.
Erläutern Sie die Rechtssituation im Innen- und Außenverhältnis.

4 Peter Singel will nach Absprache mit den anderen Komplementären einen Kredit in Höhe von 1.500.000 € aufnehmen. Rudi Rastlos widerspricht diesem Vorhaben.
Beurteilen Sie die Wirksamkeit dieses Widerspruchs.

5 Im Jahresabschluss zum 31. 12. 2005 wird ein Unternehmensgewinn in Höhe von 372.000 € ermittelt.

5.1 Beurteilen Sie mit drei Argumenten, ob die Gewinn- und Verlustregelungen in § 6 des Gesellschaftsvertrags angemessen sind.

5.2 Berechnen Sie den Gewinnanteil für Rudi Rastlos.

5.3 Rudi Rastlos hat zum Zeitpunkt der Gewinnverteilung erst 95 % seiner Einlage geleistet; er erhält dennoch seinen vollen Gewinnanteil und möchte diesen in voller Höhe seinem Kapitalanteil zuschreiben lassen.
Beurteilen Sie die Rechtslage.

5.4 Rastlos ist mit der Ertragslage des Unternehmens unzufrieden und will deshalb in Zukunft monatlich die Bücher der Gesellschaft einsehen.
Prüfen Sie die Zulässigkeit seines Vorhabens anhand des Gesetzes.

6   Frederike Schnellmann ist schon seit längerem unzufrieden mit ihrer persönlichen Situation in der Unternehmung. Überraschend erhält sie ein Angebot, sich an der GEIER OHG, einer Herstellerin von LKW-Planen, zu beteiligen.

6.1   Beurteilen Sie, ob Frau Schnellmann das Angebot gegen den Willen der Mitgesellschafter annehmen kann.

6.2   Im März 2007 kündigt Frau Schnellmann zum nächstmöglichen Termin ihre Mitgliedschaft in der KG und verlangt die Auszahlung der vertraglich vereinbarten Abfindung.

   – Zu welchem Termin kann sie frühestens aus der KG ausscheiden?

   – Ermitteln Sie die Höhe und den Zeitpunkt der ersten Abfindungszahlung.

   Gehen Sie davon aus, dass ihre bisherigen Gewinnanteile bereits ausbezahlt wurden.

7   Die verbleibenden Gesellschafter erwägen die Umwandlung der KG in eine GmbH.

7.1   Zeigen Sie anhand von drei Kriterien, welche Veränderungen sich für die Gesellschafter dadurch ergeben würden, wenn ausschließlich die gesetzlichen Vorschriften gelten.

7.2   Viele mittelständische Unternehmen wählen die Rechtsform der GmbH & Co. KG.

   – Erklären Sie den rechtlichen Aufbau dieser Gesellschaftsform.

   – Erläutern Sie einen Vorteil der GmbH & Co. KG gegenüber der GmbH.

Punkte:

Frage	1	2	3	4	5.1	5.2	5.3	5.4	6.1	6.2	7.1	7.2
NP	2	2	2	2	3	3	2	2	2	3	3	4

Anlage zu Teil 1, Aufgabe 1:

Auszug aus dem Gesellschaftsvertrag:

§ 1   Gesellschafter, Firma und Einlagen

1. Claus Clever, Rudi Rastlos, Peter Singel und Frederike Schnellmann errichten zum 01. 03. 2005 eine Kommanditgesellschaft unter der Firma „EUROPA-Planen KG".

2. Persönlich haftende Gesellschafter sind Claus Clever, Peter Singel und Frederike Schnellmann. Sie bringen ihre bisherigen Einzelunternehmen mit folgenden Werten ein:

   Claus Clever: 350.000 €

   Peter Singel: 250.000 €

   Frederike Schnellmann: 260.000 €

3. Kommanditist ist Rudi Rastlos mit einer Einlage von 300.000 €.

4. Die Bareinlage von Rudi Rastlos ist zur Hälfte sofort, zur anderen Hälfte bis 31. 05. 2005 zur Zahlung fällig.

§ 4   Geschäftsführung und Vertretung

1. Zur Geschäftsführung und Vertretung ist jeder Komplementär einzeln berechtigt und verpflichtet. Bei Geschäften über 20.000 € muss mindestens ein weiterer Komplementär zustimmen.

2. Der Kommanditist kann Handlungen der Komplementäre auch dann nicht widersprechen, wenn die Handlungen über den gewöhnlichen Betrieb hinausgehen.

§ 5   Dauer der Gesellschaft, Kündigung und Ausschluss

1. Die Gesellschaft wird auf unbestimmte Zeit eingegangen. Jeder Gesellschafter kann erstmals zum 31. 12. 2006 und danach zum Ende eines jeden Jahres jeweils mit einer Frist von einem Jahr schriftlich kündigen.

2. Die Kündigung eines Gesellschafters hat nicht die Auflösung der Gesellschaft zur Folge.

3. Das Geschäftsjahr entspricht dem Kalenderjahr.

§ 6   Gewinn- und Verlustverteilung

1. Die Komplementäre erhalten für ihre Geschäftsführungstätigkeit vorab eine monatliche Vergütung von 6.000 € (Clever und Singel) bzw. 5.000 € (Schnellmann).

2. Der nach Abzug der Vorabvergütung verbleibende Restgewinn wird wie folgt verteilt:

   a) Die drei Komplementäre erhalten je 30 %.

   b) Der Kommanditist erhält 10 %.

3. Einen Verlust tragen die drei Komplementäre je zu einem Drittel. Der Kommanditist nimmt an einem Verlust nicht teil.

§ 8   Abfindung eines ausscheidenden Gesellschafters

1. Scheidet ein Gesellschafter aus der Gesellschaft aus, erhält er eine Abfindung in Höhe des Buchwertes seiner Beteiligung laut letzter Bilanz vor seinem Ausscheiden zuzüglich 20 % dieses Betrages als pauschalen Ausgleich stiller Reserven und des Firmenwertes.

2. Die Auszahlung der Abfindung findet in vier gleichen Jahresraten statt, von denen die erste 10 Monate nach Ausscheiden des Gesellschafters fällig wird.

§ 9   Tod eines Gesellschafters

Stirbt ein Gesellschafter, so wird die Gesellschaft mit dessen Erben fortgesetzt. Diese sind von der Geschäftsführung und Vertretung ausgeschlossen.

Lösungsvorschlag

Aufgabe 1:   Personenunternehmen: Gründung, Rechtsfragen, Gewinnverwendung, Beendigung, Vergleich mit Kapitalgesellschaften

1   Firmierung der KG
– Der vorgeschriebene Firmenzusatz „KG" ist vorhanden (§ 19 Abs. 1 Nr. 3 HGB).
– „EUROPA" könnte irreführend hinsichtlich der geschäftlichen Verhältnisse und damit unzulässig sein, wenn die KG nur im Raum Stuttgart tätig ist. (§ 18 Abs. 2 HGB)

2   Haftung der KG vor/nach der HR-Eintragung *(nicht mehr prüfungsrelevant!)*
Vor der Eintragung haften alle Gesellschafter als Vollhafter. Die Haftungsbeschränkung des Kommanditisten Rastlos wird erst mit Eintragung in das Handelsregister rechtswirksam (§ 176 Abs. 1 HGB).

3   Rechtssituation im Innen- und Außenverhältnis bei der KG
Innenverhältnis:
Gemäß § 4 des Gesellschaftsvertrages überschreitet Clever seine Befugnisse (betragsmäßige Beschränkung).
Außenverhältnis:
Die Einzelvertretungsbefugnis ist Dritten gegenüber nicht beschränkbar (§ 126 Abs. 2 HGB), sodass dieser Vertrag rechtswirksam ist.

4   Widerspruchsrecht eines Kommanditisten
Die Kreditaufnahme in dieser Höhe ist im Vergleich zur Höhe des Eigenkapitals ein außergewöhnliches Rechtsgeschäft. Der Kommanditist hat dabei grundsätzlich ein Widerspruchsrecht (§ 163 HGB). § 4 des Gesellschaftsvertrages schließt in zulässiger Weise das Widerspruchsrecht auch bei außergewöhnlichen Geschäften aus. Die einzelvertragliche Regelung hat Vorrang und somit ist der Widerspruch des Herrn Rastlos unwirksam.

5.1   Beurteilung der vertraglichen Gewinn- und Verlustregelungen
Problematisch und evtl. unangemessen sind z. B.:
– die fehlende Berücksichtigung der Höhe der Einlagen
– die unterschiedliche Bewertung der Geschäftsführertätigkeit

Angemessen sind z. B.:
– der geringere Anteil des Kommanditisten am Restgewinn entsprechend seiner beschränkten Haftung
– die fehlende Beteiligung des Kommanditisten am Verlust, da er an der Geschäftsführung nicht beteiligt ist

5.2   Berechnung Gewinnanteil Kommanditist

Jahresgewinn	372.000 €
– Vergütung Clever	60.000 € ⎤
– Vergütung Singel	60.000 € ⎬ für 10 Monate
– Vergütung Schnellmann	50.000 € ⎦
= Restgewinn	202.000 €
Gewinnanteil Rastlos (10 %)	**20.200 €**

5.3 Zuschreibung des Gewinnanteils zum Kapitalanteil

Der Gewinnanteil kann nach den gesetzlichen Vorschriften dem Kapitalanteil nur bis zur Höhe der bedungenen Einlage zugeschrieben werden (§ 167 HGB). Der übersteigende Betrag in Höhe von 5.200 € muss grundsätzlich ausbezahlt werden.

5.4 Kontrollrecht des Kommanditisten

Der Kommanditist kann nur den Jahresabschluss einsehen und dessen Richtigkeit unter Einsicht in die Bücher prüfen (§ 166 Abs. 1 HGB). Ein Recht auf eine monatliche Prüfung besteht nicht.

6.1 Wettbewerbsverbot für Komplementäre

Frau Schnellmann darf nicht gegen den Willen der Mitgesellschafter persönlich haftende Gesellschafterin in einer anderen Handelsgesellschaft der gleichen Branche werden (§ 112 Abs. 1 HGB).

6.2 Kündigung eines Gesellschafters; Berechnung der Abfindung

Frau Schnellmann kann frühestens zum 31. 12. 2008 ausscheiden (§ 5 Gesellschaftsvertrag).

Die erste Abfindungszahlung erhält sie am 01. 11. 2009.

Betrag: (260.000 € + 20 %) / 4 = 78.000 € (§ 8 Gesellschaftsvertrag)

7.1 Rechtliche Veränderungen durch Umwandlung der KG in eine GmbH

Kriterium	Komplementär	Kommanditist
Haftung	Er haftet nur noch mittelbar mit seiner Einlage, nicht mehr persönlich.	keine Änderung
Vertretung	Für die Gesellschafter, die Geschäftsführer werden, gilt die gesetzliche Gesamtvertretung.	
Einflussnahme auf unternehmerische Entscheidungen	Der Einfluss ist abhängig von der Höhe des Geschäftsanteils. Da Herr Rastlos gleichberechtigter Gesellschafter wird, vermindert sich der Anteil der übrigen Gesellschafter und somit ihr Einfluss.	Der Kommanditist wird gleichberechtigter Gesellschafter und gewinnt dadurch an Einfluss.

7.2 Aufbau und Vorteil einer GmbH & Co. KG

– Die GmbH ist Komplementärin; Kommanditisten können die Gesellschafter der GmbH und/oder weitere Personen sein.

– Eine zusätzliche Kapitalbeschaffung ist durch eine einfachere Aufnahme neuer Gesellschafter als Kommanditisten möglich (keine notarielle Beurkundung erforderlich).

**Aktiengesellschaft: Rechnungslegung, Bewertung und Gewinnverwendung;
Kooperation und Konzentration**

Die Südmetall AG ist ein mittelständischer Hersteller von Autofelgen. Das Unternehmen beliefert Automobilhersteller in Deutschland für die Erstausrüstung der Fahrzeuge. In diesem Marktsegment hat die Südmetall AG in den letzten Jahren keine Gewinne mehr erzielt.

Im Ersatzteil- und Zubehörgeschäft konnte die Südmetall AG bisher noch angemessene Gewinne erzielen. In diesem Bereich beliefert die Südmetall AG Großhändler, Kaufhäuser, Kfz-Werkstattketten sowie einzelne Kfz-Werkstätten und Einzelhändler. Die Zahl der selbstständigen Hersteller ging durch Unternehmensaufkäufe in den letzten Jahren deutlich zurück. Auf diesem Markt sind noch 15 mittelständische Hersteller in Deutschland tätig. Der Marktanteil der Südmetall AG beträgt als führendem Hersteller ca. 12 %.

Aber auch auf diesem Markt gerät die Südmetall AG unter zunehmenden Druck. Dafür sind eine Reihe von Entwicklungen verantwortlich:
- Durch die steigende Konzentration im Handel und im Werkstattbereich nimmt die Marktmacht einzelner Nachfrager zu.
- Durch die bevorstehende Einführung neuer pannensicherer Reifen kommen auf die Felgenhersteller hohe Entwicklungskosten und umfangreiche Investitionen in neue Fertigungsanlagen zu.
- Die Rohstoffpreise (Aluminium und Stahl) steigen kontinuierlich. Für die neuen Felgen wird eine neue, hochwertige Legierung benötigt, die zurzeit nur ein Hersteller liefern kann.

1   Der Vorstand der Südmetall AG beabsichtigt, den angesprochenen Entwicklungen unter anderem durch Kooperation mit anderen Unternehmen zu begegnen.
     Hinweis: Kooperation ist nicht mehr prüfungsrelevant!

1.1 Unterbreiten Sie der Südmetall AG einen begründeten Vorschlag für eine wirtschaftlich sinnvolle „vertikale" Kooperationsform und erörtern Sie zwei Vorteile, die sich für die AG aus dieser Art der Kooperation ergeben.

1.2 Die Südmetall AG plant, gemeinsam mit zwei Mitwettbewerbern neuartige Felgen für pannensichere Reifen zu entwickeln.
     Erklären Sie einen möglichen Vorteil für die Südmetall AG und beurteilen Sie die Zulässigkeit dieser Kooperation unter wettbewerbsrechtlichen Gesichtspunkten.

2   Bei der Südmetall AG soll der Jahresabschluss für das letzte Geschäftsjahr (31. 12. 2006) fertig gestellt werden. Der Vorstand der AG ist sich darüber einig, dass der Jahresüberschuss in der Handelsbilanz möglichst hoch ausgewiesen werden soll. Diese Zielsetzung ist bei den folgenden Aufgaben zu beachten.

2.1 Begründen Sie mit jeweils einem Argument, was für bzw. gegen einen möglichst hohen Gewinnausweis spricht.
     Berücksichtigen Sie dabei die oben beschriebene Marktentwicklung der Südmetall AG und die geplante Kooperation.

2.2   Für die Bilanzposition „Fertige Erzeugnisse" ist der Bilanzansatz zu ermitteln. Hierfür liegen folgende Zahlen vor:

Fertigungsmaterialverbrauch für den Inventurbestand   200.000 €
Fertigungslöhne für den Inventurbestand   180.000 €
Sondereinzelkosten der Fertigung   5.000 €
Sondereinzelkosten des Vertriebs   10.000 €

Gemeinkostenzuschlagsätze:
Materialgemeinkosten   10 %   Verwaltungsgemeinkosten   30 %
Fertigungsgemeinkosten   100 %   Vertriebsgemeinkosten   15 %

– Ermitteln Sie unter der gegebenen Zielsetzung den Bilanzansatz für diese Bilanzposition.

– Um welchen Betrag würde sich der Gewinn ändern, wenn der Vorstand einen möglichst geringen Gewinn ausweisen würde?

2.3   Am 03. 11. 2006 (Liefer- und Rechnungsdatum) bezog die Südmetall AG 500 Tonnen Aluminium aus dem Ausland. Der Einkaufspreis betrug 1.500 USD je Tonne. Am Ende des Jahres sind noch 200 Tonnen des Rohstoffes im Lager. Der Marktpreis für Aluminium beträgt am 31. 12. 2006 1.800 USD je Tonne. Am Ende des Jahres ist die Rechnung, die in USD gestellt wurde, noch nicht bezahlt.

Kurs (USD/€) am
03. 11. 2006   Geld 1,2710   Brief 1,2720
31. 12. 2006   Geld 1,2610   Brief 1,2620

2.3.1 Ermitteln Sie den Bilanzansatz für die Bilanzposition „Rohstoffe" und erläutern Sie das zugrunde liegende Bewertungsprinzip.
Prüfen Sie, ob bei der Position „Rohstoffe" ein Bewertungsspielraum vorhanden ist.

2.3.2 Berechnen Sie den Bilanzansatz für die Position „Verbindlichkeiten" und erläutern Sie das zugrunde liegende Bewertungsprinzip.

2.4   Instandhaltungsmaßnahmen, die vom Lieferanten der technischen Anlagen sonst immer im Sommer durchgeführt wurden, sollen erst im nächsten Jahr nachgeholt werden. Die Kosten dieser regelmäßigen Instandhaltungsmaßnahmen werden auf 150.000 € geschätzt.
Erläutern Sie die Auswirkungen auf den Jahresüberschuss des Jahres 2006, wenn die Arbeiten voraussichtlich im

– Februar des nächsten Jahres

– Mai des nächsten Jahres durchgeführt werden.

3   Vorstand und Aufsichtsrat stellen den Jahresabschluss der Südmetall AG fest.

3.1   Erklären Sie, welche rechtliche Bedeutung die Feststellung des Jahresabschlusses für die AG hat und welche Folgen sich ergäben, wenn sich Vorstand und Aufsichtsrat nicht geeinigt hätten.

3.2 Die Südmetall AG weist zum 31. 12. 2006 vor der Gewinnverwendung folgende Eigenkapitalpositionen aus:

Gezeichnetes Kapital	40.000.000 €
Kapitalrücklage	50.000.000 €
gesetzliche Rücklage	0 €
andere Gewinnrücklagen	80.000.000 €
Gewinnvortrag	400.000 €
Jahresüberschuss	20.000.000 €

Vorstand und Aufsichtsrat befürchten die Übernahme der AG durch einen Finanzin-
vestor.

3.2.1 Erläutern Sie, in wie weit der Bilanzkurs einen Anhaltspunkt für die Höhe des Über-
nahmeangebots je Aktie liefern kann.

3.2.2 Vorstand und Aufsichtsrat streben einen möglichst hohen Bilanzkurs an.

– Führen Sie unter Berücksichtigung dieser Zielsetzung die teilweise Gewinnverwendung durch und begründen Sie Ihre Vorgehensweise.

– Stellen Sie den Eigenkapitalausweis der Südmetall AG nach teilweiser Gewinnverwendung dar.

Formulieren Sie einen der oben genannten Zielsetzung entsprechenden Gewinnverwendungsvorschlag für die Hauptversammlung.

Punkte:

Frage	1.1	1.2	2.1	2.2	2.3.1	2.3.2	2.4	3.1	3.2.1	3.2.2
NP	3	2	3	4	3	3	3	2	2	5

Lösungsvorschlag

**Aufgabe 2:   Rechnungslegung, Bewertung und Gewinnverwendung;
Kooperation und Konzentration**

1.1   Vertikale Kooperation; Vorteile *(nicht mehr prüfungsrelevant!)*
Bildung einer Arbeitsgemeinschaft: Südmetall AG und ein Rohstofflieferant arbeiten
gemeinsam an der Entwicklung neuer Legierungen.
Vorteile:

– Sicherung eines technologischen Vorsprungs durch gemeinsame Forschungseinrich-
tungen

– Sicherstellung der Rohstoffversorgung durch vertragliche Bindung des Zulieferers

1.2   Horizontale Kooperation; Vorteil und wettbewerbsrechtliche Zulässigkeit
(nicht mehr prüfungsrelevant!)
Vorteil:
Geringere Forschungs- und Entwicklungskosten für jeden der Kooperationspartner.

Wettbewerbsrechtliche Zulässigkeit:
Die Vereinbarung ist geeignet, den Wettbewerb einzuschränken (§ 1 GWB). Sie ist
aber vom Verbot freigestellt, da durch die geringen Marktanteile der beteiligten Unternehmen der Wettbewerb nur unwesentlich beeinträchtigt und ihre Wettbewerbsfähigkeit als kleine oder mittlere Unternehmen verbessert wird (Mittelstandskartell gem. § 3
i. V. m. § 2 GWB).

2.1   Gründe für / gegen einen hohen Gewinnausweis
Argument für einen hohen Gewinnausweis:
Die wirtschaftliche Situation der Felgenhersteller zwingt zur Kooperationen. Mit
einem hohen Gewinnausweis wäre die Südmetall AG ein attraktiver Kooperationspartner.

Argument gegen einen hohen Gewinnausweis:
Ein hoher Gewinnausweis könnte bewirken, dass Großabnehmer mit entsprechender
Marktmacht weitere Preissenkungen verlangen. Die Verhandlungsposition der Süd-
metall AG wäre eher geschwächt.

2.2   Bilanzansatz bei möglichst hohem/niedrigem Gewinn
Hoher Gewinnausweis → **Obergrenze** der Bewertung in der Handelsbilanz

Fertigungsmaterial	200.000 €
+ Fertigungslöhne	180.000 €
+ Sondereinzelkosten der Fertigung	5.000 €
= Einzelkosten	385.000 €
+ Materialgemeinkosten	20.000 €
+ Fertigungsgemeinkosten	180.000 €
= Herstellkosten	585.000 €
+ VerwGK (30 % von 585.000 €)	175.500 €
= Bilanzansatz FE (31. 12. 2006)	760.500 €

Niedriger Gewinnausweis → **Untergrenze** der Bewertung in der Handelsbilanz
In der Bilanz werden lediglich die Fertigungseinzelkosten angesetzt: 385.000 €
Die Minderung des Gewinns (760.500 € – 385.000 €):   375.500 €

2.3.1 Bewertung von Umlaufvermögen

Anschaffungskosten Rohstoffe:
$200 \cdot 1.500 / 1,2710 = 236.034,61$ €

Tageswert am 31. 12. 2006:
$200 \cdot 1.800 / 1,2610 = 237.906,42$ €

$\rightarrow$ Bilanzansatz am 31. 12. 2006 = $\underline{\underline{236.034,61}}$ €

Beim Umlaufvermögen gilt das strenge Niederstwertprinzip.
Da hier Anschaffungskosten < Tageswert, erfolgt der Wertansatz zu den Anschaffungskosten. Es besteht kein Bewertungsspielraum.

2.3.2 Bewertung von Verbindlichkeiten

Verbindlichkeiten bei Erhalt der Rechnung:
$500 \cdot 1.500 / 1,2710 = 590.086,54$ €

Tageswert der Verbindlichkeiten am 31. 12. 2006:
$500 \cdot 1.500 / 1,2610 = 594.766,05$ €

$\rightarrow$ Bilanzansatz der Verbindlichkeiten am 31. 12. 2006 = $\underline{\underline{594.766,05}}$ €

Bei der Bewertung von Verbindlichkeiten gilt das Höchstwertprinzip.
Da hier Tageskurs am Bilanzstichtag > Anschaffungskurs, erfolgt die Bewertung der Passiva zum Tageskurs.

2.4 Bewertung unterlassener Instandhaltung

– Arbeiten werden im Februar des nächsten Jahres nachgeholt:
Es besteht eine Pflicht zur Bildung einer Rückstellung (§ 249 Abs. 1 Satz 2 Nr. 1 HGB). Der Jahresüberschuss sinkt um den Betrag der Rückstellung.

– Arbeiten werden im Mai des nächsten Jahres nachgeholt:
Es besteht ein Passivierungswahlrecht für unterlassene Instandhaltungsmaßnahmen, die mehr als drei Monate nach dem Bilanzstichtag nachgeholt werden (§ 249 Abs. 1 Satz 3 HGB). Wegen der Zielsetzung der Bewertung wird keine Rückstellung gebildet. Der Jahresüberschuss bleibt unverändert hoch.

3.1 Feststellung des Jahresabschlusses

Die Verwendung des Jahresüberschusses ist durch die Feststellung bis zur Position Bilanzgewinn festgelegt.
Sofern sich Vorstand und Aufsichtsrat nicht einigen können, wird der Jahresabschluss und damit der Bilanzgewinn von der Hauptversammlung festgestellt (§ 172 f. AktG).

3.2.1 Aussagekraft des Bilanzkurses

Der Bilanzkurs misst den Anteil je Aktie am ausgewiesenen Eigenkapital. Er gilt in der Regel als Untergrenze des Börsenkurses. Stille Reserven erhöhen den Kaufpreis über den Bilanzkurs hinaus.

3.2.2 Teilweise Gewinnverwendung und anschließender Eigenkapitalausweis

Ein höherer Bilanzkurs bedeutet mehr Eigenkapital pro Aktie. Aufsichtsrat und Vorstand möchten daher möglichst hohe Rücklagen bilden, um so das Eigenkapital zu erhöhen.

- Berechnung des Bilanzgewinns:

Jahresüberschuss	20.000.000 €
+ Gewinnvortrag	400.000 €
– max. Einstellung in andere Gewinnrücklagen	10.000.000 €
(50 % von 20 Millionen € gemäß § 58 Abs. 2 AktG)	
= Bilanzgewinn	10.400.000 €

Keine Einstellung in die gesetzliche Rücklage, da die Summe aus gesetzlicher Rücklage und Kapitalrücklage > 10 % des gezeichneten Kapitals ist (§ 150 Abs. 2 AktG).

- Eigenkapitalausweis nach teilweiser Gewinnverwendung:

Gezeichnetes Kapital	40.000.000 €
Kapitalrücklage	50.000.000 €
gesetzliche Rücklage	0 €
andere Gewinnrücklagen	90.000.000 €
Jahresüberschuss	10.400.000 €

- Gewinnverwendungsvorschlag:
Vorstand und Aufsichtsrat schlagen der Hauptversammlung vor, den Bilanzgewinn in Höhe von 10,4 Mio. € in die anderen Gewinnrücklagen einzustellen.

GmbH: Rechtsfragen; Vollkostenrechnung (Kostenstellen, Kostenträger), Kostenanalyse, Deckungsbeitragsrechnung

1   Die „Odenwälder Tische GmbH" in Walldürn ist auf die Herstellung hochwertiger Wohnzimmertische spezialisiert. Sie erwartet in den nächsten Geschäftsjahren ständig steigende Auftragseingänge und Gewinne.

Folgende Gesellschafter sind an der GmbH mit ihren Stammeinlagen beteiligt:

Frank Hagenbach	75.000 €
Carsten Mommsen	120.000 €
Marc Veit	105.000 €

Gemäß § 4 der Satzung sind Hagenbach und Mommsen alleinige Geschäftsführer der Gesellschaft und als solche auch in das Handelsregister eingetragen. Der Gesellschaftsvertrag enthält hinsichtlich der Vertretungsbefugnis keine vom GmbH-Gesetz abweichenden Vereinbarungen.

1.1   Im Jahre 2006 erzielte die GmbH einen Jahresüberschuss von 180.000 €.
Berechnen Sie den jeweiligen Gewinnanteil der Gesellschafter.

1.2   Ohne Absprache mit Frank Hagenbach bestellt Carsten Mommsen eine neue vollautomatische Schleifmaschine für 14.900 €.
Begründen Sie, ob der Kaufvertrag für die GmbH bindend ist.

1.3   Die Gesellschafterversammlung der GmbH soll im Jahre 2007 unter anderem folgende Beschlüsse fassen:

Tagesordnungspunkt 4: Entlastung der Geschäftsführer Hagenbach und Mommsen für das Geschäftsjahr 2006

Tagesordnungspunkt 5: Erweiterung des Gegenstandes des Unternehmens um den Handel mit Möbeln aller Art. Dazu soll die Satzung entsprechend geändert werden.

– Erklären Sie die Begriffe „Bestellung" und „Entlastung" der Geschäftsführer.

– Veit stimmt gegen die beabsichtigte Satzungsänderung (TOP 5).
Weisen Sie nach, ob er diese allein verhindern kann.

1.4   Nach Streitigkeiten mit den Mitgesellschaftern erwägt Veit seinen Geschäftsanteil zu veräußern. Ein Interessent bietet ihm einen Kaufpreis, der deutlich über dem Betrag seiner Stammeinlage liegt.
Begründen Sie die Abweichung mit zwei Argumenten.

2   Die „Odenwälder Tische GmbH" beabsichtigt, demnächst den Wohnzimmertisch „Nizza" auf den Markt zu bringen. Aus der Kosten- und Leistungsrechnung stehen folgende Angaben je Tisch zur Verfügung:

Verbrauch von Fertigungsmaterial	800 €
Fertigungslöhne	240 €
Kosten der speziellen Transportversicherung	5 €
Zuschlagsätze	Materialgemeinkosten 5 % Restfertigungsgemeinkosten 75 % Verwaltungsgemeinkosten 6 % Vertriebsgemeinkosten 9 %
Nutzung der Lackiermaschine	20 Minuten Maschinenstundensatz 75 €
Nutzung der Schleifmaschine	8 Minuten Maschinenstundensatz 45 €
Nutzung der Sägemaschine	12 Minuten Maschinenstundensatz 45 €

2.1 Ermitteln Sie die Selbstkosten des Wohnzimmertisches „Nizza".
Hinweis: Maschinenstundensatzrechnen ist nicht mehr prüfungsrelevant!

2.2 Veit ist der Meinung, dass sich durch Rationalisierungsmaßnahmen im Vertriebsbereich die Selbstkosten des Tisches „Nizza" um 3,9 % senken lassen.
Wie würde sich die angestrebte Kostensenkung auf den Vertriebsgemeinkostenzuschlagsatz auswirken (rechnerische Lösung)?

2.3 Die Lackiermaschine soll durch eine modernere Maschine ersetzt werden. Für diese liegen folgende Daten vor:

Anschaffungskosten/Wiederbeschaffungskosten	390.000 €
betriebsgewöhnliche Nutzungsdauer	13 Jahre
jährliche Maschinenlaufzeit	1.500 Stunden
kalkulatorischer Zinssatz	8 %
Instandhaltungskosten (für die Gesamtnutzungsdauer)	52.650 €
monatliche Raumkosten	5,00 €/m²
Raumbedarf	8,75 m²
Stromverbrauch	25 kWh
Strompreis	0,15 €/kWh

Hinweis: Maschinenstundensatzrechnen und kalk. Zinsen sind nicht mehr prüfungsrelevant!

2.3.1 Berechnen Sie den Maschinenstundensatz der neuen Lackiermaschine.

2.3.2 Um wie viel Prozent verändern sich bei unveränderten Gemeinkostenzuschlagsätzen die Selbstkosten des Tisches (bezogen auf 2.1), wenn er die neue Lackiermaschine 20 Minuten in Anspruch nimmt?
(Falls Sie Aufgabe 2.3.1 nicht lösen konnten, rechnen Sie mit einem Maschinenstundensatz von 37,20 €.)

2.3.3 Erläutern Sie zwei Gründe, die für eine Kalkulation mit Maschinenstundensätzen sprechen.

3 Die GmbH produziert in einer separaten Fertigungsabteilung das aus Glas und Marmor bestehende Modell „Monte Carlo". Im Jahr 2006 wurden bei Vollauslastung der Produktionskapazität 150 Tische zu je 2.480 € netto verkauft. Dabei fielen bei linearem Gesamtkostenverlauf variable Stückkosten von 1.800 € an, in denen 750 € Lohnkosten enthalten waren. Die anteiligen Fixkosten betrugen 87.000 €.
Für 2007 wird ein Absatz von 200 Stück bei einem Gesamtgewinn von 41.500 € erwartet. Die Mehrproduktion soll durch Überstunden ermöglicht werden, wofür ein Überstundenzuschlag bezahlt wird.

3.1 Ermitteln Sie unter sonst gleichen Bedingungen den Überstundenzuschlag in Prozent.

3.2 Überraschend taucht ein Konkurrenzmodell auf, wodurch der Marktpreis soweit sinkt, dass statt des erwarteten Gewinns ein Verlust je Tisch erwirtschaftet wird. Die Unternehmensleitung beschließt, das Modell „Monte Carlo" wenigstens kurzfristig weiter zu produzieren. Rationalisierungsmöglichkeiten bestehen nicht.
Erläutern Sie drei Gesichtspunkte, die unter diesen Umständen für die Beibehaltung des Tisches im Sortiment sprechen könnten.

Punkte:

Frage	1.1	1.2	1.3	1.4	2.1	2.2	2.3.1	2.3.2	2.3.3	3.1	3.2
NP	2	2	4	2	3	2	3	2	2	5	3

Lösungsvorschlag

Aufgabe 3: GmbH: Rechtsfragen; Vollkostenrechnung (Kostenstellen, Kostenträger), Kostenanalyse, Deckungsbeitragsrechnung

1.1 Gewinnverteilung
Gewinnverteilung gemäß § 29 Abs. 3 GmbHG:

	Stammeinlage	Prozentanteil	Gewinnanteil
Hagenbach	75.000 €	25 %	45.000 €
Mommsen	120.000 €	40 %	72.000 €
Veit	105.000 €	35 %	63.000 €
	300.000 €	100 %	180.000 €

1.2 Vertretung der GmbH
Da im Gesellschaftsvertrag nichts anderes geregelt ist, besteht gemäß § 35 Abs. 2 GmbHG Gesamtvertretung. Mommsen hat als Vertreter ohne ausreichende Vertretungsmacht gehandelt. Der Kaufvertrag ist daher schwebend unwirksam (§ 177 BGB).

1.3 Bestellung und Entlastung der Geschäftsführer; Satzungsänderung
- Bestellung: Beschluss der Gesellschafterversammlung, dass eine bestimmte Person Geschäftsführer der GmbH sein soll.
- Entlastung: Vertrauensbekundung für die Tätigkeit im abgelaufenen Geschäftsjahr, d. h. dass die Geschäftsführung zu keinen Beanstandungen Anlass gibt; gegebenenfalls ist damit auch ein Verzicht auf Ansprüche gegen die Geschäftsführer aus bekannten Handlungen verbunden.
- Satzungsänderung: Für die Änderung der Satzung wäre eine ¾-Mehrheit in der Gesellschafterversammlung erforderlich (§ 53 Abs. 2 GmbHG). Veit besitzt 35 % der Geschäftsanteile der GmbH. Somit kann er die Satzungsänderung verhindern.

1.4 Wert des Geschäftsanteils größer Stammeinlage
Mögliche Gründe: Es existieren
- offene Rücklagen (Nichtausschüttung von Gewinnen in vergangenen Perioden)
- stille Rücklagen (z. B. Unterbewertung von Aktiva)
- höhere Gewinnerwartungen für die Zukunft (bzw. höhere Auftragseingänge)

2.1 Ermittlung der Selbstkosten *(Maschinenkosten sind nicht mehr prüfungsrelevant!)*

Fertigungsmaterial	800,00 €
+ 5 % Materialgemeinkosten	40,00 €
+ Fertigungslöhne	240,00 €
+ 75 % Rest-Fertigungsgemeinkosten	180,00 €
+ Maschinenkosten Lackiermaschine	25,00 €
+ Maschinenkosten Schleifmaschine	6,00 €
+ Maschinenkosten Sägemaschine	9,00 €
= Herstellkosten	1.300,00 €

+ 6 % Verwaltungsgemeinkosten	78,00 €
+ 9 % Vertriebsgemeinkosten	117,00 €
+ Sondereinzelkosten des Vertriebs	5,00 €
= Selbstkosten Wohnzimmertisch „Nizza"	1.500,00 €

2.2 Veränderung Vertriebsgemeinkostenzuschlagsatz nach Kostensenkung

Herstellkosten	1.300,00 €
+ 6 % Verwaltungsgemeinkosten	78,00 €
+ **Vertriebsgemeinkosten nach Rationalisierung**	**58,50 €**
+ Sondereinzelkosten des Vertriebs	5,00 €
= neue Selbstkosten „Nizza" (1.500 · 96,1 %)	1.441,50 €

$$\text{neuer Vertriebsgemeinkostenzuschlagsatz} = \frac{58,50 \cdot 100}{1.300} = 4,50\ \%$$

2.3.1 Berechnung Maschinenstundensatz *(nicht mehr prüfungsrelevant!)*

Abschreibungen/Std. 390.000 € / (13 J. · 1.500 Std.)	20,00 €
+ kalkulatorische Zinsen/Std. ([390.000 € / 2] · 0,08) / 1.500 Std.	10,40 €
+ Instandhaltungskosten/Std. 52.650 € / (13 J. · 1.500 Std.)	2,70 €
+ Raumkosten/Std. (5 € /m² · 8,75 m²) / (1.500 Std. / 12 Monate)	0,35 €
+ Energiekosten/Std. (25 kWh · 0,15 €/kWh)	3,75 €
= Maschinenstundensatz Lackiermaschine	37,20 €

2.3.2 Veränderung der Selbstkosten bei Nutzung neuer Maschine
(nicht mehr prüfungsrelevant!)

Fertigungsmaterial	800,00 €
+ 5 % Materialgemeinkosten	40,00 €
+ Fertigungslöhne	240,00 €
+ 75 % Rest-Fertigungsgemeinkosten	180,00 €
+ Maschinenkosten Lackiermaschine (37,20 € / 3)	**12,40 €**
+ Maschinenkosten Schleifmaschine	6,00 €
+ Maschinenkosten Sägemaschine	9,00 €
= Herstellkosten	1.287,40 €
+ 6 % Verwaltungsgemeinkosten	77,24 €
+ 9 % Vertriebsgemeinkosten	115,87 €
+ Sondereinzelkosten des Vertriebs	5,00 €
= Selbstkosten Wohnzimmertisch „Nizza"	1.485,51 €

$$\text{Kostensenkung} = \frac{(1.500,00 - 1.485,51) \cdot 100}{1.500,00} = \underline{\underline{0,966\ \%}}$$

2.3.3 Gründe für Kalkulation mit Maschinenstundensätzen
(nicht mehr prüfungsrelevant!)
Eine genauere Kalkulation wird möglich, falls die Kostenträger
– die Maschinen unterschiedlich lange beanspruchen,
– verschiedene Maschinen mit unterschiedlich hohen Kosten beanspruchen.

3.1 Ermittlung Überstundenzuschlag

Erlöse$_{neu}$ = 200 Stück · 2.480 €/Stck.	496.000 €
– Gesamtgewinn$_{neu}$	41.500 €
= Gesamtkosten$_{neu}$	454.500 €
– Fixkosten	87.000 €
= variable Kosten$_{neu}$	367.500 €
– variable Kosten$_{alt}$ = 150 Stück · 1.800 €/Stck.	270.000 €
= zusätzliche variable Kosten für 50 Stück	97.000 €
– davon sonstige variable Kosten = 50 · 1.050	52.500 €
= Lohnkosten (mit Zuschlag)	45.000 €
– Lohnkosten (ohne Zuschlag) = 50 · 750	37.500 €
= Überstundenzuschlag insgesamt	7.500 €

$$\text{Überstundenzuschlag in \%} = \frac{7.500 \cdot 100}{37.500} = \underline{\underline{20\ \%}}$$

3.2 Gründe für Beibehaltung des Sortiments trotz Verlust

– Es wird ein positiver Deckungsbeitrag je Tisch erwirtschaftet, sodass sich die Fertigung wenigstens kurzfristig lohnt.

– Der Mitarbeiterstamm kann erhalten werden, falls sich die Absatzverhältnisse längerfristig verbessern.

– Marketing-Überlegungen, z. B. Sortimentsabrundung, Unternehmensimage.

Abstimmung der Angebots- und Nachfragepläne in Verbindung mit der Sozialen Marktwirtschaft und Markteingriffen des Staates

1 An einer Internetbörse für Heizöl treten an einem Börsentag eine Vielzahl von Anbietern und Nachfragern mit folgenden Preis- und Mengenvorstellungen auf:

Kaufaufträge			Verkaufsaufträge		
Name der Käufergruppen	Menge in 1.000 l	Preis in €	Name der Verkäufergruppen	Menge in 1.000 l	Preis in €
A	100	billigst	F	60	bestens
B	90	0,61	G	90	0,61
C	40	0,62	H	170	0,62
D	140	0,63	I	80	0,63
E	40	0,64	J	70	0,64

1.1 Nennen Sie zwei Prämissen des vollkommenen Marktes und zeigen Sie, dass diese an einer Internet-Heizölbörse erfüllt sind.

1.2 Ordnen Sie mit Hilfe einer Tabelle den alternativen Preisen die entsprechenden Gesamtnachfrage- und Gesamtangebotsmengen zu.
Ermitteln Sie das Marktgleichgewicht.

1.3 Begründen Sie, welche der zehn Marktteilnehmer im vorliegenden Fall eine Konsumentenrente erzielen.
Berechnen Sie für zwei Marktteilnehmer die Höhe ihrer Konsumentenrente.

1.4 Der Staat gewährt einkommensschwachen Haushalten aus sozialpolitischen Gründen zweckgebundene Zuschüsse für Heizölkäufe.
Erläutern Sie, ob sich durch diese Maßnahme Auswirkungen auf den Heizölmarkt ergeben und um welche es sich gegebenenfalls handelt.

1.5 Angenommen, es kommt zu einer erneuten Krise im Nahostkonflikt.
Erläutern Sie zwei Entwicklungen, die sich daraus auf dem Heizölmarkt ergeben können.
Verdeutlichen Sie Ihre Aussagen, indem Sie anhand von normal verlaufenden Angebots- und Nachfragekurven in einem Koordinatensystem die Veränderungen skizzieren.

2 Die Heizölhandlung Müller GmbH bietet Heizöl auf einem unvollkommenen polypolistischen Markt im Großraum Stuttgart an.
Vergleichen Sie die Möglichkeiten der Preisgestaltung der Müller GmbH mit dem Anbieterverhalten bei einer Marktform, wie sie in Aufgabe 1 vorliegt. Gehen Sie auch auf die Ursachen der Unterschiede ein.

3   Wegen der Preisentwicklung auf den Energiemärkten erwägt die Regierung die Förderung alternativer Energiequellen.
Erklären Sie je eine marktkonträre und eine marktkonforme staatliche Fördermaßnahme für alternative Energiequellen.

4   Der süddeutschen GeoTec AG ist ein technischer Durchbruch bei der Herstellung von Bohrsystemen zur Gewinnung von Erdwärme gelungen. Sie ist derzeit alleinige Anbieterin auf diesem Markt. Eine durch das Unternehmen in Auftrag gegebene Marktanalyse ergab folgende zu erwartende Preis-Absatz-Funktion:

$$x = 1.000 - 0{,}002\,p$$

Die Kostenfunktion des Unternehmens lautet zum Zeitpunkt t_o:

$$K = 20.000 + 20.000\,x$$

4.1 Ermitteln Sie die gewinnmaximale Menge und den gewinnmaximalen Preis für dieses Angebotsmonopol.

4.2 Infolge des Einsatzes moderner Fertigungsanlagen verändert sich die Kostenstruktur des Unternehmens im Zeitpunkt t_1. Die fixen Kosten steigen und die variablen Stückkosten sinken.
Erläutern Sie, wie sich die Veränderungen der beiden Kostenarten auf die gewinnmaximale Menge und den gewinnmaximalen Preis des Monopolisten auswirken.

5   Im Zeitpunkt t_2 möchte die Bundesregierung die Monopolstellung der GeoTec AG einschränken. Sie fördert nun alle Unternehmen, die Technologien zur Gewinnung von Erdwärme entwickeln und umsetzen. Dadurch entsteht auf dem Markt für Bohrsysteme ein Oligopol.

5.1 Erklären Sie zwei unterschiedliche Verhaltensweisen von Oligopolisten und geben Sie die jeweilige Auswirkung auf die Preise für Bohrsysteme an.

5.2 Erläutern Sie, inwieweit monopolistische bzw. oligopolistische Marktformen dem Grundgedanken der Sozialen Marktwirtschaft widersprechen können. Verdeutlichen Sie Ihre Aussagen mit zwei Beispielen.

Punkte:

Frage	1.1	1.2	1.3	1.4	1.5	2	3	4.1	4.2	5.1	5.2
NP	2	3	3	2	3	3	3	3	3	2	3

Lösungsvorschlag

Aufgabe 4: **Abstimmung der Angebots- und Nachfragepläne in Verbindung mit der Sozialen Marktwirtschaft und Markteingriffen des Staates**

1.1 Prämissen des vollkommenen Marktes

– homogene Güter: Die Qualität des Heizöls ist bei jedem Anbieter gleich.
– keine Präferenzen, wie z. B. persönliche Präferenzen: Beim Internetkauf gibt es in der Regel keine persönliche Bevorzugung, da die Marktteilnehmer unbekannt sind.
– Markttransparenz: Das Internet verschafft eine gute Marktübersicht.

1.2 Ermittlung des Polypolmarktgleichgewichtes

Preis in € je l	Kaufaufträge in 1.000 l	Verkaufsaufträge in 1.000 l	Absetzbare Menge in 1.000 l
0,61	410	150	150
0,62	320	320	320
0,63	280	400	280
0,64	140	470	140

Gleichgewichtspreis = 0,62 € ;   Gleichgewichtsmenge = 320.000 Liter

1.3 Konsumentenrente

Die Käufergruppen A, D und E erzielen eine Konsumentenrente, da sie bereit sind, einen höheren als den Gleichgewichtspreis zu bezahlen.

Konsumentenrente der Käufergruppe D: $(0,63 - 0,62) \cdot 140.000 = 1.400$ €

Konsumentenrente der Käufergruppe E: $(0,64 - 0,62) \cdot 40.000 = 800$ €

1.4 Marktauswirkungen durch staatliche Zuschüsse an einkommensschwache Heizölkäufer

Unter der Annahme, dass die begünstigten Haushalte den Zuschuss lediglich dazu verwenden, die ohnehin getätigten Heizölkäufe anders zu finanzieren, ergibt sich keine zusätzliche Nachfrage nach Heizöl.

Würden die Käufer den Zuschuss jedoch für zusätzliche Heizölkäufe nutzen, verschiebt sich die Nachfragekurve nach rechts. Bei unverändertem Angebot führt dies zu einer Preiserhöhung bei größerer Absatzmenge.

1.5 Mögliche Folgen einer Nahost-Krise auf den Heizölmarkt

- Angstkäufe der Verbraucher wegen erwarteter Preiserhöhungen;
  Folge: Die Nachfrage nach Heizöl nimmt zu → die Nachfragekurve verschiebt sich nach rechts.

- Die Nahost-Staaten verringern aufgrund der Krise ihre Ölfördermengen. Zudem horten die Händler Heizöl, da sie anlässlich der zu erwarteten Knappheit mit steigenden Preisen rechnen.
  Folge: Das Heizölangebot nimmt ab → die Angebotskurve verschiebt sich nach links.

Fazit:

→ Beide Marktreaktionen führen zu Preiserhöhungen ($P_0 < P_1$)

→ Die Veränderung der Gleichgewichtsmenge hängt vom Ausmaß der Angebots- und Nachfrageverschiebung und den jeweiligen Preiselastizitäten ab.

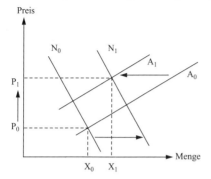

2. **Preisspielräume der Anbieter im vollkommenen und unvollkommenen Polypol**
Die Börse gilt als annähernd **vollkommenes** Polypol. Hier sind die Anbieter reine Mengenanpasser. Sie besitzen keinen Preisspielraum:

– höherer Angebotspreis als der Gleichgewichtspreis →⁺ Verlust aller Kunden

– niedrigerer Angebotspreis als der Gleichgewichtspreis →⁺ Zugang aller Kunden

Für die Müller GmbH ist auf dem **unvollkommenen** Markt Preispolitik in gewissem Rahmen möglich:

– Die Preis-Absatz-Funktion ist doppelt geknickt.

– Der Anbieter besitzt einen monopolistischen Preisspielraum.

– bei Preisen oberhalb des Preisspielraums →⁺ Verlust aller Kunden

– bei Preisen unterhalb des Preisspielraums →⁺ Zugang aller Kunden

Der monopolistische Preisspielraum des Anbieters kommt aufgrund von Präferenzen und / oder unvollständiger Markttransparenz zustande.

3. **Marktkonträre und marktkonforme Staatseingriffe zur Förderung alternativer Energiequellen**

– marktkonforme Staatseingriffe: z. B. Subventionen an Hersteller zur Senkung der Produktionskosten für Photovoltaikanlagen

– marktkonträre Staatseingriffe: z. B. Mindestpreise für die Einspeisung von Alternativstrom ins allgemeine Stromnetz. Dadurch erhalten diese Stromerzeuger kostendeckende Preise.

4.1 **Angebotsmonopol: Gewinnmaximale Preis-Mengen-Kombination (Cournot'scher Punkt)**

$0{,}002\,p = -x + 1.000$
$p = -500\,x + 500.000$
$E = p \cdot x = -500\,x^2 + 500.000\,x$
$GE\ (\text{Grenzerlös}) = -1.000\,x + 500.000$

$K = 20.000 + 20.000\,x$

GK (Grenzkosten) $= 20.000$

Gewinnmaximum bei $GE = GK$ $\rightarrow$ $-1.000\,x + 500.000 = 20.000$ $\rightarrow$ $\underline{\underline{x = 480}}$

$p = -500 \cdot 480 + 500.00 = \underline{\underline{260.000}}$

(Die Lösung wäre auch grafisch möglich)

4.2 Auswirkungen von Veränderungen der fixen und variablen Kosten auf die gewinn-maximale Preis-Mengen-Kombination

Die Erhöhung der fixen Kosten wirkt sich nicht auf die gewinnmaximale Preis-Mengen-Kombination aus, da die Grenzkosten unverändert bleiben.

Die Verringerung der variablen Stückkosten ist im vorliegenden Fall gleichbedeutend mit einer Senkung der Grenzkosten. Daraus resultieren eine höhere Menge und ein geringerer gewinnmaximaler Preis.

5.1 Verhaltensweisen von Oligopolisten

– Kriegerisches Verhalten (Verdrängungswettbewerb): Preise sinken tendenziell in Folge von Preiskämpfen

– Friedliches (kooperatives) Verhalten: Preise steigen tendenziell, z. B. nach Preisabsprachen der Hersteller

5.2 Vereinbarkeit von Monopolen und Oligopolen mit der Sozialen Marktwirtschaft

Grundgedanke der Sozialen Marktwirtschaft ist Leistungswettbewerb der Anbieter mit sozialem Ausgleich unerwünschter Marktergebnisse.

– marktwirtschaftliche Überlegungen, z. B.

  • Wettbewerb wird verhindert bzw. eingeschränkt (wenig Konkurrenz, dadurch häufig höhere Marktpreise)

  • Auslesefunktion: Da der Wettbewerb nur unzureichend funktioniert, scheiden unrentable Unternehmen nicht aus dem Markt.

– soziale Überlegung

  • überhöhte Gewinne/Preise durch einen Missbrauch der Marktstellung belasten die Verbraucher.

Geldschöpfung und Geldpolitik, auch anhand wirtschaftspolitischer Tagesfragen

1 Die folgenden Daten sind verschiedenen Monatsberichten der Europäischen Zentralbank (EZB) entnommen:

Komponenten der Geldmengenaggregate und längerfristige Verbindlichkeiten der Monetären Finanzinstitute (MFIs) im Euro-Währungsgebiet in Mrd. €		
	2. Quartal 2004	2. Quartal 2005
Bargeldumlauf	420,5	493,7
Täglich fällige Einlagen	2.369,7	2.763,7
Einlagen mit vereinbarter Laufzeit von bis zu 2 Jahren	995,2	1.039,9
Einlagen mit vereinbarter Kündigungsfrist von bis zu 3 Monaten	1.586,7	1.518,7
Repogeschäfte	220,2	239,7
Geldmarktfondsanteile	611,5	622,9
Schuldverschreibungen bis zu 2 Jahren	95,0	118,5
Schuldverschreibungen von mehr als 2 Jahren	1.900,6	2.122,6
Einlagen mit vereinbarter Kündigungsfrist von mehr als 3 Monaten	89,1	91,6
Einlagen mit vereinbarter Laufzeit von mehr als 2 Jahren	1.298,5	1.449,2
Kapital und Rücklagen	1.020,7	1.134,0
Nachrichtlich:		
Bruttoinlandsprodukt in jeweiligen Preisen in Mrd. €	1.879,6	1.972,6
Preisindex für das Bruttoinlandsprodukt (BIP-Deflator)	109,1	110,6
Harmonisierter Verbraucherpreisindex (HVPI) (Basisjahr 2005 = 100)	98,6	101,0

1.1 Bestimmen Sie die Geldmengen M 1 und M 3 im 2. Quartal der Jahre 2004 und 2005 sowie die Veränderung der Geldmenge M 3 in Prozent.

1.2 Die Preisniveauentwicklung im Euro-Währungsraum wird mit Hilfe des Harmonisierten Verbraucherpreisindex (HVPI) gemessen.
Berechnen Sie die Höhe der Preisniveauveränderung im Zeitraum 2. Quartal 2004 bis 2. Quartal 2005 (zwei Nachkommastellen).

1.3 Beurteilen Sie Ihre Ergebnisse aus 1.1 und 1.2 im Hinblick auf die entsprechenden Zielvorgaben des ESZB.

1.4 Erläutern Sie, warum im vorliegenden Fall die prozentuale Geldmengenerhöhung nicht zu einer Preisniveauerhöhung im gleichen Umfang geführt hat.

2 Das System der Europäischen Zentralbanken (ESZB) hat zum 06. 12. 2005 die Leitzinsen um 0,25 Prozentpunkte auf 2,25 % erhöht.

2.1 Beschreiben Sie, wie sich die Erhöhung der Leitzinsen im Bereich der Offenmarktpolitik und im Bereich der ständigen Fazilitäten jeweils auswirkt. Gehen Sie dabei auch auf die Veränderung des Zinskanals ein.

2.2 Erläutern Sie vor dem Hintergrund der in Aufgabe 1 ermittelten Geldmengen- und Preisniveauveränderungen den beabsichtigten Wirkungsmechanismus der Zinsanhebung.

3 Im Rahmen der Hauptrefinanzierungsgeschäfte bietet die EZB den Geschäftsbanken 100 Mio. € als Zinstender an. Innerhalb von 24 Stunden sind folgende Gebote eingegangen:

Zinssatz (in %)	Gebote der Banken in Mio. €				
	A	B	C	D	E
2,31	5	15	10	15	5
2,29	16	14	18	15	17
2,27	15	10	5	5	10
2,25	0	0	0	0	0

3.1 Ermitteln Sie mit Hilfe der Lösungstabelle in der Anlage auf Seite 18 den marginalen Zinssatz dieses Refinanzierungsgeschäfts und berechnen Sie, in welchem Umfang die einzelnen Banken Zentralbankgeld erhalten.
Berechnen Sie für Bank A, wie viel Zinsen bei einer Kreditlaufzeit von 7 Tagen zu zahlen sind, wenn die Zuteilung nach dem amerikanischen Verfahren abgerechnet wird.

3.2 Berechnen Sie die Veränderung der Zentralbankgeldmenge durch das aktuelle Hauptrefinanzierungsgeschäft, wenn in der Vorwoche ein Hauptrefinanzierungsgeschäft mit einer Laufzeit von sieben Tagen und einem Zuteilungsbetrag von 180 Mio. € durchgeführt wurde.

3.3 Ermitteln Sie, wie sich die Geldschöpfungsmöglichkeit des Bankensystems durch diese Veränderung der Zentralbankgeldmenge entwickelt. Unterstellen Sie, dass die Banken insgesamt 10 % ihres Zentralbankgeldbestandes als Reservesatz für Bar- und Mindestreserve zurückbehalten.

4   Vertreter keynesianischer Wirtschaftspolitik fordern anlässlich einer bevorstehenden Erhöhung der Leitzinsen vom ESZB eine stärkere Berücksichtigung der aktuellen konjunkturellen Situation bei seinen geldpolitischen Entscheidungen. Darauf reagiert der EZB-Präsident mit folgender Pressemitteilung:

Zentralbank erhöht die Leitzinsen

FRANKFURT (hom). Die Europäische Zentralbank (EZB) sieht keine Gefahr, dass ihre erste Zinserhöhung seit gut fünf Jahren die Konjunktur im Euroraum bremsen könnte. EZB-Präsident Jean-Claude Trichet hat nach der gestrigen Ratssitzung allerdings mehrfach betont, die Anhebung der Leitzinsen ... sei kein Signal dafür, dass weitere Schritte dieser Art folgen werden. (...)

StZ, 02. 12. 2005

4.1   Beschreiben Sie den wirtschaftspolitischen Zielkonflikt bei einer Anhebung der Leitzinsen, auf den im obigen Artikel Bezug genommen wird.

4.2   Erläutern Sie, welche Rolle die Geldpolitik aus Sicht des Keynesianismus in Zeiten hoher Arbeitslosigkeit einnehmen soll.

4.3   Erläutern Sie, in wie weit der Staat auf die Geldpolitik des ESZB Einfluss nehmen kann.

Punkte:

Frage	1.1	1.2	1.3	1.4	2.1	2.2	3.1	3.2	3.3	4.1	4.2	4.3
NP	3	2	2	2	3	2	5	2	2	2	3	2

Anlage zur Aufgabe 5, Nr. 3.1

	Zugeteilte Beträge (in Mio. €) zu einem Zinssatz von ... %						
Zinssatz	A	B	C	D	E		
Zuteilung gesamt							

Aufgabe 5: Geldschöpfung und Geldpolitik, auch anhand wirtschaftspolitischer Tagesfragen

1.1 Geldmengen M 1 und M 3

M 1 (in Mrd. €):

	2. Quartal 2004	2. Quartal 2005
Bargeldumlauf	420,5	493,7
+ täglich fällige Einlagen	2.369,7	2.763,7
= M 1	**2.790,2**	**3.257,4**

M 3 (in Mrd. €):

	2. Quartal 2004	2. Quartal 2005
M 1	2.790,2	3.257,4
+ Einlagen mit vereinbarter Laufzeit von bis zu 2 Jahren	995,2	1.039,9
+ Einlagen mit vereinbarter Kündigungsfrist von bis zu 3 Monaten	1.586,7	1.518,7
+ Repogeschäfte	220,2	239,7
+ Geldmarktfondsanteile	611,5	622,9
+ Schuldverschreibungen bis zu 2 Jahren	95,0	118,5
= M 3	**6.298,8**	**6.797,1**

Die prozentuale Steigerung der Geldmenge M 3 beträgt:

$$\frac{(6.797,1 - 6.298,8) \cdot 100}{6.298,8} = \underline{\underline{7,91\ \%}}$$

1.2 Preisniveausteigerung

$$\frac{101,0 \cdot 100}{98,6} = 102,434\ \%$$ Preisniveausteigerung 2,43 %

1.3 Einhaltung der Zielvorgaben des ESZB zur Preisniveaustabilität

Vorrangiges Ziel des ESZB ist die Sicherung der Stabilität des am HVPI gemessenen Preisniveaus im Euro-Währungsgebiet. Das ESZB sieht dieses Ziel als erreicht an, wenn die Preisniveausteigerung innerhalb eines Jahres nahe bei, aber unter 2,0 % liegt. Um dieses zu erreichen, hat das ESZB ein Geldmengenziel mit einer Steigerung der Geldmenge M 3 von derzeit 4,5 % jährlich als Orientierungsgröße (Referenzwert) vorgegeben.

Die in 1.2 ermittelte Änderung des Preisniveaus zeigt, dass durch die Zunahme der in 1.1 errechneten Geldmengenerhöhung das Ziel der Preisniveaustabilität bedroht ist.

1.4 Quantitätsgleichung

Nach der (modifizierten) Quantitätsgleichung $(M \cdot U = BIP_{real} \cdot P)$ führt eine Geldmengenerhöhung nicht bzw. nicht zu einer gleich hohen Preisniveausteigerung, wenn z. B.

- BIP_{real} bzw. Handelsvolumen gestiegen sind
- die Umlaufgeschwindigkeit des Geldes gesunken ist.

Die erhöhte Geldmenge wird nicht (in vollem Umfang)

- nachfragewirksam verwendet (z. B. die in M 3 enthaltenen Geldmarktfondsanteile)
- für die Konsumgüternachfrage verwendet. Preissteigerungen bei Investitionsgütern gehen aber nicht in den HVPI ein.

2.1 Offenmarktpolitik und ständige Fazilitäten

Offenmarktpolitik

Im Rahmen der Erhöhung der Leitzinsen steigt auch der Mindestbietungssatz für die als Zinstender angebotenen Hauptrefinanzierungsgeschäfte. Dadurch wird für Geschäftsbanken die Refinanzierung bei der Zentralbank teurer.

Ständige Fazilitäten

- Spitzenrefinanzierungsfazilität: Der Zinssatz für Tagesgeldkredite, die Geschäftsbanken beim ESZB aufnehmen können, ist gestiegen.

- Einlagefazilität: Der Zinssatz für Tagesgeldanlagen ist gestiegen.

Zinskanal:
Die Zinssätze für Übernachtkredite (Spitzenrefinanzierungsfazilität) und Übernachtanlagen (Einlagenfazilität) bilden die Ober- bzw. die Untergrenze für den Geldmarktzinssatz. Innerhalb dieser Spanne (Zinskanal) kann der Geldmarktzinssatz schwanken. Da der Geldmarktzinssatz gestiegen ist, hat sich der Zinskanal nach oben verschoben.

2.2 Wirkungsmechanismus der Leitzinserhöhung

Die Erhöhung der Leitzinsen soll zu einer Verteuerung der Beschaffung von Zentralbankgeld für das Bankensystem führen. Die gestiegenen Refinanzierungskosten werden bei der Kreditvergabe an die Bankkunden weitergegeben und erhöhen dadurch den Zinssatz für Kredite. Höhere Zinssätze senken tendenziell die Kreditaufnahme und damit das Geldmengenwachstum. Dadurch soll die Nachfrage nach Investitions- und Konsumgütern sinken und das Preisniveau stabilisiert werden.

3.1 Zinstender nach dem amerikanischen Verfahren

Zinssatz	Zugeteilte Beträge (in Mio. €) zu einem Zinssatz von ... %					Zuteilung gesamt	Restzuteilung
	Bank A	Bank B	Bank C	Bank D	Bank E		
2,31 %	5,00	15,00	10,00	15,00	5,00	50	50,00
2,29 %	(16·50/80) 10,00	(14·50/80) 8,75	(18·50/80) 11,25	(15·50/80) 9,375	(17·50/80) 10,625	(80·50/80) 50,00	0
2,27 %	0	0	0	0	0	0	0
Zuteilung	15,00	23,75	21,25	24,375	15,625	100,00	0

Der marginale Zinssatz liegt bei 2,29 %.

Zinsen für die Bank A:

5,00 Mio. zu 2,31 % für 7 Tage	=	2.245,83 €
10,00 Mio. zu 2,29 % für 7 Tage	=	4.452,78 €
	=	6.698,61 €

3.2 Veränderung der Zentralbankgeldmenge

Unterstellt, die sonstigen Refinanzierungsgeschäfte des ESZB blieben konstant, ergäbe sich eine Veränderung der Zentralbankgeldmenge von

$$100 \text{ Mio. } € - 180 \text{ Mio. } € = -80 \text{ Mio. } €$$

(ohne Berücksichtigung der an das ESZB gezahlten Zinsen).

3.3 Geldschöpfung

$$\text{Geldschöpfungsmultiplikator m} = \frac{1}{\text{Reservesatz r}} = \frac{1}{0,10} = 10$$

Veränderung der Geldschöpfungsmöglichkeit =
Geldschöpfungsmultiplikator · Veränderung der Zentralbankgeldmenge =

$$10 \cdot (-80) \text{ Mio. } € = -800 \text{ Mio. } €$$

4.1 Wirtschaftspolitische Zielkonflikte durch Erhöhung der Leitzinsen

Die Erhöhung der Leitzinsen mit dem Ziel der Preisniveaustabilität kann mit dem Ziel eines hohen Beschäftigungsstandes in Konflikt stehen.

Die mit der Erhöhung der Leitzinsen beabsichtigte Verringerung der Güternachfrage kann zu einer Verminderung der Produktion und damit zu negativen Beschäftigungseffekten führen.

Dadurch können beschäftigungspolitische Maßnahmen des Staates zum Abbau der Arbeitslosigkeit konterkariert werden.

4.2 Rolle der Geldpolitik im Keynsianismus

Die Keynesianer gehen davon aus, dass vor allem auf dem Arbeitsmarkt dauerhafte Ungleichgewichte bestehen können. Um die Beschäftigungssituation zu verbessern, sind exogene Anreize zur Steigerung der Güternachfrage erforderlich. Dem Staat kommt dabei eine zentrale Rolle der aktiven Nachfrage am Gütermarkt zu. Nach keynesianischer Auffassung ist es dabei Aufgabe der Geldpolitik, diese Anreize durch eine beschäftigungsfördernde Geldpolitik, d. h. eine Niedrigzinspolitik, zu unterstützen.

Zwar kann nach keynesianischer Auffassung die Geldpolitik keine aktive Rolle an den Gütermärkten ausüben, aber sie soll durch eine Geldmengenexpansion die Voraussetzungen schaffen, dass die zusätzliche kreditfinanzierte staatliche Güternachfrage in Folge von Zinssteigerungen nicht die private kreditfinanzierte Güternachfrage verdrängt (Crowding out).

4.3 Einflussnahme des Staates auf die Geldpolitik des ESZB

Bei geldpolitischen Maßnahmen zur Erhaltung der Preisniveaustabilität im Euro-Währungsgebiet muss das ESZB völlig unabhängig von den Regierungen der Mitgliedsstaaten entscheiden können. Deshalb ist im Vertrag über die Einrichtung der EZB deren Autonomie ausdrücklich festgelegt worden, d. h. die Staaten dürfen keinen Einfluss nehmen.

Vergleich Kapital- und Personengesellschaften (einschließlich GmbH & Co. KG), Finanzierung bei diesen Gesellschaftsformen

Der Flugkapitän Kai Raiman gründete 1990 zusammen mit dem Reiseverkehrskaufmann Jan Gunther die Holiday Air GmbH, die als Komplementärin in die Holiday Air GmbH & Co. KG eintrat. Das Unternehmen konnte durch die spätere Aufnahme weiterer Kommanditisten den Erwerb neuer Flugzeuge finanzieren und entwickelte sich zu einer Linienfluggesellschaft mit eigenen Hotelanlagen.

1 Erläutern Sie mit je zwei Argumenten, warum sich die Gründer der GmbH & Co. KG gegen eine
  – Kommanditgesellschaft, an der nur natürliche Personen beteiligt sind,
  – „reine" GmbH
  entschieden haben könnten.

2 Die Geschäftsleitung der GmbH & Co. KG beabsichtigt, die Luftflotte um vier gebrauchte Flugzeuge zu vergrößern. Die Anschaffungskosten werden auf insgesamt 384 Mio. € geschätzt.
  Für die Finanzierung mit einem Kredit bzw. mit Leasing liegen folgende Angebote vor:

Kreditbedingungen	Leasingbedingungen
Laufzeit 8 Jahre	Grundmietzeit 7 Jahre
Zinssatz 7 %	jährliche Leasingrate 18 % der Investitionssumme
Auszahlung 96 %	
Tilgung in 8 gleichen jährlichen Raten am Jahresende	
jährliche Zinszahlungen am Jahresende	

2.1 Ermitteln Sie in einer übersichtlichen Darstellung für jede Finanzierungsalternative die Höhe des Gewinns, der aus diesem Investitionsvorhaben in den ersten drei Jahren insgesamt zu erwarten ist.
  Berücksichtigen Sie dabei die folgenden Angaben:
  Es wird erwartet, dass die zusätzlichen Flugzeuge jährlich zusammen 120 Mio. € Umsatz erwirtschaften. Beim Kauf sind die Finanzierungsaufwendungen und die lineare Abschreibung von jährlich 10 % zu berücksichtigen. Das Disagio wird entsprechend der Kreditlaufzeit linear abgeschrieben. Bei beiden Finanzierungsalternativen entstehen zusätzlich pro Jahr durchschnittlich 30 Mio. € sonstige Aufwendungen.

2.2 Erläutern Sie zwei Gründe, die den Investor veranlassen könnten, nicht die sich in 2.1 ergebende günstigere Alternative zu wählen.

2.3 Für den Fall der Kreditfinanzierung werden Sicherheiten benötigt.

2.3.1 Beschreiben Sie, wie die Flugzeuge zur Kreditsicherung dienen können. Gehen Sie dabei auch auf zwei Risiken für den Kreditgeber ein.

2.3.2 Angenommen, die Bank verlangt eine zusätzliche Absicherung des Kredits. Erläutern Sie, wie die bisher unbelasteten Hotelgrundstücke der Gesellschaft dazu herangezogen werden können und wie diese Sicherheiten bestellt werden.

2.4 Ein Finanzberater schlägt eine Kreditfinanzierung vor und begründet dies unter anderem mit dem Leverage-Effekt.
Erläutern Sie allgemein den Leverage-Effekt und erklären Sie, unter welchen Voraussetzungen ein positiver Effekt eintritt.

3 Im Jahr 2006 stehen große Investitionen an: Geplant ist der Ankauf einer Billig-Flug-Gesellschaft und der Erwerb moderner, energiesparender Flugzeuge. Deshalb soll die GmbH & Co. KG in die Holiday Air AG umgewandelt werden.
Beim Börsengang werden 510 Mio. € durch die Ausgabe von Stückaktien (zum Mindestanteil) zum Kurs von 12 € je Aktie eingenommen. Die bisherigen Gesellschafter erhalten zusätzlich 15 Mio. Stückaktien für die Einbringung ihrer Gesellschaft; diese Aktien werden ihnen zum Wert von 10 €/Stück gutgeschrieben.

3.1 Ermitteln Sie den Betrag der einzelnen Eigenkapitalpositionen und die Höhe des gesamten Eigenkapitals nach diesem Börsengang.

3.2 Begründen Sie rechnerisch und mit Hilfe des Gesetzes, warum die bisherigen Gesellschafter der GmbH & Co. KG darauf bestanden hatten, mindestens 15 Mio. Stückaktien für sich zu behalten.

3.3 Im Jahr 2007 erzielt die Holiday Air AG einen Jahresüberschuss in Höhe von 25,3 Mio. €, der nach den Vorstellungen des Vorstands so weit wie möglich zur offenen Selbstfinanzierung verwendet werden soll. In der Hauptversammlung beschließen die Aktionäre jedoch einen Dividendensatz von 10 %. Der Restbetrag wird in die anderen Gewinnrücklagen eingestellt.

3.3.1 Erläutern Sie drei Vorteile, die sich für das Unternehmen aus der offenen Selbstfinanzierung ergeben.

3.3.2 Stellen Sie die vollständige Gewinnverwendung dar und zeigen Sie, wie sich diese vor der Ausschüttung der Dividende auf die betroffenen Positionen der Bilanz auswirkt.

Punkte:

Frage	1	2.1	2.2	2.3.1	2.3.2	2.4	3.1	3.2	3.3.1	3.3.2
NP	4	4	2	3	2	2	4	2	3	4

Lösungsvorschlag

Aufgabe 1: Vergleich Kapital- und Personengesellschaften (einschließlich GmbH & Co. KG), Finanzierung bei diesen Gesellschaftsformen

1 Entscheidungskriterien zur Rechtsformwahl

Entscheidung gegen die KG:
- Bei einer KG würde mindestens eine natürliche Person als Komplementär auch mit dem Privatvermögen haften (§ 161 HGB).
- Eine Drittorganschaft wie bei der reinen GmbH (Geschäftsführung übernimmt ein angestellter Geschäftsführer) ist nicht möglich.

Entscheidung gegen die GmbH:
- Das gesetzliche Mitspracherecht der anderen GmbH-Gesellschafter ist erheblich größer als das der Kommanditisten (§§ 45 f. GmbHG).
- Sollen neue GmbH-Gesellschafter aufgenommen werden, bedarf dies einer notariell beurkundeten Änderung des Gesellschaftsvertrages (§ 2 GmbHG).

2.1 Vergleich Kreditfinanzierung und Leasing (Angaben in Mio. €)

Kreditfinanzierung

Jahr	Kredit- summe	Zinsauf- wand	Abschreibungen		sonst. Aufwand	Umsatz	Gewinn
			Disagio	Flugzeuge			
1	400	28,0	2	38,4	30	120	21,6
2	350	24,5	2	38,4	30	120	25,1
3	300	21,0	2	38,4	30	120	28,6
insgesamt							**75,3**

Leasing

Jahr	Leasingrate	sonst. Aufwand	Umsatz	Gewinn
1	69,12	30	120	20,88
2	69,12	30	120	20,88
3	69,12	30	120	20,88
insgesamt				**62,64**

2.2 Argumente für die Leasingfinanzierung

Wahl der Alternative Leasing, da
- die Kreditwürdigkeit eher erhalten bleibt. Leasing hat keine unmittelbare Auswirkung auf den Verschuldungsgrad des Unternehmens.
- es nach Ablauf der Grundmietzeit die Möglichkeit der Anpassung an den neuesten technischen Stand gibt, ohne das Problem der Verwertung des alten Leasinggegenstandes.

2.3.1 Kreditsicherung; Gefahren

Sicherungsübereignung:
Das Eigentum an beweglichen Gegenständen des Anlagevermögens wird auf den Kreditgeber übertragen; der Kreditnehmer bleibt Besitzer (Besitzkonstitut).

Gefahren für den Kreditgeber:
- Der Gegenstand wird an einen gutgläubigen Dritten veräußert, an den das Eigentum übergeht.
- Der Gegenstand ist schon sicherungsübereignet.

2.3.2 Grundschuld
Der Kredit wird durch Eintragung einer Grundschuld gesichert. Sie wird durch Einigung zwischen Kreditnehmer und -geber vor einem Notar bestellt und ins Grundbuch zugunsten des Kreditgebers eingetragen (§ 873 BGB).

2.4 Leverage-Effekt
Ein zunehmender Verschuldungsgrad führt zu einer ansteigenden Eigenkapitalrentabilität unter der Voraussetzung, dass die Gesamtkapitalrentabilität der Investition höher ist als der Fremdkapitalzinssatz.

3.1 Eigenkapitalgliederung nach Börsengang
Aktienausgabe an der Börse:
510 Mio. €/12 € Kurs je Aktie = 42,5 Mio. Stückaktien zum Mindestanteil
12 € Kurs je Aktie – 1 € fiktiver Nennwert = 11 € Agio je Aktie

Aktienausgabe an die bisherigen Gesellschafter:
15 Mio. Aktien zum Mindestanteil · 10 € Kurs = 150 Mio. € Wert
10 € Kurs je Aktie – 1 € fiktiver Nennwert = 9 € Agio je Aktie

(42,5 Mio. Aktien + 15 Mio. Aktien) · 1 € fiktiver Nennwert = 57,5 Mio. € gez. Kapital
510 Mio. € + 150 Mio. € = 660 Mio. € gesamtes Eigenkapital
660 Mio. € – 57,5 Mio. € = 602,5 Mio. € Kapitalrücklage

3.2 Sperrminorität
Die bisherigen Gesellschafter wollen die Möglichkeit erhalten, Satzungsänderungen gegen ihren Willen zu verhindern.
Sperrminorität mind. 25 % + 1 Aktie: 15 Mio. von 57,7 Mio. = 26,09 % (§ 179 AktG)

3.3.1 Vorteile der offenen Selbstfinanzierung
- Kein Liquiditätsentzug, da die Geldmittel im Unternehmen bleiben und damit für Investitionen zur Verfügung stehen.
- Zusätzliches Eigenkapital steht unbefristet zur Verfügung. Dies führt zu einer Erhöhung der Kreditwürdigkeit und Sicherheit im Unternehmen.
- Der Substanzwert der Gesellschaft steigt und damit i. d. R. der Börsenkurs.

3.3.2 Gewinnverwendung, Auswirkungen auf die Bilanz

Jahresüberschuss	25,30 Mio. €
– Einstellung in die gesetzliche Rücklage	0,00 Mio. €
(da Kapitalrücklage > 10 % des GK)	
– Einstellung in andere Gewinnrücklagen (durch V und AR)	12,65 Mio. €
= Bilanzgewinn	12,65 Mio. €
– Dividende (10 % von 57,5 Mio. €)	5,75 Mio. €
= Einstellung in andere Gewinnrücklagen (durch HV)	6,90 Mio. €

Erhöhung der anderen Gewinnrücklagen um 12,65 Mio. € + 6,90 Mio. € = 19,55 Mio. €.
Erhöhung der kurzfristigen Verbindlichkeiten (ggü. Aktionären) um 575 Mio. €.

AG: Rechtsfragen, Rechnungslegung, Auswertung des Jahresabschlusses

Die an der Stuttgarter Börse notierte „Technische Anlagen- und Steuerungsbau AG"
(TechAS AG) mit Sitz in Esslingen entwickelt und fertigt Anlagen überwiegend für die che-
mische und elektrotechnische Industrie. Gegenüber den Vorjahren verbesserte sich die Ertragslage in den Jahren 2006 und 2007 durch die Belebung des Exportgeschäftes. Die positive
Entwicklung der AG und des Börsenumfelds werden genutzt, um einen angeschlagenen Konkurrenten, die Hamag GmbH in Karlsruhe, im März 2008 zu übernehmen. Ein Teil dieses Unternehmens bildet eine ideale Ergänzung des eigenen Produktprogramms. Zur Finanzierung
des Kaufpreises werden 20 Mio. € benötigt. Dieser Betrag soll über die Verwendung des Jahresüberschusses und ein eventuell fehlender Rest mittels einer Kapitalerhöhung gegen Einlagen aufgebracht werden.

Für die TechAS AG liegt folgender vorläufiger Jahresabschluss zum 31. 12. 2007 vor:

AKTIVA		Bilanz (in Mio. €)	PASSIVA
Sachanlagen	38	Gezeichnetes Kapital	20
Finanzanlagen	2	Kapitalrücklage	1
Vorräte RHB-Stoffe	7	gesetzliche Rücklage	1
unfertige Erzeugnisse	3	andere Gewinnrücklagen	2
fertige Erzeugnisse	1	Jahresüberschuss	3
Forderungen	5	Pensionsrückstellungen	3
liquide Mittel	4	sonstige Rückstellungen	1
		Verbindlichkeiten aus LuL.	3
		Verbindlichkeiten gegenüber Kreditinstituten	26
	60		60

Die Bilanzpositionen Vorräte und fertige Erzeugnisse enthalten keine eisernen Bestände. Die
Pensionsrückstellungen wurden gegenüber dem Vorjahr um 1 Mio. € erhöht, die sonstigen
Rückstellungen (vollständig kurzfristig) um 2 Mio. € reduziert. Von den Verbindlichkeiten
gegenüber Kreditinstituten sind 22 Mio. € langfristig. Der Bilanzgewinn des Vorjahres wurde
vollständig ausgeschüttet.

Gewinn- und Verlustrechnung 2007 (in Mio. €)

1	Umsatzerlöse	120,0
2	Bestandsveränderungen	???
3	andere aktivierte Eigenleistungen	1,0
4	sonstige betriebliche Erträge	2,0
5	Materialaufwand	55,3
6	Personalaufwand	30,0
7	Abschreibungen auf Sachanlagen	3,0
8	sonstige betriebliche Aufwendungen	25,0
9	Zinserträge	0,5
10	Zinsaufwand	3,0
11	Ergebnis der gewöhnlichen Geschäftstätigkeit	???
12	außerordentliche Erträge	1,5
13	außerordentliche Aufwendungen	2,5
14	außerordentliches Ergebnis	−1,0
15	Steuern vom Einkommen und Ertrag	1,7
16	sonstige Steuern	0,5
20	Jahresüberschuss	3,0

1   Ermitteln Sie
    – Art und Höhe der Bestandsveränderungen,
    – das Ergebnis der gewöhnlichen Geschäftstätigkeit,
    wenn folgende Angaben zu den Beständen zum 31. 12. 2006 bekannt sind:
    – unfertige Erzeugnisse   5,0 Mio. €
    – fertige Erzeugnisse   0,0 Mio. €.
    Begründen Sie mit zwei Argumenten, warum sich das Ergebnis der gewöhnlichen Geschäftstätigkeit vom Betriebsergebnis der Kosten- und Leistungsrechnung unterscheiden kann.

2   Die TechAS AG hat laut Gesetz einen Anhang und einen Lagebericht zu erstellen.
    Beschreiben Sie
    – den grundsätzlichen Unterschied in der Zielsetzung zwischen Anhang und Lagebericht
    – die Aufgaben des Anhangs hinsichtlich des Anlagevermögens.

3   Der Vorstand rechnet damit, dass es in der Hauptversammlung vom 11. 4. 2008 zu Auseinandersetzungen mit den Kleinanlegern über die Höhe der Dividendenausschüttung aus dem Bilanzgewinn kommt. Dieser soll nach seinem Willen in voller Höhe den „an-

deren Gewinnrücklagen" zugeführt werden. Die Schutzgemeinschaft der Kleinaktionäre fordert hingegen die Ausschüttung einer angemessenen Dividende.

3.1 Nennen Sie ein Argument, das die Schutzgemeinschaft der Kleinaktionäre vorbringen könnte. Formulieren Sie zwei passende Gegenargumente des Vorstandes.

3.2 Der für den Kauf des Konkurrenten noch fehlende Betrag soll mittels einer Kapitalerhöhung gegen Einlagen aufgebracht werden.
Die Alteigentümer Renzen und Büttel verfügen als Gründer der AG über 24,5 %, Investmentfonds halten 15 % der Anteile. Im Streubesitz (Kleinaktionäre) befinden sich 60,5 % der insgesamt 4 Mio. Stückaktien. Erfahrungsgemäß üben von den Kleinaktionären maximal 25 % ihr Stimmrecht aus.
Der Finanzvorstand rechnet damit, dass diese Kleinaktionäre geschlossen gegen die Kapitalerhöhung stimmen werden.
Weisen Sie rechnerisch nach, ob die Kapitalerhöhung durchsetzbar wäre, wenn die Alteigentümer und die Investmentfonds in der Hauptversammlung für die Maßnahme stimmen.

3.3 In der Hauptversammlung der AG stellt der Aktionär Thorsten Wenzel den Antrag, den Aufsichtsrat von bisher 12 auf 8 Personen zu verkleinern, um Aufwandsentschädigungen und Tantiemen der Aufsichtsräte zu reduzieren. Erörtern Sie, ob eine solche Reduzierung der Zahl der Mitglieder rechtlich möglich ist, wenn die AG derzeit 600 Arbeitnehmer beschäftigt.

4 Eine Bank beabsichtigt Aktien der TechAS AG zu erwerben. Zur Beurteilung der Vorteilhaftigkeit der Anlageentscheidung werden anhand des Jahresabschlusses 2007 entsprechende Kennzahlen ermittelt.

Hinweis: Die Eigenkapitalpositionen haben sich seit dem Jahresanfang 2007 nicht verändert. Der Jahresüberschuss 2007 wird in voller Höhe ausgeschüttet.

4.1 Berechnen Sie die Eigenkapitalrentabilität der TechAS AG. Beurteilen Sie deren Höhe im Verhältnis zu einer alternativen langfristigen Kapitalanlage bei einer Bank.

4.2 Ermitteln Sie die
– Liquidität 2. Grades
– Anlagendeckungsgrade I und II
und beurteilen Sie jeweils deren Höhe.

4.3 Die oben errechneten Kennzahlen werden zuweilen als „Schönfärberei" des Jahresabschlusses kritisiert.
Nennen Sie je zwei
– allgemeine Kritikpunkte zu den Bilanzkennzahlen als Grundlage für künftige Anlageentscheidungen von Investoren;
– Zusatzangaben zum Jahresabschluss, die dessen Aussagefähigkeit verbessern könnten.

4.4 Für Investitionen in Höhe von 12 Mio. €, die im Jahr 2008 vorgesehen sind, soll auch der Cash-flow herangezogen werden.
Ermitteln Sie, inwieweit die vorgesehenen Investitionen aus dem Cash-flow des Jahres 2007 finanzierbar sind, wenn abweichend vom Hinweis zu 4 der Jahresüberschuss nicht ausgeschüttet wird.

Punkte:

Frage	1	2	3.1	3.2	3.3	4.1	4.2	4.3	4.4
NP	4	3	3	5	2	2	5	4	2

Lösungsvorschlag

Aufgabe 2: AG: Rechtsfragen, Rechnungslegung, Auswertung des Jahresabschlusses

1 Bestandsveränderungen; Ergebnis gewöhnlicher Geschäftstätigkeit

Bestandsveränderung: Bestandsminderung UE   –2,0 Mio. €
                              + Bestandsmehrung FE   +1,0 Mio. €

                              = Nettobestandsminderung –1,0 Mio. €

Umsatzerlöse	120,0 Mio. €
+ andere aktivierte Eigenleistungen	1,0 Mio. €
+ sonstige betriebliche Erträge	2,0 Mio. €
+ Zinserträge	0,5 Mio. €
– Materialaufwand	55,3 Mio. €
– Personalaufwand	30,0 Mio. €
– Abschreibungen	3,0 Mio. €
– sonstige betriebliche Aufwendungen	25,0 Mio. €
– Zinsaufwand	3,0 Mio. €
– Bestandsveränderungen	1,0 Mio. €
= Ergebnis der gewöhnlichen Geschäftstätigkeit	6,2 Mio. €

Im Ergebnis der gewöhnlichen Geschäftstätigkeit können auch neutrale (z. B. perioden-
fremde) Aufwendungen und Erträge enthalten sein, wogegen kostenrechnerische Kor-
rekturen (z. B. kalkulatorische Abschreibungen statt bilanzieller Abschreibung) nur die
Betriebsergebnisrechnung der KLR betreffen.

2 Anhang und Lagebericht
– Der Anhang ist vergangenheitsorientiert und erläutert grundsätzlich nur Höhe und
  Entwicklung der Zahlenwerte des vorgelegten Jahresabschlusses.
  Der Lagebericht ist sowohl vergangenheits- als auch zukunftsorientiert. Sein Inhalt er-
  streckt sich nicht nur auf quantitative Angaben zum Jahresabschluss, sondern liefert
  darüber hinaus auch Informationen über Entwicklungen nach dem Stichtag des Jahresabschlusses und geplante Maßnahmen des Unternehmens. Er informiert unter anderem über Risiken für das Gesamtunternehmen.
– Im Anhang muss gemäß § 284 HGB u. a. die Entwicklung des Anlagevermögens dargestellt werden, z. B. indem die Beträge der vorgenommenen Abschreibungen sowie
  Änderungen der Bilanzierungs- und Bewertungsmethode angegeben werden.

3.1 Dividendenausschüttung kontra offene Selbstfinanzierung
Argument der Schutzgemeinschaft der Kleinaktionäre:
– Dividendenausschüttung als Gewinnbeteiligung/Geldbedarf der Aktionäre.

Argumente des Vorstandes:
– Stärkung der Eigenkapitalbasis durch Erhöhung der anderen Gewinnrücklagen, damit
  der Kapitalbedarf für den bevorstehenden Unternehmenskauf teilweise gedeckt ist.
– Die Kreditwürdigkeit der AG steigt.

3.2 Kapitalerhöhung gegen Einlagen; rechtliche Voraussetzung
Die Berechnung der Stimmen erfolgt bei Stückaktien nach der Anzahl der Aktien
(§ 134 Abs. 1 AktG).

Insgesamt ausgegebene Aktien = 4 Mio. Stück, davon
- Altaktionäre 24,5 % 980.000 Stück
- Investmentfonds 15,0 % 600.000 Stück
- Kleinaktionäre/Belegschaft 60,5 % (2.420.000 Stück)
  davon anwesend max. 25,0 % 605.000 Stück

Von den auf der Hauptversammlung vertretenen 2.185.000 Aktien (980.000 + 600.000 + 605.000) verfügen die Großaktionäre über einen Anteil von 72,31 %. Für die erforderliche Satzungsänderung (§ 182 Abs. 1 AktG) ist eine 3/4-Mehrheit des vertretenen Grundkapitals erforderlich, die somit voraussichtlich nicht erreicht wird. Eine Kapitalerhöhung gegen Einlagen kann demnach nicht durchgesetzt werden.

3.3 Größe des Aufsichtsrats

Gemäß § 95 AktG besteht ein Aufsichtsrat aus mindestens drei Mitgliedern. Eine höhere Mitgliederzahl muss durch drei teilbar sein (vgl. Drittelparität der Arbeitnehmer im Aufsichtsrat). Acht Aufsichtsratmitglieder wären somit nicht möglich.

4.1 Eigenkapitalrentabilität

$$\text{EK-Rentabilität} \quad = \quad \frac{3 \text{ Mio. } € \cdot 100 \text{ \%}}{24 \text{ Mio. } €} = \underline{\underline{12,5 \text{ \%}}}$$

Die Eigenkapitalrentabilität liegt deutlich über der derzeit bei Banken realisierbaren Rendite von 4–5 % p. a.

4.2 Liquidität 2. Grades; Anlagendeckungsgrade

$$\text{Liquiditätsgrad II} = \frac{(\text{liquide Mittel} + \text{Forderungen}) \cdot 100}{\text{kurzfristige Verbindlichkeiten}} = \frac{(4 + 5) \cdot 100}{(1 + 3 + 4)*} = \underline{\underline{112,5 \text{ \%}}}$$

NR: * 1 Mio. € sonstige Rückstellungen (kurzfristig)
    3 Mio. € Jahresüberschuss (wird als Dividende ausgeschüttet)
    4 Mio. € kurzfristige Verbindlichkeiten gegenüber Kreditinstituten

Die übliche Faustregel von 100 % wurde überschritten, d. h. es besteht eine gute Liquidität 2. Grades.

$$\text{Anlagendeckungsgrad I} = \frac{\text{Eigenkapital} \cdot 100}{\text{Anlagevermögen}} = \frac{(20 + 1 + 1 + 2)** \cdot 100}{(38 + 2)} = \underline{\underline{60,0 \text{ \%}}}$$

Anlagendeckungsgrad II=

$$\frac{\text{EK} + \text{langfristiges Fremdkapital} \cdot 100}{\text{Anlagevermögen}} = \frac{(24 + 3 + 22)*** \cdot 100}{(38 + 2)} = \underline{\underline{122,5 \text{ \%}}}$$

NR: ** 20 gez. Kapital + 1 Kap. RL + 1 gesetzl. RL + 2 and. Gew. RL
    (Hinweis: Da der Jahresüberschuss in voller Höhe ausgeschüttet werden soll, werden die 3 Mio. nicht zum Eigenkapital gerechnet, sondern stellen kurzfristige Verbindlichkeiten dar.)

NR: *** 24 Eigenkapital + 3 Pensionsrückstellungen + 22 langfr. Verbdl. ggü. Banken

Der ADG I liegt zwar unter 100 %; eine vollständige Eigenfinanzierung des Anlagevermögens wird in der Praxis jedoch auch nicht gefordert.
Die Mindesthöhe für den ADG II (100 %) wird erfüllt, d. h. das langfristige Vermögen wird durch langfristiges Kapital vollständig gedeckt.

4.3 Kritik an den Bilanzkennzahlen
- Allgemeine Kritikpunkte
  - Der Jahresabschluss zeigt lediglich Vergangenheitswerte und hat unter Umständen wenig Aussagekraft für die Zukunft.
  - Kennzahlen sind manipulierbar, z. B. durch entsprechende Bewertungsentscheidungen bei der Aufstellung des Jahresabschlusses.
- Sinnvolle Zusatzangaben zum Jahresabschluss:
  - Angaben über neue Kreditzusagen der Banken bzw. Verlängerungsmöglichkeiten der Kredite, welche die Liquiditätslage verbessern könnten.
  - Angabe der genauen Termine von Zahlungseingängen bzw. -ausgängen.

4.4 Cash-flow

Jahresüberschuss	3 Mio. €
+ Abschreibungen	3 Mio. €
+ Zuführungen zu den Pensionsrückstellungen	1 Mio. €
= Cash-flow 2007	7 Mio. €

Bei erforderlichen Investitionsmitteln von 12 Mio. € ergibt sich nach Verwendung des Cash-flows eine Unterdeckung von 5 Mio. €.

Vollkostenrechnung, Kostenanalyse, Deckungsbeitragsrechnung

Die Walter GmbH produziert als mittelständisches Unternehmen Fenster und Außentüren aus Kunststoff. Sie hat sich darauf spezialisiert, neben einem Grundsortiment, welches in Kleinserien produziert wird, Einzelanfertigungen nach Kundenwünschen herzustellen. Dies ist unter anderem durch eine zu Beginn des vergangenen Geschäftsjahres erworbene umrüstbare Universalmaschine möglich, mit Hilfe derer sich eine flexible Produktion durchführen lässt.

1   Zur Vorbereitung der Kalkulation künftiger Kundenaufträge muss der Betriebsabrechnungsbogen erstellt werden. Hierzu stehen u. a. folgende Informationen aus dem Abrechnungsmonat Dezember 2007 zur Verfügung:

- Umlage der Kostenstellen; Angaben jeweils in der Reihenfolge der Stellen im BAB S. 13
  - <u>Fuhrpark</u> (nach gefahrenen km):
    5.000 km / 10.000 km / 0 km / 0 km / 0 km / 10.000 km / 15.000 km
  - <u>Werkstatt</u> (nach Reparaturstunden):
    10 Std. / 10 Std. / 200 Std. / 150 Std. / 0 Std. / 130 Std.
  - <u>Arbeitsvorbereitung</u> im Verhältnis 3 : 1 auf die Fertigungshauptstellen
- Einzelkosten:
  - Fertigungsmaterial   289.200 €
  - Fertigungslöhne I   109.460 €
    Fertigungslöhne II   142.250 €
- Bestände an fertigen Erzeugnissen
  - AB   154.375 €
  - SB   192.925 €
- Zuschlagsgrundlagen für
  - Verwaltungsgemeinkosten: Herstellkosten der Rechnungsperiode
  - Vertriebsgemeinkosten: Herstellkosten des Umsatzes

1.1   Ergänzen Sie den beigefügten Betriebsabrechnungsbogen (Anlage, S. 13) und ermitteln Sie die Zuschlagsätze.

1.2   Aufgrund der Konkurrenzverhältnisse dürfen die Selbstkosten der Standardaußentüre AT 3 maximal 275 € betragen.

Wie hoch darf der Lohnsatz je Arbeitsstunde in der Fertigungsabteilung I maximal sein, wenn neben den in Teilaufgabe 1.1 ermittelten Zuschlagsätzen folgende Angaben gelten:
- Fertigungsmaterial je Türe: 80 €
- Fertigungslöhne II: 30 €
- Fertigungszeit I: 2,5 Arbeitsstunden?

1.3   Es wird erwartet, dass die Gewerkschaften bei den bevorstehenden Tarifverhandlungen höhere Löhne und Gehälter durchsetzen können.

Erläutern Sie, wie sich die Erhöhungen unter sonst gleichen Bedingungen auf
- den Materialgemeinkostenzuschlagsatz
- die Fertigungsgemeinkostenzuschlagsätze
auswirken.

2 Die Geschäftsleitung erwägt die Einführung einer Maschinenstundensatzrechnung in der Fertigungshauptstelle I um die Mängel der traditionellen Zuschlagskalkulation beseitigen zu können.

Hinweis: Maschinenstundensatzrechnen ist nicht mehr prüfungsrelevant!

2.1 Beschreiben Sie zwei Mängel der traditionellen Zuschlagskalkulation, die durch den Übergang auf die Maschinenstundensatzrechnung beseitigt werden sollen.

2.2 Berechnen Sie den Maschinenstundensatz unter Berücksichtigung folgender Angaben:
- Anschaffungskosten der Maschine: 600.000 €
- Wiederbeschaffungskosten liegen um 16 2/3 % über den Anschaffungskosten
- betriebsgewöhnliche Nutzungsdauer: 8 Jahre
- tatsächliche Nutzungsdauer: 10 Jahre
- kalkulatorische Zinsen: 6 % p. a. auf das durchschnittlich gebundene Kapital (Basis: Anschaffungskosten)
- Raumbedarf der Maschine: 20 m²
- Platzbedarf Bedienungspersonal: 5 m²
- Lagerfläche für Roh- und Hilfsstoffe: 10 m²
- Raumkostensatz je Monat: 2 €/m²
- Strombedarf je Laufstunde gemäß Herstellerangabe: 4 kW
- tatsächlicher Strombedarf je Laufstunde: 4,5 kW
- Strompreis je kWh: 0,14 €
- geschätzte Fremdinstandhaltungskosten während tatsächlicher Gesamtnutzungsdauer: 11.630 €
- jährliche Arbeitszeit: 250 Tage, d. h. im 1-Schicht-Betrieb 8 Stunden pro Tag
- jährliche Ausfallzeit: 100 Arbeitsstunden

2.3 Die Geschäftsleitung plant wegen der nachhaltig guten Auftragslage die Einführung einer zweiten Arbeitsschicht.

Erläutern Sie mit zwei Argumenten, wie sich diese Maßnahme auf die Höhe des Maschinenstundensatzes auswirken kann.

3 Die Walter GmbH eröffnet ein Zweigwerk, in dem drei verschiedenartige Typen von Terrassentüren hergestellt werden. Aus der Kosten- und Leistungsrechnung dieses Werks sind folgende Angaben für das laufende Jahr bekannt (Annahme: linearer Gesamtkostenverlauf):

	Typ 1	Typ 2	Typ 3
Maximale Absatzmenge	500 Stück	650 Stück	280 Stück
erzeugte und abgesetzte Menge	400 Stück	500 Stück	200 Stück
Nettoverkaufserlöse insgesamt	22.000 €	75.000 €	22.000 €
Fertigungsmaterial	2.800 €	6.400 €	1.800 €
Fertigungslöhne	3.660 €	4.500 €	2.350 €
sonstige variable Kosten	6.740 €	6.600 €	4.650 €
Selbstkosten insgesamt	111.400 €		
Produktionszeit je Stück	2 Stunden	4 Stunden	2 Stunden

3.1 Ausländische Anbieter üben insbesondere beim Typ 1 ständig Druck auf die Verkaufspreise aus, sodass die GmbH gezwungen ist, ihre Preise nach unten anzupassen.

– Um wie viel % könnte bei gegebenen Kostenverhältnissen und der derzeitigen Nachfragemenge der Preis dieses Typs kurzfristig reduziert werden?

– Erläutern Sie, wie sich Angebotspreise, die unterhalb der variablen Stückkosten liegen, langfristig auf die Passivseite der Bilanz des Unternehmens auswirken würden.

3.2 Für das kommende Jahr ist aufgrund von Kapazitätsengpässen davon auszugehen, dass die maximale Fertigungszeit auf 2.560 Stunden begrenzt ist.

Ermitteln Sie unter sonst gleichen Umständen das optimale Produktionsprogramm und den sich daraus ergebenden Betriebsgewinn mit Hilfe der Deckungsbeitragsrechnung.

Punkte:

Frage	1.1	1.2	1.3	2.1	2.2	2.3	3.1	3.2
NP	6	3	3	3	4	3	3	5

Anlage zu Teilaufgabe 1.1, Betriebsabrechnungsbogen Dezember 2007 (in €)

	Allgemeine Kostenstelle		Material-stelle	Fertig.-hilfs-stelle	Fertig.-haupt-stelle I	Fertig.-haupt-stelle II	Verwal-tungs-stelle	Ver-triebs-stelle
	Fuhr-park	Werk-statt		Arbeits-vorb.				
Summe primäre Gemeinkosten	16.000	23.000	24.420	19.500	193.920	101.300	32.102	39.340
Umlage Fuhrpark								
Zwischen-summe								
Umlage Werk-statt								
Zwischen-summe								
Umlage Arbeits-vorbereitung								
Summe der Gemeinkosten								
Zuschlags-grundlagen								
Zuschlagsätze								

Lösungsvorschlag

Aufgabe 3: Vollkostenrechnung, Kostenanalyse, Deckungsbeitragsrechnung

1.1 Betriebsabrechnungsbogen

Dezember 2007 (in €)

	Allgemeine Kostenstelle		Material-stelle	Fertig.-hilfs-stelle Arbeits-vorb.	Fertig.-haupt-stelle I	Fertig.-haupt-stelle II	Verwal-tungs-stelle	Vertr.-stelle
	Fuhr-park	Werk-statt						
Summe primäre Gemein-kosten	16.000	23.000	24.420	19.500	193.920	101.300	32.102	39.340
Umlage Fuhrpark	⌐►	2.000	4.000	–	–	–	4.000	6.000
Zwischen-summe		25.000	28.420	19.500	193.920	101.300	36.102	45.340
Umlage Werkstatt		⌐►	500	500	10.000	7.500	–	6.500
Zwischen-summe			28.920	20.000	203.920	108.800	36.102	51.840
Umlage Arbeits-vorberei-tung			–	⌐►	15.000	5.000	–	–
Summe der Gemein-kosten			28.920		218.920	113.800	36.102	51.840
Zuschlags-grund-lagen			289.200		109.460	142.250	902.550	864.000
Zuschlag-sätze			10 %		200 %	80 %	4 %	6 %

1.2 Differenzkalkulation zur Ermittlung des max. Lohnsatzes

Fertigungsmaterial	80 €	
+ 10 % Materialgemeinkostenzuschlag	8 €	
= Stoffkosten	88 €	▼

Fertigungslöhne I	36 €	= max. Arbeitslohn/Std. =
+ Fertigungsgemeinkostenzuschlag I (200 %)	72 €	36 €/2,5 Std. = 14,40 €/Std.
= Fertigungskosten I	108 €*	

Fertigungslöhne II	30 €	
+ Fertigungsgemeinkostenzuschlag II (80 %)	24 €	= v. H.
= Fertigungskosten II	54 €	▼

= Fertigungskosten	162 €

= Herstellkosten	250 €	
+ Verwaltungsgemeinkosten (4 %)	10 €	= a. H.
+ Vertriebsgemeinkosten (6 %)	15 €	
= Selbstkosten	275 €	

NR: * Fertigungskosten I = Herstellkosten − Stoffkosten − Fertigungskosten II
108 € = 250 € − 88 € − 54 €

1.3 Auswirkung von Lohn- und Gehaltserhöhungen auf Zuschlagsätze

MGKZ: Die Materialgemeinkosten steigen (Anstieg bei Hilfslöhnen, Gehältern und Sozialkosten). Bei unveränderter Bezugsgrundlage steigt der MGKZ somit unterproportional.

FGKZ: Die Fertigungsgemeinkosten steigen (Anstieg bei Hilfslöhnen, Gehältern und Sozialkosten). Die Bezugsgrundlage Fertigungslöhne steigt ebenfalls. Da der prozentuale Anstieg der Fertigungslöhne größer ist als bei den Fertigungsgemeinkosten, sinken die Fertigungsgemeinkostenzuschläge I und II.

2.1 Kritik an der Zuschlagskalkulation; Vergleich mit Maschinenstundensatzrechnung

Hinweis: Maschinenstundensatzrechnen ist nicht mehr prüfungsrelevant!

Die Verrechnung der Fertigungsgemeinkosten auf die Kostenträger mit einem einheitlichen Fertigungsgemeinkostenzuschlagsatz schafft Ungenauigkeiten in der Kostenzurechnung, weil ein Großteil der FGK nicht lohn-, sondern maschinenabhängig ist, und daher die Fertigungslöhne keine geeignete Zuschlagsgrundlage sind. Gegen das Kostenverursachungsprinzip wird insbesondere verstoßen, wenn unberücksichtigt bleibt, dass Maschinen von unterschiedlichen Produkten unterschiedlich lange oder überhaupt nicht in Anspruch genommen werden.

Wegen der relativ geringen Zuschlagsgrundlage Fertigungslöhne besteht vor allem bei Beschäftigungsschwankungen die Gefahr einer Fehlerfortpflanzung in der Kalkulation.

2.2 Berechnung Maschinenstundensatz

Hinweis: Maschinenstundensatzrechnen ist nicht mehr prüfungsrelevant!

jährliche Laufstunden:	(250 · 8) − 100 =	1.900 Std.
kalkulatorische Abschreibungen/Jahr:	700.000/10 =	70.000 €
kalkulatorische Zinsen/Jahr:	(600.000/2) · 0,06 =	18.000 €
Raumkosten/Jahr:	(20 + 5 + 10) · 2 · 12 =	840 €
Energiekosten/Jahr:	4,5 · 1.900 · 0,14 =	1.197 €
Fremdinstandhaltungskosten/Jahr:	11.630/10 =	1.163 €

kalk. Abschreibungen	70.000 €
+ kalk. Zinsen	18.000 €
+ Raumkosten	840 €
+ Energiekosten	1.197 €
+ Fremdinstandhaltungskosten	1.163 €
= maschinenabhängige Kosten/Jahr	91.200 €

$$\text{Maschinenstundensatz} = \frac{91.200\ €}{1.900\ \text{Std.}} = 48\ €$$

2.3 Auswirkung von verlängerter Arbeitszeit auf den Maschinenstundensatz
Hinweis: Maschinenstundensatzrechnen ist nicht mehr prüfungsrelevant!

Der Maschinenstundensatz würde deutlich sinken, da
– ein wesentlicher Teil der verrechneten Kosten Fixkosten sind (z. B. Abschreibungen, kalkulatorische Zinsen, Raumkosten, Teile der Fremdinstandhaltungskosten)
– bei Einführung des 2-Schicht-Betriebes die unterproportional ansteigenden Fertigungsgemeinkosten sich auf die ungefähr doppelte Laufstundenzahl verteilen.

3.1 Kurzfristige Preisuntergrenze
Kurzfristige Preisuntergrenze für Typ 1:

$$\frac{\text{variable Kosten}}{\text{Stückzahl}} = \frac{(2.800\ € + 3.660\ € + 6.740\ €)}{400\ \text{Stück}} = \underline{\underline{33\ €/\text{Stück}}}$$

$$\text{max. Preissenkung (in \%)} = \frac{(55\ € - 33\ €) \cdot 100}{55\ €} = \underline{\underline{40\ \%}}$$

Liegt der Nettoverkaufserlös unterhalb der variablen Stückkosten, entstehen Verluste in Höhe der nicht gedeckten fixen Kosten plus der Differenz zwischen den variablen Kosten und den niedrigeren Umsatzerlösen. Dies führt zu einer allmählichen Aufzehrung des Eigenkapitals.

3.2 Deckungsbeitragsrechnung; optimales Produktionsprogramm

$$\text{Variable Stückkosten Typ 1} = \frac{(2.800 + 3.660 + 6740)}{400} = \underline{\underline{33\ €}}$$

$$\text{Variable Stückkosten Typ 2} = \frac{(6.400 + 4.500 + 6.600)}{500} = \underline{\underline{35\ €}}$$

$$\text{Variable Stückkosten Typ 3} = \frac{(1.800 + 2.350 + 4.650)}{200} = \underline{\underline{44\ €}}$$

	Typ 1	Typ 2	Typ 3
Verkaufserlöse/Stück	55 €	150 €	110 €
– variable Stückkosten	33 €	35 €	44 €
= Deckungsbeitrag/Stück	22 €	115 €	66 €

	Typ 1	Typ 2	Typ 3
Fertigungszeit/Stück	2 Stunden	4 Stunden	2 Stunden
relativer Deckungsbeitrag	11 €/Std.	28,75 €/Std.	33 €/Std.
Produktrangfolge	3	2	1

Verfügbare Produktionszeit	2.560 Stunden
− Produktionsdauer Typ 3 (280 · 2)	560 Stunden
− Produktionsdauer Typ 2 (500 · 4)	2.000 Stunden
= verfügbare Produktionszeit Typ 1	0 Stunden

DB Typ 3 (66 · 280)	18.480 €
+ DB Typ 2 (115 · 500)	57.500 €
= Summe DB	75.980 €
− Fixkosten (111.400 − 39.500)	71.900 €
= Betriebsergebnis	4080 €

Markt und Preis – Nachfrage und Angebot am Gütermarkt

Das Wirtschaftsgymnasium einer Kleinstadt ist alleiniger Anbieter eines Auto-Wasch-Dienstes für Schüler und Lehrer, der von der geschäftstüchtigen SMV organisiert wird. Ziel dieser Aktivität ist es, einen möglichst hohen Gewinn zu erzielen und diesen für wohltätige Zwecke im Rahmen einer Schulpartnerschaft zu spenden. Deshalb wird ehrenamtlich gearbeitet. Die Schüler rechnen mit fixen Kosten pro Monat in Höhe von 150,00 € für gemietete Reinigungsgeräte und Werbung sowie mit 1,50 € variablen Kosten pro Fahrzeug für Putzmittel, Wasser und Strom. Die SMV erwartet folgende monatliche Nachfrage:

Preis in €	8,00	7,50	7,00	6,50	6,00	5,50	5,00	4,50	4,00	3,50	3,00	2,50
Anzahl der Waschvorgänge	10	20	30	40	50	60	70	80	90	100	110	120

1 Ermitteln Sie den Preis, der die oben genannte Zielsetzung erfüllt. Vervollständigen Sie dazu die Tabelle in der Anlage (S. 20).

2 Gehen Sie davon aus, dass die Dienstleistung der SMV auf einem vollkommenen monopolistischen Markt angeboten wird.
Ermitteln Sie für diesen Fall grafisch die gewinnmaximale Preis-Mengen-Kombination (Cournot'scher Punkt) und begründen Sie Ihr Ergebnis.
(Achseneinteilung: 10 PKW = 1 cm; 1 € = 1 cm)

3 Geben Sie an, in welchem Elastizitätsbereich der Gesamtnachfragekurve das Gewinnmaximum des Angebotsmonopolisten liegt, und begründen Sie diesen Zusammenhang.

4 Angenommen, die Kosten für Wasser und Miete steigen.
Erläutern Sie für beide Kostenarten, wie sich deren Erhöhung jeweils auf die gewinnmaximale Preis-Mengen-Kombination auswirkt.

5 Die SMV möchte durch Preisdifferenzierung den Gewinn noch weiter erhöhen.
– Nennen Sie für den vorliegenden Fall zwei Möglichkeiten der Preisdifferenzierung und geben Sie jeweils ein Beispiel dazu an.
– Erläutern Sie zwei Voraussetzungen, unter denen dieses Vorgehen erfolgreich sein kann.

6 Das Projekt am Wirtschaftsgymnasium läuft so gut, dass sich auch das örtliche technische Gymnasium entschließt, einen Auto-Wasch-Dienst für Schüler- und Lehrer-PKW anzubieten.

Beschreiben Sie mögliche Verhaltensweisen der beiden Anbieter in diesem Oligopol und deren Folgen für die Kunden.

7 In der Marktformenlehre werden für den vollkommenen Markt nach der Anzahl der Marktteilnehmer Polypol, Monopol und Oligopol unterschieden.
Stellen Sie dar, welche Faktoren die Anbieter bei
– der jeweiligen Marktform direkt beeinflussen können
– ihren Entscheidungen berücksichtigen müssen.

8 In der Realität sind nahezu alle Märkte unvollkommen. Dennoch wird in der Volkswirtschaftslehre häufig ein vollkommener Markt unterstellt.
Nennen Sie die Eigenschaften eines vollkommenen Marktes und erläutern Sie, warum es sinnvoll ist, in der Volkswirtschaftslehre mit diesem Modell zu arbeiten.

Punkte:

Frage	1	2	3	4	5	6	7	8
NP	3	5	3	4	4	4	3	4

Anlage zu Teil 2 (VWL), Aufgabe 4, Teilaufgabe 1

Anzahl der Waschvorgänge	Preis in €	Erlös (Umsatz)	fixe Kosten	variable Kosten	Gesamt-kosten	Gewinn/ Verlust
10	8,00					
20	7,50					
30	7,00					
40	6,50					
50	6,00					
60	5,50					
70	5,00					
80	4,50					
90	4,00					
100	3,50					
110	3,00					
120	2,50					

Lösungsvorschlag

Aufgabe 4: Markt und Preis – Nachfrage und Angebot am Gütermarkt

1 Tabellarische Ermittlung des Monopolpreises

Anzahl der Waschvorgänge	Preis in €	Erlös (Umsatz)	fixe Kosten	variable Kosten	Gesamt-kosten	Gewinn/ Verlust
10	8,00	80,00	150,00	15,00	165,00	−85,00
20	7,50	150,00	150,00	30,00	180,00	−30,00
30	7,00	210,00	150,00	45,00	195,00	15,00
40	6,50	260,00	150,00	60,00	210,00	50,00
50	6,00	300,00	150,00	75,00	225,00	75,00
60	5,50	330,00	150,00	90,00	240,00	90,00
70	**5,00**	**350,00**	**150,00**	**105,00**	**255,00**	**95,00**
80	4,50	360,00	150,00	120,00	270,00	90,00
90	4,00	360,00	150,00	135,00	285,00	75,00
100	3,50	350,00	150,00	150,00	300,00	50,00
110	3,00	330,00	150,00	165,00	315,00	15,00
120	2,50	300,00	150,00	180,00	330,00	−30,00

Der maximale Gewinn liegt beim Preis von 5,00 €.

2 Cournot'scher Punkt

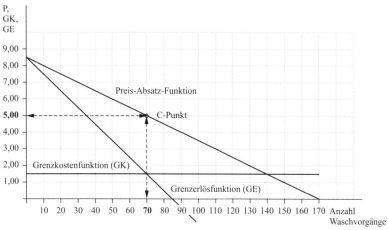

Cournot'scher Punkt:
Gewinnmaximaler Preis: 5,00 €; gewinnmaximale Menge: 70 Waschvorgänge

Im Gewinnmaximum sind Grenzkosten und Grenzerlöse gleich (Schnittpunkt zwischen Grenzkosten- und Grenzerlöskurve). Bei einem Preis-Mengen-Verhältnis links von diesem Schnittpunkt sind die Grenzerlöse größer als die Grenzkosten. Durch Absatzsteigerung kann daher ein zusätzlicher Gewinn erzielt werden. Jede weitere Absatzmenge rechts vom Schnittpunkt würde dem Anbieter aber Gewinnminderungen einbringen, da die Grenzkosten die Grenzerlöse übersteigen. Daher liegt beim Schnittpunkt der Grenzerlöse und Grenzkosten das Gewinnmaximum.

3 Elastizitätsbereich der Preis-Absatz-Funktion beim Gewinnmaximum
Das Gewinnmaximum liegt im elastischen Bereich.

Begründung:
Das Gewinnmaximum ist bestimmt durch den Schnittpunkt von Grenzerlös- und Grenzkostenkurve.
Da die Grenzkosten > 0 sind, müssen im Schnittpunkt auch die Grenzerlöse > 0 sein.
Im Bereich positiver Grenzerlöse ist die direkte Preiselastizität der Nachfrage > 1, im Bereich negativer Grenzerlöse < 1. Daraus folgt, dass das Gewinnmaximum im elastischen Bereich der Nachfragekurve liegt.

4 Kostenarten und deren Auswirkung auf den Cournot'schen Punkt
– Wasserverbrauch: variable Kosten
  Die Grenzkostenkurve verschiebt sich nach oben. Der neue Schnittpunkt mit der Grenzerlöskurve führt zu einer neuen gewinnmaximalen Preis-Mengen-Kombination mit höherem Preis und geringerer Menge.

– Miete: fixe Kosten
  Die Grenzkostenkurve bleibt unverändert. Deshalb ergibt sich keine Veränderung der gewinnmaximalen Preis-Mengen-Kombination.

5 Preisdifferenzierung
– Möglichkeiten (z. B.):
  • zeitliche Preisdifferenzierung: z. B. Sofort-Service kostet mehr
  • persönliche Preisdifferenzierung: z. B. Lehrer zahlen mehr
– Voraussetzungen:
  • Es muss genügend Kunden geben, bei denen die Zahlungsbereitschaft so ausgeprägt ist, dass sie bereit sind, einen höheren als den Monopolpreis zu bezahlen.
  • Diese Kunden müssen als Gruppe eindeutig abgegrenzt werden können, sodass die Gesamtnachfrage in einzelne Segmente aufgeteilt und die Konsumentenrente dieser Kundengruppen (teilweise) abgeschöpft werden kann.

6 Verhaltensweisen der Angebotsoligopolisten
Die beiden Anbieter haben zwei Alternativen:

1. Preiskampf / Verdrängungswettbewerb:
   Jeder Anbieter versucht, den anderen zu unterbieten, um den vollen Marktanteil zu erlangen und damit den anderen Anbieter vom Markt zu verdrängen.
   Wenn beide Anbieter diese Strategie wählen, wird der Marktpreis zunächst stark sinken, bis eine Schule aufgibt. Anschließend kann der neue Monopolist den Preis zulasten der Kunden erhöhen.

2. Kooperatives Verhalten / Preisabsprache / Preisführerschaft
   Die beiden Schulen legen einen gemeinsamen Preis fest und verhalten sich zulasten der Kunden als Kollektivmonopol.

7 Vergleich der Marktformen

	Polypol	Monopol	Oligopol
beeinflussbare Faktoren	Menge (Mengen-anpasser)	Preis oder Menge	Preis oder Menge
zu berück-sichtigende Faktoren	Kosten, Marktpreis	Kosten, Nach-fragerverhalten	Kosten, Nachfrager- und Konkurrenz-verhalten

8 Modell des vollkommenen Marktes
Eigenschaften des vollkommenen Marktes:
- homogene Güter
- keine Präferenzen
- vollständige Marktübersicht
- unendlich schnelle Reaktionsgeschwindigkeit der Marktteilnehmer

Diese Modellannahmen sind sinnvoll, weil damit die komplexe Wirklichkeit vereinfacht dargestellt wird. Unter diesen Voraussetzungen ergibt sich ein einheitlicher Preis, dessen Zustandekommen anschaulich nachvollzogen werden kann.
Das Modell des vollkommenen Marktes erklärt plausibel das Zustandekommen des Gleichgewichtspreises für ein Gut.

Geldschöpfung und Geldpolitik, auch anhand wirtschaftspolitischer Tagesfragen

1　Das Statistische Bundesamt gibt regelmäßig die Veränderung des Verbraucherpreisindex bekannt. Er ist ein wichtiger Indikator für die Messung von Geldwertschwankungen. Der Verbraucherpreisindex für die Bundesrepublik Deutschland entwickelte sich wie folgt (Basisjahr 2000):

Jahr	2006	2005	2004	2003	2002	2001	2000	1999
Gesamtindex	110,1	108,3	106,2	104,5	103,4	102,0	100,0	98,6

Quelle: Statistisches Bundesamt, Februar 2007

1.1　Ermitteln Sie die prozentuale Veränderung
　　　– des Preisniveaus vom Jahr 2005 auf 2006
　　　– der Kaufkraft für den Gesamtzeitraum vom Basisjahr bis zum Jahr 2006.

1.2　Erläutern Sie anhand von drei Beispielen, warum die Aussagekraft des Verbraucherpreisindex eingeschränkt ist.

1.3　Im Jahr 2000 betrug die jährliche Nettolohnsumme je beschäftigten Arbeitnehmer 16.217 €. Bis zum Jahr 2006 hat sich diese Summe auf 17.661 € erhöht. Von Gewerkschaftsseite wird diese Entwicklung als eine Ursache für die schwache Binnennachfrage angesehen.
　　　Überprüfen Sie diese Einschätzung, indem Sie die prozentuale Veränderung der realen Nettolöhne für den Gesamtzeitraum 2000 bis 2006 berechnen.

2　Die Europäische Zentralbank (EZB) hat in den vergangenen Jahren die Leitzinsen mehrfach erhöht.

2.1　Nennen Sie das wirtschaftspolitische Ziel, das die EZB mit der Erhöhung der Leitzinsen verfolgt. Geben Sie an, wann dieses Ziel als erreicht gilt.

2.2　Erläutern Sie den beabsichtigten Wirkungsmechanismus der Leitzinserhöhungen.

2.3　Die Verfechter einer weichen geldpolitischen Linie kritisieren die Leitzinserhöhungen. Erläutern Sie, wie sich eine restriktive Geldpolitik der EZB auf die binnenwirtschaftlichen Ziele des „Magischen Vierecks" auswirken kann.

3　In einer modernen Volkswirtschaft treten Zentralbank und Geschäftsbanken als „Geldproduzenten" auf.

3.1　Beschreiben Sie die Geldschöpfungsmöglichkeiten der Geschäftsbanken und unterscheiden Sie diese von der Geldschöpfung der Zentralbank.

3.2 Die Geldschöpfungsmöglichkeiten der Geschäftsbanken werden unter anderem dadurch begrenzt, dass die Geschäftsbanken Mindestreserven bei der Zentralbank halten müssen. Erklären Sie, was unter Mindestreserve zu verstehen ist und inwieweit die Zentralbank durch Mindestreservepolitik geldpolitischen Einfluss ausüben kann.

4 Angenommen, für das Geschäftsbankensystem einer Volkswirtschaft gilt ein Mindestreservesatz von 2,5 %. Die Geschäftsbanken halten einheitlich eine zusätzliche Reserve in Höhe von 22,5 %. Es wird davon ausgegangen, dass alle Kredite vollständig in Anspruch genommen werden und ein vollständiger Bargeldrückfluss in das Bankensystem stattfindet. Die Kreditvergabemöglichkeit des Geschäftsbankensystems beträgt unter diesen Voraussetzungen am Ende des Geldschöpfungsprozesses 30 Mrd. €.

4.1 Berechnen Sie für diesen Fall die Überschussreserve und die Barreserve, die sich durch Einzahlung bei der ersten an der Geldschöpfung beteiligten Geschäftsbank ergaben.

4.2 Ermitteln Sie die Höhe der durch den Geldschöpfungsprozess insgesamt angefallenen Mindestreserve.

Punkte:

Frage	1.1	1.2	1.3	2.1	2.2	2.3	3.1	3.2	4.1	4.2
NP	3	3	3	2	3	3	4	3	3	3

Lösungsvorschlag

Aufgabe 5: **Geldschöpfung und Geldpolitik, auch anhand wirtschaftspolitischer Tagesfragen**

1.1 Preissteigerungsrate und Kaufkraftänderung
Prozentuale Veränderung des Preisniveaus vom Jahr 2005 auf 2006:
110,1 – 108,3 = 1,8
108,3 = 100,00 %
1,8 = **1,67 % Preisniveausteigerung**

Prozentuale Veränderung der Kaufkraft vom Basisjahr bis zum Jahr 2006:
110,1 – 100 = 10,1
110,1 = 100,00 %
10,1 = **9,17 % Kaufkraftverlust (in 6 Jahren)**

1.2 Aussagekraft des Verbraucherpreisindexes
– Problem der richtigen Auswahl der Güter, da sich die Verbrauchergewohnheiten und Güter im Zeitablauf ändern.
– Problem der Gewichtung der einzelnen Güter im Warenkorb (richtiges Wägungsschema).
– Problem, dass kein realer Haushalt dem statistischen Durchschnittshaushalt exakt entspricht.

1.3 Reallöhne
Der Reallohn betrug im Jahr 2006 ca. 16.041 € (17.661 € / 110,1 · 100)
Reallohnveränderung: 16.041 € – 16.217 € = –176 €,
das entspricht einer Reallohnsenkung um **1,09 %** .

Die Lohnempfänger konnten im Jahr 2006 mit ihrem Lohneinkommen weniger Güter kaufen als im Jahr 2000. Dies könnte eine Ursache für eine schwache Binnennachfrage sein.

2.1 Wirtschaftspolitisches Ziel der EZB
Vorrangiges Ziel der EZB ist die Stabilität des Preisniveaus.
Dieses Ziel gilt als erreicht, wenn der jährliche Anstieg des HVPI unter, aber nahe bei 2 % liegt.

2.2 Wirkungsmechanismus der Leitzinserhöhung
Leitzinserhöhungen verteuern die Refinanzierung des Bankensystems bei der Zentralbank. Diese Teuerung wird an die Geschäftskunden weitergegeben und damit wird die Kreditnachfrage gedämpft. Dies führt tendenziell zu einer Verminderung der Güternachfrage bei gleichbleibendem Angebot. Als Folge verringert sich der Preisdruck. Der Preisniveauanstieg wird vermindert.

2.3 Folgen der Leitzinserhöhung für die binnenwirtschaftlichen Ziele des magischen Vierecks
– Stabilität des Preisniveaus: Eine Politik des knappen Geldes verhindert eine inflationäre Entwicklung

– Stetiges und angemessenes Wirtschaftswachstum: Steigende Zinsen können zu einer sinkenden Investitionsneigung führen. Das kann zu einer Abschwächung des Wirtschaftswachstums führen.
– Hoher Beschäftigungsstand: Als Folge eines zu geringen Wirtschaftswachstums kann die Arbeitslosigkeit steigen.

3.1 Geldschöpfungsmöglichkeiten der Geschäftsbanken und der Zentralbank

Geldschöpfung der <u>Geschäftsbanken</u>:
– Ein Bankkunde zahlt bei seiner Bank Bargeld ein, wodurch sein Sichtguthaben erhöht wird (passive Buchgeldschöpfung).
– Die Geschäftsbank gewährt einem Kunden einen Kredit oder kauft von einem Kunden Vermögensgegenstände (aktive Buchgeldschöpfung).

Geldschöpfung der <u>Zentralbank</u>:
– Zentralbank kauft Vermögensgegenstände bei den Geschäftsbanken und bezahlt mit Zentralbankgeld (Banknoten / Guthaben bei Zentralbank) oder
– Zentralbank gewährt Kredite an Geschäftsbanken gegen Ausgabe von Zentralbankgeld (Banknoten / Guthaben bei Zentralbank).

3.2 Mindestreserve

Die Geschäftsbanken müssen einen bestimmten Prozentsatz (= Mindestreservesatz) ihrer Kundeneinlagen als Sicherheit bei der Zentralbank in Form einer Sichteinlage halten. Diese wird von der Zentralbank verzinst.

Durch Erhöhung des Mindestreservesatzes könnte die Zentralbank weiteres Zentralbankgeld blockieren (restriktive geldpolitische Maßnahme).

Durch Senkung des Mindestreservesatzes könnte die Zentralbank zusätzliches Zentralbankgeld freisetzen (expansive geldpolitische Maßnahme).

4.1 Berechnung der Überschussreserve und der Barreserve

<u>ursprüngliche Überschussreserve $Ü_1$</u>:

$$Kr = \frac{1}{r} \cdot Ü_1$$

Kr = Kreditschöpfungsmöglichkeit = 30 Mio. €;
r = Reservesatz = Mindestreservesatz 2,5 % + Barreservesatz 22,5 % = 25 % = 0,25

$$\rightarrow \frac{1}{r} = \frac{1}{0,25}$$

$Ü_1$ = ursprüngliche Überschussreserve = $Kr \cdot r$ = 30 Mio. $\cdot$ 0,25 = <u>7,5 Mio. €</u>

1. Barreserve:

ursprüngliche Überschussreserve $Ü_1$	=	7,5 Mio. € =	75 %
ursprüngliche Einlage	=	X Mio. € =	100 % = 10 Mio. €

1. Barreserve = 22,5 % von 10 Mio. € = <u>2,25 Mio. €</u>

4.2 Ermittlung der Mindestreserve

Kr = Kreditschöpfungsmöglichkeit	=	30 Mio. € =	75 %
Summe der Sichteinlagen	=	X Mio. € =	100 % = 40 Mio. €

Mindestreserve = 2,5 % von 40 Mio. € = <u>1 Mio. €</u>

AG: Unternehmensführung, Rechnungslegung, Auswertung des Jahresabschlusses

1   **Aus dem Leitbild der Wieslocher DRUMA AG:**

Unsere Unternehmung
Die DRUMA AG möchte ihre Position als weltweit führender Hersteller von Druckmaschinen langfristig kontinuierlich ausbauen.

Unsere Kunden
Die Zufriedenheit unserer Kunden steht im Mittelpunkt unserer Zielsetzungen. Wir pflegen langfristige, weltweite Kundenbeziehungen und erreichen mit hervorragenden Produkten sowie einem umfassenden Netz von Beratung und Dienstleistungen optimale Kundennähe.

Unsere Mitarbeiter
Die Basis unserer Unternehmung bilden unsere motivierten und verantwortungsbewussten Mitarbeiter. Die Kompetenz unserer Mitarbeiter fördern wir durch kontinuierliche Weiterbildung und sichern damit langfristig Arbeitsplätze. Damit erhöhen wir die Identifikation mit unserer Vision.

Unsere Prozesse
Unsere Prozesse werden laufend überprüft und nach technischen und wirtschaftlichen Maßstäben optimiert. Sämtliche Prozesse werden durch schonenden Einsatz von Ressourcen umweltverträglich gestaltet.

Unsere Zukunft
Durch den Einsatz von innovativen Lösungen und durch stetige Weiterentwicklung unserer Produkte und Dienstleistungen erreichen wir führende Positionen. Wir sind offen für neue Technologien in allen Bereichen der Druckindustrie und leisten dadurch eine gezielte Steigerung der Prozessoptimierung und Kostenreduktion. Wir halten international anerkannte Regeln guter Unternehmensführung ein. Mit allen Stakeholdern kommunizieren wir in einer offenen und angemessenen Form.

1.1   Die strategischen Unternehmensziele der AG ergeben sich aus dem Unternehmensleitbild.
Ordnen Sie diese Ziele verschiedenen Zielarten zu und bestimmen Sie, welche Zielart im Vordergrund steht.

1.2   Beschreiben Sie anhand des Unternehmensleitbilds einen Zielkonflikt und eine Zielharmonie.

1.3   Das im Unternehmensleitbild genannte Stakeholder-Konzept stellt eine Erweiterung des Shareholder-Value-Konzepts dar.
Erläutern Sie diese Aussage.

2   Für das kommende Jahr plant die DRUMA AG das Unternehmen durch Zukauf benachbarter Grundstücke und Errichtung weiterer Betriebsgebäude zu erweitern. Ein Teil des Investitionsvolumens soll aus eigenen Mitteln finanziert werden, der Rest durch einen Kredit der Hausbank. Zur Beurteilung der Kreditwürdigkeit werden entsprechende Kennzahlen aus Bilanz und G+V-Rechnung benötigt.

2.1   Ermitteln Sie für das Berichtsjahr (siehe Anlage 1, S. 3) die nachfolgend angeführten Kennzahlen. Berücksichtigen Sie dabei, dass 50 % des Jahresüberschusses als Dividende ausgeschüttet werden sollen, die Auszahlung aber noch nicht erfolgt ist.
– Eigenkapitalquote
– Liquiditätsgrad II (einzugsbedingte Liquidität)
– Anlagendeckungsgrad II

2.2   Beurteilen Sie aufgrund der ermittelten Kennzahlen die Kreditwürdigkeit der AG. Berücksichtigen Sie dabei auch die folgenden Durchschnittswerte der Branche:
Eigenkapitalquote   22 %
Liquiditätsgrad II   85 %
Anlagendeckungsgrad II   70 %

2.3   „Eine Beurteilung der Liquiditätslage nur anhand der üblichen Faustregeln ist wenig aussagekräftig."
Stellen Sie zwei Überlegungen dar, die diese Aussage stützen.

2.4   Die Höhe des Cashflows ist eine weitere Entscheidungshilfe bezüglich der Kreditgewährung.

2.4.1   Berechnen Sie anhand der Anlagen 1 und 2 (siehe S. 3) den Cashflow (vor Dividendenausschüttung) nach dem üblichen vereinfachten Verfahren.

2.4.2   Erläutern Sie, warum der Cashflow als Entscheidungshilfe für die Beurteilung der Investitionsfähigkeit und der Kreditwürdigkeit einer Unternehmung besser geeignet ist als der Jahresüberschuss allein.

3   Die Hausbank wäre auch bereit, die anstehende Investition durch ein Tilgungsdarlehen mit langfristiger Zinsbindung vollständig zu finanzieren.

3.1   Erklären Sie (ohne rechnerischen Nachweis), inwiefern diese Finanzierungsweise unter sonst unveränderten Bedingungen langfristig Auswirkungen auf den Liquiditätsgrad II und den Anlagendeckungsgrad II hätte.

3.2   Der Vorstand hält eine solche Finanzierungsweise, die zu einer Erhöhung des Verschuldungsgrades führt, für den Fall eines Konjunkturabschwungs grundsätzlich für problematisch, weil er einen negativen Leverage-Effekt befürchtet.
Erläutern Sie, unter welchen Voraussetzungen die Bedenken des Vorstandes zutreffend sind.

Punkte:

Frage	1.1	1.2	1.3	2.1	2.2	2.3	2.4.1	2.4.2	3.1	3.2
NP	3	3	2	5	3	3	2	3	3	3

Anlage 1 zu Teilaufgaben 1.1, 2.4.1: Vereinfachte Bilanzen der DRUMA AG vor Gewinnverwendung für die beiden letzten Geschäftsjahre (in Mio. €)

AKTIVA	Vor-jahr	Berichts-jahr	PASSIVA	Vor-jahr	Berichts-jahr
A. Anlagevermögen			**A. Eigenkapital**		
I. Immaterielle Ver-mögenswerte	208	211	I. Gezeichnetes Kapital	200	200
II. Sachanlagen			II. Kapitalrücklage	150	150
1. Grundstücke	435	398	III. Gewinnrücklagen		
2. Maschinen	312	320	1. gesetzl. Rücklage	10	10
3. BGA	430	416	2. and. Gewinnrückl.	698	768
III. Finanzanlagen	55	125	IV. Gewinnvortrag	1	5
			V. Jahresüberschuss	148	254
B. Umlaufvermögen					
I. Vorräte			**B. Langfr. Fremdkapital**		
1. RHB-Stoffe	360	380	1. Pensionsrückstellg.	197	172
2. unfert. Erzeugn.	290	325	2. and. Rückstellungen	345	364
3. fertige Erzeugn.	370	298	3. Verbindlichkeiten geg. Kreditinstituten	440	411
II. Forderungen			4. sonstige Verbindlk.	185	243
1. Forder. a. LuL	843	1.021			
III. Kassenbestand			**C. Kurzfristiges Fremdkapitel**		
Guth. b. Kreditinstituten	99	106	1. and. Rückstellungen	384	432
			2. Finanzverbindlich.	140	122
			3. Verbindlichk. a. LuL	228	246
			4. sonstige Verbindlk.	276	223
	3.402	3.600		3.402	3.600

Anlage 2 zu Teilaufgabe 2.4.1: Gewinn- und Verlustrechnungen der DRUMA AG für die letzten beiden Geschäftsjahre (in Mio. €)

		Vorjahr	Berichtsjahr
1.	Umsatzerlöse	3.585	3.800
2.	Bestandsveränderungen der Erzeugnisse	+ 44	+ 58
3.	andere aktivierte Eigenleistungen	52	60
4.	sonstige betriebliche Erträge	241	244
5.	Materialaufwand	1.600	1.614
6.	Personalaufwand	1.096	1.163
7.	Abschreibungen auf immaterielle Vermögensgegenstände und Sachanlagen	134	129
8.	sonstige betriebliche Aufwendungen	813	796
9.	Finanzerträge	41	20
10.	Finanzaufwendungen	88	83
11.	Finanzergebnis	– 47	– 63
12.	**Ergebnis vor Steuern**	**232**	**397**
13.	Steuern vom Einkommen und vom Ertrag	84	143
14.	**Jahresüberschuss**	**148**	**254**

Lösungsvorschlag

**Aufgabe 1: AG: Unternehmensführung, Rechnungslegung,
Auswertung des Jahresabschlusses**

1.1 Zielarten
Ökonomische Ziele:
Erweiterung der weltweiten Marktanteile, hohe Kundenzufriedenheit, hoher Qualitätsstandard der Produkte, Prozessoptimierung, Kostenreduktion.
Diese Ziele wirken sich auf das Oberziel der Gewinnmaximierung aus und stehen im Vordergrund der Unternehmensführung bei der DRUMA AG.

Ökologische Ziele:
Schonender Einsatz von Ressourcen, umweltverträgliche Prozessgestaltung

Soziale Ziele:
Sicherung von Arbeitsplätzen, Motivation der Mitarbeiter

1.2 Zielkonflikt und Zielharmonie
Möglicher Zielkonflikt, z. B. „Kostenreduktion" und „Sicherung von Arbeitsplätzen":
Löhne und Gehälter stellen einen großen Kostenfaktor dar. Auf der Suche nach Möglichkeiten der Kosteneinsparung liegen daher auch Rationalisierungen bei den Arbeitsplätzen nahe.

Mögliche Zielharmonie, z. B. „hohe Qualitätsstandards" und „hohe Kundenzufriedenheit":
Eine gleichbleibend hohe Qualität vermeidet Kundenreklamationen, ein Indiz für eine hohe Zufriedenheit der Kunden.

1.3 Shareholder-Value- und Stakeholder-Konzept
Beim Shareholder-Value-Konzept stehen bei der Formulierung der Unternehmensziele die Interessen der Kapitaleigner (z. B. Kurssteigerung, Gewinnmaximierung, hohe Rendite) im Vordergrund.
Beim Stakeholder-Konzept werden neben den Interessen der Kapitaleigner auch die Interessen anderer Anspruchsgruppen (Kunden, Mitarbeiter, Lieferanten, Gewerkschaften, Öffentlichkeit usw.) berücksichtigt.

2.1 EK-Quote, Liquiditätsgrad II, Anlagendeckungsgrad II

$$\text{Eigenkapitalquote} = \frac{\text{Eigenkapital*} \cdot 100}{\text{Gesamtkapital}} = \frac{1.260 \text{ €} \cdot 100 \text{ \%}}{3.600 \text{ €}} = \underline{\underline{35 \text{ \%}}}$$

NR:*   Eigenkapital (in Mio. €): $200 + 150 + 10 + 768 + 5 + \mathbf{127} = 1.260$
        (50 % des Jahresüberschusses, die nicht ausgeschüttet werden, gehören zum Eigenkapital.)

$$\text{Liquiditätsgrad II} = \frac{(\text{liquide Mittel} + \text{Forderungen}) \cdot 100}{\text{kurzfristige Verbindlichkeiten**}} = \frac{1.127 \text{ €} \cdot 100 \text{ \%}}{1.150 \text{ €}} = \underline{\underline{98 \text{ \%}}}$$

NR:**   kurzfr. Verbindl. (in Mio. €): $432 + 122 + 246 + 223 + \mathbf{127} = 1.150$
        (50 % des Jahresüberschusses, die als Dividende ausbezahlt wurden, stellen kurzfristige Verbindlichkeiten dar.)

Anlagendeckungsgrad II

$$= \frac{(\text{EK} + \text{langfr. FK}) \cdot 100}{\text{Anlagevermögen}} = \frac{(1.260 \, € + 1.190 \, €) \cdot 100 \, \%}{1.470 \, €} = 166\frac{2}{3} \, \%$$

2.2 Beurteilung der Kennzahlen

Im Vergleich zur Branche hat die DRUMA AG eine hohe EK-Quote. Dies spricht für eine hohe finanzielle Unabhängigkeit und Krisensicherheit des Unternehmens.

Der Liquiditätsgrad II liegt über dem Branchendurchschnitt und erfüllt in etwa die Faustregel (100 %).

Der Anlagendeckungsgrad II übertrifft die Vorgabe der „goldenen Bilanzregel" (mindestens 100 %) bei Weitem und liegt deutlich über dem Branchendurchschnitt.

Aufgrund der ermittelten Werte und im Branchenvergleich ist die DRUMA AG als kreditwürdig einzustufen.

2.3 Kritik an der Faustregel für den Liquiditätsgrad

Eine Beurteilung der Liquiditätslage nur anhand der üblichen Faustregeln (100 %) ist wenig aussagefähig, da
– der Liquiditätsgrad am Bilanzstichtag ermittelt wird, d. h. auch nur die Zahlungsfähigkeit des Unternehmens an diesem Tag beurteilt wird. Laufende Zahlungsverpflichtungen wie z. B. für Miete, Löhne und Gehälter sowie Fälligkeitstermine für Verbindlichkeiten nach dem Bilanzstichtag werden nicht berücksichtigt.
– eventuell vorhandene stille Reserven kurzfristig aufgelöst werden können und somit die Liquiditätslage verbessern.

Eine Aussage über die zukünftige Liquiditätslage des Unternehmens ist kaum möglich.

2.4.1 Berechnung des Cashflow

Jahresüberschuss	254 Mio. €
+ Abschreibung	129 Mio. €
+ Erhöhung der sonst. langfristigen Rückstellungen	19 Mio. €
– Verminderung der Pensionsrückstellungen	25 Mio. €
= Cashflow	377 Mio. €

Hinweis: Die Pensionsrückstellungen werden nur berücksichtigt, wenn sie erfolgswirksam aufgelöst wurden, d. h. die 25 Mio. € nicht als Pensionen ausbezahlt wurden.

2.4.2 Cashflow vs. Jahresüberschuss

Bei der Ermittlung des Jahresüberschusses werden nicht auszahlungswirksame Aufwendungen (z. B. Abschreibungen, Zuführungen zu langfristigen Rückstellungen) und nicht einzahlungswirksame Erträge (z. B. Bestanderhöhungen) einbezogen. Dies kann zu Fehlschlüssen in Bezug auf den Zahlungsmittelüberschuss, der für Investitionszwecke und zur Kredittilgung zur Verfügung steht, führen.
Zudem ist der Jahresüberschuss im Gegensatz zum Cashflow durch die gegebenen bilanzpolitischen Bewertungsspielräume z. B. im Bereich der Abschreibungen beeinflussbar.

3.1 Auswirkungen eines langfristigen Darlehens auf die Liquidität bzw. Anlagendeckung

Langfristig sinkt der
– Liquiditätsgrad II, weil unter sonst unveränderten Bedingungen durch Zinszahlung und Tilgung die Barmittel und das Bankguthaben verringert werden,

- Anlagendeckungsgrad II, weil unter sonst unveränderten Bedingungen durch Tilgung das langfristige Fremdkapital und somit der Zähler der Kennzahl stärker sinkt als das Anlagevermögen durch die Abschreibung des Betriebsgebäudes im Nenner.

3.2 Negativer Leverage-Effekt

Die Befürchtung des Vorstandes kann zutreffen, wenn im konjunkturellen Abschwung aufgrund geringerer Umsatzerlöse der Jahresüberschuss sinkt und dadurch die Gesamtkapitalrentabilität unter den Fremdkapitalzins fällt. In einem solchen Fall verringert sich die Eigenkapitalrentabilität durch die Erhöhung des Verschuldungsgrades. Dies entspricht dem negativen Leverage-Effekt.

Vollkostenrechnung, Kostenanalyse, Deckungsbeitragsrechnung, Prozesskostenrechnung

Der Saunahersteller Wellworld GmbH, Spezialist für Standard- und Deluxe-Produkte, hat durch die boomenden Do-it-yourself-Bausätze der Baumärkte immer größere Absatzschwierig-keiten. Vor allem in den unteren Preissegmenten fallen immer mehr Marktanteile an andere Anbieter.
Zufriedenstellend ist derzeit noch der Absatz des Modells „Home", das als einziges Produkt im Stammwerk hergestellt wird. Der Listenverkaufspreis für diesen Typ beträgt 4.800 €.
Aufgrund des wachsenden Konkurrenzdrucks müssen auf diesen Preis jeweils Rabatt und Skonto gewährt werden.

1   Im vergangenen Monat wurden 272 Stück des Modells „Home" mit Gesamtkosten von 1.088.000 € produziert. Dabei fielen 549.440 € Fixkosten an.

1.1   Berechnen Sie den Gewinn pro Sauna für den vergangenen Monat in € und in %, wenn 3 % Kundenskonto und 5 % Kundenrabatt in Anspruch genommen werden.

1.2   Die Unternehmung befürchtet bei rückläufigem Absatz des Modells „Home" dessen Kosten nicht mehr decken zu können. Berechnen Sie unter Berücksichtigung der Lösung aus 1.1 die Menge von Modell „Home", die mindestens produziert und abge-setzt werden müsste, um Verluste zu vermeiden.

1.3   Laut Beschluss der Geschäftsleitung bleiben im Gesamtunternehmen lediglich solche Erzeugnisse im Produktions- und Absatzprogramm, die eine Mindestumsatzrentabilität von 5 % liefern. Ein Mitarbeiter aus dem Bereich Controlling äußert Zweifel, ob es sinnvoll ist, für einzelne Produkte eine solche Umsatzrentabilität zu bestimmen, um daraus Sortimentsentscheidungen abzuleiten.

        Nehmen Sie zu der Ansicht des Mitarbeiters mit zwei Argumenten Stellung.

2   Das Zweigwerk I fertigt ausschließlich das Einsteigermodell „Classic". Es wird bisher mit einem Barverkaufspreis von 3.000 € angeboten. Vom Vormonat liegen folgende Zahlen vor: Absatzmenge 600 Stück, variable Stückkosten 1.800 €, Fixkostenanteil je Stück 1.180 €. Die Geschäftsleitung beschließt, durch preispolitische Maßnahmen den Absatz zu beleben.
        Für den laufenden Monat soll der Preis den Selbstkosten des Vormonats entsprechen.
        Die Marketingabteilung erwartet dadurch eine Produktions- und Absatzsteigerung auf 680 Stück je Monat.

2.1   Vergleichen Sie mit Hilfe einer Deckungsbeitragsrechnung das Betriebsergebnis des Vormonats mit dem zu erwartenden Ergebnis des laufenden Monats und erläutern Sie, wie die Differenz zustande kommt.

2.2   Die Marketingabteilung befürchtet, dass der Marktzutritt osteuropäischer Wettbewer-ber das Unternehmen zu weiteren Preissenkungen zwingen könnte.
        Deshalb soll der Stückpreis für das Modell „Classic" langfristig so weit gesenkt wer-den, dass bei einer Menge von 800 Stück und unveränderten Fixkosten gerade noch eine volle Kostendeckung erreicht wird.
        Ermitteln Sie den Preissenkungsspielraum in € im Vergleich zum Preis des laufenden Monats.

2.3 Die Unternehmensleitung erwägt das Modell „Classic" nicht mehr selbst herzustellen, um die freigewordenen Kapazitäten verstärkt im wachsenden Premiumbereich zu nutzen. Um den bisherigen Kundenkreis weiterhin beliefern zu können, wird die Alternative Fremdbezug erwogen. Ein anderer Hersteller bietet uns das Modell „Classic" zu einem Bezugspreis von 2.550 € an.

2.3.1 Weisen Sie nach, ob und gegebenenfalls bis zu welcher Produktionsmenge der Fremdbezug kostengünstiger ist bei
– langfristiger Betrachtungsweise
– kurzfristiger Betrachtungsweise.

2.3.2 Erläutern Sie zwei Probleme, die bei Fremdbezug der Saunen auftreten können.

3 Im Zuge des Wellnessbooms werden aus dem Hotelbereich neben den Standardsaunen (Typ A) immer mehr individuell gefertigte Saunen (Typ B) nachgefragt. Beide Typen werden ausschließlich im Zweigwerk II hergestellt. Die Preise für beide Typen wurden in letzter Zeit aus Kostengründen mehrfach erhöht.
Um den Kundenwünschen gerecht zu werden, musste in der Hilfskostenstelle Arbeitsvorbereitung (AV) die Mitarbeiterzahl im letzten Jahr auf 10 erhöht werden. Die Kosten der AV werden bisher im BAB auf die Fertigungshauptstellen I und II umgelegt.
Unsere Außendienstmitarbeiter berichten nun, dass es in der letzten Zeit immer schwieriger sei, die Standardsaunen (Typ A) für den Hotelbereich zu den höheren Preisen zu verkaufen. Dagegen wären unsere individuell geplanten Saunen (Typ B) des oberen Preissegments preislich attraktiv.
Ein Controller erhält deshalb den Auftrag, die Kostensituation in der Hilfskostenstelle AV und den Fertigungshauptkostenstellen zu untersuchen. Für den Monat Februar 2009 ermittelt er folgende Zahlenwerte:

Fertigungslöhne in der Fertigungshauptkostenstelle I (individuelle Saunen, Typ B)	120.000 €
Fertigungslöhne in der Fertigungshauptkostenstelle II (Standardsaunen, Typ A)	90.000 €
Gemeinkosten der Fertigungshauptkostenstelle I (vor Umlage)	288.000 €
Gemeinkosten der Fertigungshauptkostenstelle II (vor Umlage)	225.000 €
Gemeinkosten der Hilfskostenstelle AV (Aufteilung auf die Fertigungshauptkostenstellen im Verhältnis 3:2)	48.000 €

Der Controller schlägt vor, die Kosten der AV prozessorientiert zu verrechnen.
Die für die Prozesskostenrechnung relevanten Daten der Abteilung AV sind der Anlage zu Teilaufgabe 3.2 auf S. 9 zu entnehmen. Alle Personen in der AV verursachen gleich hohe Kosten je Monat. Außer den Personalkosten fallen in der Abteilung AV keine weiteren Gemeinkosten an.

3.1 Berechnen Sie nach der traditionellen Zuschlagskalkulation die **Fertigungs**kosten für eine individuell gefertigte Sauna (Typ B). Die Fertigungslöhne betragen 1.500 €/ Stück.

3.2 Ermitteln Sie für die Teilprozesse die jeweiligen Prozesskostensätze in €. Verwenden Sie dazu die Anlage zu Teilaufgabe 3.2 auf S. 9.

3.3 Ermitteln Sie die **Fertigungs**kosten für das individuelle Saunamodell (Typ B) bei prozessorientierter Verrechnung der Kosten der Arbeitsvorbereitung. Für die Fertigung dieser individuell geplanten Sauna ist jeder Teilprozess ein Mal durchzuführen.

Hinweis: Eine Zusammenfassung der Teilprozesse zu einem Hauptprozess ist nicht vorzunehmen.

3.4 Analysieren Sie für die individuelle Sauna (Typ B) die Abweichung zur traditionellen Zuschlagskalkulation (vgl. 3.1) und begründen Sie anhand dieser den Vorteil der Prozesskostenrechnung.

Punkte:

Frage	1.1	1.2	1.3	2.1	2.2	2.3.1	2.3.2	3.1	3.2	3.3	3.4
NP	3	3	3	3	2	3	2	2	4	2	3

Anlage zu Teilaufgabe 3.2: Prozesskostenrechnung

Teil-prozess	Typ*	Kosten-treiber	Arbeits-zeitbean-spruchung (in Mann-monaten)	Pro-zess-menge	Gesamt-kosten je Teil-prozess (€)	Teilpro-zess-kosten lmi (€)	Teilpro-zess-kosten lmn (€)	Pro-zess-kosten-satz (€)
Neukon-struktion	lmi	Anzahl Neukon-struktionen	4	40	19.200			
Arbeits-plan-änderung	lmi	Anzahl Arbeits-planände-rungen	2	40	9.600			
Material-disposition	lmi	Anzahl Aufträge	1	100	4.800			
Termin-planung	lmi	Anzahl Saunen	1	200	4.800			
(Summe lmi)	–				38.400			
Abteilung leiten	lmn		2		9.600			
(Summe lmi + lmn)	–				48.000			

* lmi = leistungsmengeninduziert
* lmn = leistungsmengenneutral

Lösungsvorschlag

Aufgabe 2: **Vollkostenrechnung, Kostenanalyse, Deckungsbeitragsrechnung, Prozesskostenrechnung**

1.1 Differenzkalkulation zur Berechnung des Gewinns
Selbstkosten/Stück = 1.088.000 € /272 Stück = 4.000 €

Selbstkosten	4.000,00 €
+ Gewinn	**423,20 €**
= Barverkaufspreis	4.423,20 €
+ 3 % Kundenskonto	136,80 €
= Zielverkaufspreis	4.560,00 €
+ 5 % Kundenrabatt	240,00 €
= Listenverkaufspreis	4.800,00 €

$$\text{Gewinn in } \% = \frac{423,20\ € \cdot 100\ \%}{4.000\ €} = \underline{\underline{10,58\ \%}}$$

1.2 Break-even-Point
$$E(x) = K(x) = k_v \cdot x + K_{fix}$$
$$k_v = \frac{K - K_{fix}}{\text{Stückzahl}} = \frac{1.088.000\ € - 549.440\ €}{272} = 1.980\ €$$
$$4.423,20 \cdot x = 1.980 \cdot x + 549.440$$
$$x = 224,89$$
$$x = \underline{\underline{225\ \text{Stück}}}$$

1.3 Sortimentsentscheidung
Eine Sortimentsentscheidung lediglich aufgrund der Umsatzrentabilität einzelner Produkte zu treffen, ist nicht sinnvoll, weil
– durch die Eliminierung der Produkte mit geringer Umsatzrentabilität die Fixkosten zumindest kurzfristig von anderen Produkten mitgetragen werden müssen. Solange ein Produkt einen positiven Deckungsbeitrag hat, trägt es zur Verbesserung der Gewinnsituation bei;
– bei Existenz von Sortimentsverbünden auch Produkte mit höherer Umsatzrentabilität durch das Ausscheiden von Produkten mit nicht ausreichender Umsatzrentabilität Absatzverluste erleiden.

2.1 Deckungsbeitragsrechnung
Vormonat:

Erlöse (600 · 3.000 €)	1.800.000 €
– variable Kosten (600 · 1.800 €)	1.080.000 €
= Deckungsbeitrag	720.000 €
– Fixkosten (600 · 1.180 €)	708.000 €
= Betriebsergebnis Zweigwerk I	12.000 €

Laufender Monat:

Erlöse ($680 \cdot (1.800 \, € + 1.180 \, €)$)	$2.026.400 \, €$
− variable Kosten ($680 \cdot 1.800 \, €$)	$1.224.000 \, €$
= Deckungsbeitrag	$802.400 \, €$
− Fixkosten (konstant)	$708.000 \, €$
= Betriebsergebnis Zweigwerk I	$\underline{\underline{94.400 \, €}}$

Das Betriebsergebnis erhöht sich um $82.400 \, €$. Ursache ist die Erhöhung der Erlöse bei gleichbleibenden Fixkosten. Aufgrund der mit der erhöhten Produktionsmenge einhergehenden Fixkostendegression ist die Minderung der Fixkosten/Stück stärker als die Preissenkung/Stück.

2.2 Langfristige Preisuntergrenze

Langfristige Preisuntergrenze = Stückkosten$_{neu}$

$$\text{Preis}_{neu} = \frac{K_{fix}}{x} + k_v = \frac{708.000}{800} + 1.800 = 2.685 \, €/\text{Stück}$$

Preissenkungsspielraum $= 2.980 \, €^* - 2.685 \, € = 295 \, €$

* alter Preis = Selbstkosten des Vormonats $= 1.800 \, € + 1.180 \, € = 2.980 \, €$

2.3.1 Entscheidung über Fremdbezug

− Langfristige Betrachtung: Entscheidungsrelevant sind <u>alle Kosten</u>.
 Berechnung der kritischen Menge:

$$E(x) = k_v(x) + K_{fix}$$

$$2.550 \cdot x = 1.800 \cdot x + 708.000$$

$$x = \underline{944 \text{ Stück}}$$

Bei gegebenem Bezugspreis ist der Fremdbezug kostengünstiger, wenn die Absatzmenge weniger als 944 Stück beträgt.

− Kurzfristige Betrachtung: Entscheidungsrelevant sind nur die <u>variablen Kosten</u>. Da der Bezugspreis oberhalb der eigenen variablen Stückkosten liegt, ist ein Fremdbezug bei keiner Absatzmenge lohnend.

2.3.2 Probleme bei Fremdbezug

− Lieferungsverzögerungen infolge eines Streiks beim Zulieferer usw.
− Qualitätssicherung erfordert zusätzliche Kontrollmaßnahmen

3.1 Ermittlung der Fertigungskosten durch Zuschlagskalkulation

$$\text{FGKZ I}_{bisher} = \frac{(288.000 \, € + 28.800 \, €^*) \cdot 100 \, \%}{120.000 \, €} = 264 \, \%$$

* Umlageanteil der Hilfskostenstelle $AV = \dfrac{48.000 \, € \cdot 3}{5} = 28.800 \, €$

Fertigungslöhne I	$1.500 \, €$
+ 264 % Fertigungsgemeinkosten I	$3.960 \, €$
= Fertigungskosten I	$\underline{\underline{5.460 \, €}}$

3.2 Prozesskostensätze

Teilprozess	Typ	Kosten-treiber	Arbeits-zeitbean-spruchung (in Mann-monaten)	Pro-zess-menge	Gesamt-kosten je Teil-prozess (€)	Teilpro-zess-kosten lmi (€)*	Teilpro-zess-kosten lmn (€)**	Pro-zess-kosten-satz (€)
Neukon-struktion	lmi	Anzahl Neukon-struktionen	4	40	19.200	**480**	**120**	**600**
Arbeitsplan-änderung	lmi	Anzahl Arbeits-planände-rungen	2	40	9.600	**240**	**60**	**300**
Material-disposition	lmi	Anzahl Aufträge	1	100	4.800	**48**	**12**	**60**
Termin-planung	lmi	Anzahl Saunen	1	200	4.800	**24**	**6**	**30**
(Summe lmi)	–		(8)		38.400			
Abteilung leiten	lmn		2		9.600			
(Summe lmi + lmn)	–		(10)		48.000			

* Teilprozesskosten lmi = Gesamtkosten je Teilprozess/Prozessmenge

** Teilprozesskosten lmn = Teilprozesskosten lmi · Umlagesatz lmn

$$\text{Umlagesatz} = \frac{9.600 \, € \cdot 100 \, \%}{38.400 \, €} = 25 \, \%$$

3.3 Ermittlung der Fertigungskosten prozessorientiert

$$\text{FGKZ } I_{neu} = \frac{288.000 \, € \cdot 100 \, \%}{120.000 \, €} = 240 \, \%$$

Fertigungslöhne I	1.500 €
+ 240 % Fertigungsgemeinkosten I	3.600 €
+ Prozesskosten Neukonstruktion	600 €
+ Prozesskosten Arbeitsplanänderung	300 €
+ Prozesskosten Materialdisposition	60 €
+ Prozesskosten Terminplanung	30 €
= Fertigungskosten I	6.090 €

3.4 Vorteil Prozesskostenrechnung

$$\text{FK}_{Prozess} - \text{FK}_{traditionell} = 6.090 \, € - 5.460 \, € = 630 \, € \text{ Abweichung}$$

Die traditionelle Zuschlagskalkulation rechnet dem Produkt „individuelle Sauna" (Typ B) 630 € zu wenig Gemeinkosten zu, wodurch es zu einer Kostenunterdeckung kommt.

Die Prozesskostenrechnung vermeidet diesen Fehler, indem sie die Gemeinkosten ver-ursachungsgerechter zuordnet. Eine Quersubventionierung durch das einfachere und da-mit kostengünstigere Produkt „Standardsauna" (Typ A) wird so weitgehend vermieden.

Personenunternehmen: Rechtsfragen, Gewinnverwendung, Vergleich mit Kapitalgesellschaften

Der Goldschmied Patrick Braun stellt in seinem Einzelunternehmen Edelschmied e. K. mit Hilfe moderner CNC-Technik hochwertigen Edelstahlschmuck her. Das reduzierte Design der Schmuckstücke, kombiniert mit traditionellen Materialien wie Gold und Diamanten, findet weltweit immer mehr Anhänger. Braun beschließt daher, seinen Betrieb zu erweitern und eine Ladenkette aufzubauen. Die bisherige Einzelunternehmung soll dazu in eine Personengesellschaft in Form der KG umgewandelt werden.

Diplom-Kaufmann Andreas Müller möchte in das Unternehmen seines Freundes Patrick Braun einsteigen und ihn mit seinem betriebswirtschaftlichen Know-how unterstützen. Außerdem stellt er ein Grundstück mit Gebäude zur Verfügung, in dem die kaufmännische Verwaltung sowie die neuen Präsentations- und Verkaufsräume untergebracht werden sollen. Um den zusätzlichen Kapitalbedarf zu decken, überzeugt Patrick Braun seine ältere Schwester Beate Weiß, sich finanziell zu beteiligen. Die künftigen Geschäftspartner entwerfen folgenden Gesellschaftsvertrag:

Auszug aus dem Gesellschaftsvertrag:

§ 1 Firma und Beginn der Gesellschaft
  (1) Das Unternehmen wird unter der Firma „Edelschmied KG" geführt.
  (2) Beginn der Gesellschaft ist der 01. 01. 2008.
  (3) Das Geschäftsjahr entspricht dem Kalenderjahr.

§ 3 Gesellschafter und Einlagen
  (1) Persönlich haftende Gesellschafter sind Patrick Braun und Andreas Müller, Kommanditistin ist Beate Weiß.
  (2) Patrick Braun bringt sein bisheriges Einzelunternehmen im Gesamtwert von 550.000 € zum Geschäftsbeginn ein.
  (3) Andreas Müller bringt ein Grundstück mit Gebäude im Wert von 370.000 € zum Geschäftsbeginn ein.
  (4) Beate Weiß beteiligt sich mit einer Bareinlage von 200.000 €; 120.000 € sind bei Geschäftsbeginn zur Zahlung fällig, der Rest ist bis zum 30. 06. 2008 einzuzahlen.

§ 4 Geschäftsführung und Vertretung
  Bezüglich Geschäftsführung und Vertretung gelten die gesetzlichen Bestimmungen.

§ 6 Haftung
  Andreas Müller und Beate Weiß haften nicht für die bisherigen Verbindlichkeiten der Einzelunternehmung „Edelschmied e. K.".

§ 7 Gewinn- und Verlustbeteiligung
  (1) Die Komplementäre erhalten vorab eine Tätigkeitsvergütung von je 4.000 € monatlich, die jeweils am Monatsanfang ausbezahlt wird.
  (2) Vom erzielten Jahresgewinn erhält jeder Gesellschafter eine Verzinsung seines zu Beginn des Geschäftsjahres eingebrachten Kapitals gemäß der gesetzlichen Regelung des HGB. Am verbleibenden Jahresgewinn sowie am Verlust sind die Gesellschafter Braun, Müller und Weiß im Verhältnis 3:3:1 beteiligt.

Die zum Geschäftsbeginn fälligen Leistungen werden vertragsgemäß erbracht. Die Edelschmied KG wird am 14.01.2008 ins Handelsregister eingetragen. Dabei werden auch alle Vereinbarungen des Gesellschaftsvertrages, soweit sie für ihr Wirksamwerden gegenüber Dritten der Eintragung bedürfen, berücksichtigt. Die Veröffentlichung erfolgt acht Tage später.

1 Nennen Sie vier Gründe, die Patrick Braun bewogen haben könnten, die Einzelunternehmung in eine Personengesellschaft umzuwandeln.

2 Gemäß HGB gilt im Innenverhältnis weitgehend nachgiebiges Recht (= Vereinbarungen gemäß Gesellschaftsvertrag), im Außenverhältnis hingegen zwingendes Recht (= Gesetzesbestimmungen).

   Erläutern und begründen Sie diese unterschiedliche Regelung.

3 Der Hersteller einer im März 2008 bestellten und gelieferten CNC-Maschine verlangt von der vermögenden Beate Weiß die Begleichung der fälligen Rechnung in Höhe von 95.000 €.

   Begründen Sie, ob und gegebenenfalls in welcher Höhe Weiß zahlen muss.

4 Patrick Braun will eine größere Menge Edelmetall für 50.000 € erwerben. Beate Weiß und Andreas Müller sind der Meinung, dass der Kaufpreis stark überteuert ist und sind gegen den Kauf. Patrick Braun schließt den Kaufvertrag trotzdem ab.

   Beurteilen Sie die Rechtslage im Innen- und Außenverhältnis.

5 Am Ende des ersten Geschäftsjahres (31.12.2008) beträgt der Gewinn der KG 256.600 €, der wie folgt verteilt wird:

(Werte in €)	Komplementär Braun	Komplementär Müller	Kommanditistin Weiß	insgesamt
Jahresgewinn				256.600
Tätigkeits-vergütung	48.000	48.000	–	96.000
Verzinsung 4 % des Jah-resanfangs-kapitals	22.000	14.800	4.800	41.600
Restgewinn				119.000
Restgewinn-anteil 3 : 3 : 1	51.000	51.000	17.000	119.000
gesamter Gewinnanteil	121.000	113.800	21.800	256.600

5.1 Begründen Sie, welche Zwecke mit der in § 7 Abs. 2 des Gesellschaftsvertrags dargestellten Regelung verfolgt werden.

5.2 Prüfen Sie, inwieweit die einzelnen Gesellschafter nach Verteilung des Jahresgewinns 2008 zur offenen Selbstfinanzierung des Unternehmens beigetragen haben, wenn die Komplementäre in diesem Geschäftsjahr nur ihre Tätigkeitsvergütung entnehmen und die ausstehende Einlage der Kommanditistin bis zum Ende des ersten Geschäftsjahres noch nicht geleistet ist.

5.3 Erörtern Sie die Bedeutung der offenen Selbstfinanzierung für die Edelschmied KG.

6 Prüfen Sie, ob der Komplementär Andreas Müller nachfolgende Vorhaben ohne Zustimmung der anderen Gesellschafter durchführen kann.

6.1 Müller beabsichtigt, auf dem noch nicht bebauten Teil seines eingebrachten Grundstücks ein Privathaus für seine Familie zu errichten. Hierzu will er diesen Grundstücksteil aus dem Vermögen der KG entnehmen.

6.2 Andreas Müller möchte sich als Kommanditist beim Goldschmuckhersteller Schwarz & Söhne KG beteiligen.

7 Nach wiederholten familiären Differenzen zwischen den Geschwistern Patrick und Beate beschließt Beate Weiß, zum 31. 12. 2009 aus der KG auszutreten. Sie fordert für ihren Kommanditanteil mindestens 250.000 €.

7.1 Erörtern Sie zwei Probleme, die sich durch den Austritt von Beate Weiß für die KG ergeben können.

Begründen Sie mit einem betriebswirtschaftlichen Argument die Höhe der Forderung von Frau Weiß.

7.2 Braun und Müller diskutieren die Weiterführung des Unternehmens als Kapitalgesellschaft.

Erläutern Sie drei Gründe, die im Vergleich zur bisherigen KG für die Rechtsform der GmbH sprechen.

7.3 Braun und Müller entscheiden sich für die Rechtsform der GmbH & Co. KG.

Begründen Sie, wie die neue Gesellschaft aufgebaut sein muss, damit auch in Zukunft ausschließlich die beiden bisherigen Komplementäre die Geschäftspolitik ihres Unternehmens alleine bestimmen können.

Punkte:

Frage	1	2	3	4	5.1	5.2	5.3	6.1	6.2	7.1	7.2	7.3
NP	2	3	2	3	2	3	3	2	2	3	3	2

===

Lösungsvorschlag

Aufgabe 3: Personenunternehmen: Rechtsfragen, Gewinnverwendung, Vergleich mit Kapitalgesellschaften

1 Vorteile einer Personengesellschaft
– Das unternehmerische Risiko wird auf mehrere Teilhaber aufgeteilt.
– Durch die Aufnahme weiterer Gesellschafter ist die Beschaffung von zusätzlichem Eigenkapital möglich.
– Durch die breitere Haftungsbasis entsteht eine größere Kreditwürdigkeit.

– Die Leitungsfunktion kann auf mehrere Vollhafter aufgeteilt werden und somit kann eine Überlastung eines Einzelnen vermieden werden.

2 Unterscheidung Innen- und Außenverhältnis

<u>Innenverhältnis</u>: nachgiebiges Recht
– Die Verhältnisse zwischen den Gesellschaftern können sehr verschiedenartig sein; daher sollten die Beteiligten ihre Beziehung untereinander frei regeln können (Vertragsfreiheit).
– Außenstehende können durch interne Vereinbarungen (z. B. zur Gewinnverteilung, Mitarbeit) nicht geschädigt werden.

<u>Außenverhältnis</u>: zwingendes Recht
– Ein Vertragspartner muss sich darauf verlassen können, dass ein vertretungsberechtigter Gesellschafter die Vertretungsmacht in vollem Umfang besitzt („Schutz Dritter"). Intern geregelte Abweichungen sind Außenstehenden i. d. R. nicht bekannt. Zulässige Abweichungen vom Regelfall (z. B. Gesamtvertretung) müssen ins Handelsregister eingetragen und bekannt gemacht werden.
– Die Haftung der Gesellschafter ist streng geregelt und kann nur in gesetzlich genau geregelten Ausnahmefällen (z. B. § 28 HGB) eingeschränkt werden.

3 Haftung eines Kommanditisten

Da Beate Weiß ihre vereinbarte Kapitaleinlage noch nicht voll geleistet hat, haftet sie gemäß § 171 Abs. 1 HGB den Gesellschaftsgläubigern mit dem noch ausstehenden Betrag unmittelbar, d. h. der Gläubiger kann von ihr 80.000 € verlangen. Die restlichen 15.000 € muss er gegenüber der KG bzw. den Komplementären geltend machen.

4 Geschäftsführung und Vertretung bei der KG

Laut Gesellschaftsvertrag gelten die gesetzlichen Geschäftsführungs- und Vertretungsregelungen, d. h. Komplementär Braun hat Einzelgeschäftsführungs- und Einzelvertretungsmacht (§§ 115 Abs. 1 und 125 Abs. 1 HGB).
Wegen der unbeschränkten Einzelvertretungsmacht von Braun ist der Kaufvertrag für die KG rechtlich bindend.
Obwohl es sich um ein gewöhnliches Rechtsgeschäft handelt, durfte Braun den Kaufvertrag wegen des Einspruchs des geschäftsführenden Vollhafters Müller nicht abschließen (im Innenverhältnis (§ 115 I HGB). Kommanditistin Weiß steht nur bei außergewöhnlichen Rechtsgeschäften ein Widerspruchsrecht zu (§ 164 HGB). Den übrigen Gesellschaftern stehen im Schadensfall Ersatzansprüche gegen Braun wegen Pflichtverletzung zu.

5.1 Gewinnverteilung KG

– Durch die gleichmäßige Verzinsung (4 %) wird die Höhe des zu Geschäftsbeginn eingesetzten Kapitals der einzelnen Gesellschafter berücksichtigt. Gesellschafter, die ihre Leistungen möglichst frühzeitig erbringen, sollen begünstigt werden.
– Das HGB verlangt die Verteilung des Restgewinns in einem „angemessenen Verhältnis". Diese Vorgabe wird hier präzisiert durch das Verhältnis 3 : 3 : 1, welches die unterschiedliche Arbeitsleistung (Geschäftsführung und Vertretung, neben der Tätigkeitsvergütung) und Risikoübernahme (unbeschränkte Haftung der Komplementäre) der Gesellschafter berücksichtigt. Eventuelle Streitigkeiten aufgrund der unpräzisen Regelung im HGB werden vermieden.

5.2 Offene Selbstfinanzierung KG

Beitrag zur offenen Selbstfinanzierung:
– Braun: Gesamter Gewinnanteil – Tätigkeitsvergütung (Privatentnahme)
= 121.000 € – 48.000 € = 73.000 €
– Müller: Gesamter Gewinnanteil – Tätigkeitsvergütung (Privatentnahme)
= 113.800 € – 48.000 € = 65.800 €
– Weiß: Wegen der fälligen ausstehenden Einlage von 80.000 € hat die KG einen Aufrechnungsanspruch gegenüber der Kommanditistin. Sie trägt deshalb mit ihrem gesamten Gewinnanteil von 21.800 € zur offenen Selbstfinanzierung bei (§ 167 Abs. 2 HGB).

5.3 Bedeutung der offenen Selbstfinanzierung

Erwirtschaftete Gewinne werden nicht ausgeschüttet, sondern erhöhen das Eigenkapital der Gesellschaft. Das Kapital steht dem Unternehmen langfristig und zinslos zur Verfügung. Durch die breitere Eigenkapitalbasis ergibt sich außerdem eine höhere Kreditwürdigkeit gegenüber Banken und Lieferanten. Der Verzicht auf Gewinnauszahlung schont zudem die Liquidität des Unternehmens.

6.1 Entnahmen aus dem Vermögen der KG

Das eingebrachte Grundstück wurde zum gemeinschaftlichen Vermögen (Gesamthandvermögen) aller Gesellschafter (§ 105 Abs. 3 HGB i. V. m. §§ 718 f. BGB), d. h., nur mit Zustimmung der Mitgesellschafter kann er das Grundstück zurückerhalten.

6.2 Wettbewerbsverbot

Eine Beteiligung als Teilhafter ist grundsätzlich zulässig, da ein Teilhafter nicht dem gesetzlichen Wettbewerbsverbot unterliegt (§ 165 HGB i. V. m. § 112 HGB).

7.1 Ausscheiden eines Kommanditisten

mögliche Probleme:
– Eventuell ergeben sich Liquiditätsprobleme durch die Auszahlung der Einlage.
– Beim Austritt des einzigen Teilhafters ist kein Fortbestand der Gesellschaftsform KG möglich, sofern kein Nachfolger gefunden wird.

Begründung der Forderungshöhe:
– Die Forderung von Frau Weiß orientiert sich am eingebrachten Kapitalanteil und einem Anteil an den inzwischen erwirtschafteten stillen Reserven einschließlich eines Firmenwerts.

7.2 Vorteile einer GmbH gegenüber der KG

– Es besteht keine persönliche Haftung der Gesellschafter für die Verbindlichkeiten der GmbH. Die GmbH als juristische Person haftet nur mit ihrem Gesellschaftsvermögen.
– Die Geschäftsführung und Vertretung können auf angestellte Geschäftsführer übertragen werden (Drittorganschaft).
– Der Bestand der GmbH ist unabhängig von einem Gesellschafterwechsel („unsterbliche GmbH").

7.3 Aufbau einer GmbH & Co. KG

Braun und Müller gründen als Gesellschafter eine GmbH, die als Komplementärin in die bestehende KG eintritt. Braun und Müller werden Kommanditisten. Die Komplementär-GmbH hat die Geschäftsführung, ausgeübt durch die beiden geschäftsführenden Gesellschafter.

Verhalten der Marktteilnehmer unter Wettbewerbsbedingungen

1   Die Agro GmbH ist Anbieter auf dem Weizen-Markt, der durch viele Anbieter und viele Nachfrager gekennzeichnet ist. Die Gesamtkostenkurve der Agro GmbH verläuft S-förmig und die Gesamterlöskurve linear.

1.1   Nennen Sie zwei Prämissen des vollkommenen Marktes und prüfen Sie, ob diese auf dem Weizen-Markt erfüllt sind.

1.2   Skizzieren Sie in einem Koordinatensystem für die Agro GmbH den typischen Verlauf der gesamten Stückkosten, der variablen Stückkosten, der Grenzkosten sowie der Grenzerlöse.

1.3   Auswertung der Skizze zu 1.2:
– Kennzeichnen Sie in Ihrer Skizze die Gewinnzone.
– Bestimmen Sie anhand der Skizze die gewinnmaximale Menge.

Begründen Sie Ihre Lösung betriebswirtschaftlich, indem Sie auch die Gewinnsituation für kleinere und größere Mengen als die gewinnmaximale Menge beschreiben.

1.4   Zur individuellen Angebotskurve:
– Markieren und benennen Sie auf den von Ihnen skizzierten Kurven drei kritische Punkte, die für den Verlauf der individuellen Angebotskurve bestimmend sind.
– Begründen Sie den Verlauf der individuellen Angebotskurve und erläutern Sie, was diese Kurve aussagt.

1.5   Nehmen Sie an, die Gesamtangebotskurve für Weizen verschiebt sich nach rechts.
Erläutern Sie zwei Ursachen, die diese Verschiebung ausgelöst haben könnten.

2   Im vergangenen Jahr sind die Preise für Milchprodukte gestiegen.

2.1   Beschreiben Sie, wie sich diese Preiserhöhung bei normalem Verlauf der Nachfrage-kurve auf die von den Konsumenten nachgefragte Menge nach Milchprodukten aus-wirkt.
Verdeutlichen Sie dies mit Hilfe einer Skizze.

2.2   Neben dem Preis beeinflussen weitere Bestimmungsfaktoren die Höhe der Gesamt-nachfrage nach Milchprodukten.
– Nennen Sie drei weitere Bestimmungsfaktoren.
– Erläutern Sie auch anhand einer Skizze die Wirkung der Veränderung eines dieser Faktoren auf die Nachfrage.

3   Um die Zahl der Raucher und die damit verbundenen hohen Gesundheitskosten zu sen-ken, möchte die Bundesregierung die Tabaksteuer für Filterzigaretten erhöhen. Ziel ist, die Zahl der nachgefragten Zigaretten um mindestens 15 % zu senken.

3.1   Erklären Sie, inwiefern Kenntnisse über die Höhe der direkten Preiselastizität der Nachfrage nach Zigaretten für die Entscheidung der Regierung wichtig sind.

3.2 Der Staat entscheidet sich für eine Erhöhung der Steuer, die eine Preiserhöhung um 10 % zur Folge hat.
– Ermitteln Sie, wie hoch die Preiselastizität der Nachfrage nach Zigaretten mindestens sein müsste, damit das Ziel der Regierung erreicht wird.
– Tatsächlich beträgt die Preiselastizität der Nachfrage 0,8.
Berechnen Sie, wie stark die Preise für Zigaretten hätten steigen müssen, damit der Staat sein Ziel erreicht.

3.3 Die Steuer auf losen Tabak wird nicht erhöht. Aufgrund der 10 %igen Preiserhöhung für Zigaretten nimmt die nachgefragte Menge nach losem Tabak um 18 % zu.
Berechnen Sie die Kreuzpreiselastizität.

3.4 Erläutern Sie anhand eines selbst gewählten Beispiels den Fall, dass die Kreuzpreiselastizität für losen Tabak ein negatives Vorzeichen aufweist.

Punkte:

Frage	1.1	1.2	1.3	1.4	1.5	2.1	2.2	3.1	3.2	3.3	3.4
NP	2	4	3	5	2	2	3	2	3	2	2

================================

Lösungsvorschlag

Aufgabe 4: Verhalten der Marktteilnehmer unter Wettbewerbsbedingungen

1.1 Prämissen des vollkommenen Marktes
Weizen wird an Warenbörsen gehandelt. Diese Marktform kommt dem Modell des Polypols auf dem vollkommenen Markt ziemlich nahe. Zum Beispiel gelten folgende Prämissen:

Homogene Güter: Weizen einer bestimmten Sorte und Güteklasse ist ein weitgehend homogenes Gut → Prämisse näherungsweise erfüllt.

Markttransparenz: Wegen des Börsenhandels besteht zu jedem Zeitpunkt für alle Marktteilnehmer vollständige Information über die relevanten Marktdaten.

1.2 Skizze zur Stückbetrachtung bei S-förmiger Kostenkurve

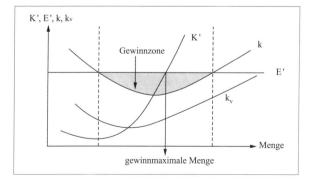

1.3 Auswertung der Skizze
– Gewinnzone: siehe Kennzeichnung in Skizze zu 1.2
– gewinnmaximale Menge: siehe Kennzeichnung in Skizze zu 1.2
Die gewinnmaximale Menge wird bestimmt durch den Schnittpunkt von K' (Grenzkosten) und E' (Grenzerlös).

Betriebswirtschaftliche Begründung zur Bestimmung der gewinnmaximalen Menge:
Links vom Schnittpunkt $K' = E'$ innerhalb der Gewinnzone lässt sich durch die Produktion und den Verkauf einer zusätzlichen Gütereinheit der Gesamtgewinn noch steigern, da die zusätzlich entstehenden Kosten K' niedriger sind als der zusätzliche Erlös E'.

Rechts vom Schnittpunkt $K' = E'$ nimmt durch die Produktion und den Verkauf einer zusätzlichen Gütereinheit der Gesamtgewinn ab, da die zusätzlich entstehenden Kosten K' höher sind als der zusätzliche Erlös E'.

1.4 Kritische Punkte und Verlauf der individuellen Angebotsfunktion

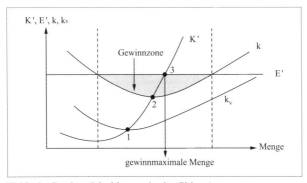

Kritische Punkte (Markierung in der Skizze):
1 = Betriebsminimum (kurzfristige Preisuntergrenze)
2 = Betriebsoptimum (langfristige Preisuntergrenze)
3 = gewinnmaximale Produktionsmenge

Verlauf der individuelle Angebotskurve:
Da die Gewinnmaximierungsbedingung $K' = E'$ nur auf der Grenzkostenkurve erfüllt sein kann, ist die individuelle Angebotskurve mit dem aufsteigenden Ast der Grenzkostenkurve identisch.
Bei kurzfristiger Betrachtung beginnt sie in Punkt 1 (kurzfristige Preisuntergrenze)
→ Bei diesem Preis werden nur die variablen Kosten gedeckt, was kurzfristig vertretbar sein kann.
Bei langfristiger Betrachtung beginnt sie in Punkt 2 (langfristige Preisuntergrenze)
→ Bei diesem und jedem höheren Preis werden die gesamten Kosten gedeckt.

Die individuelle Angebotskurve gibt an, wie viele Mengeneinheiten eines Gutes ein Unternehmen bei unterschiedlichen Preisen anbieten würde. Die geplante Angebotsmenge entspricht jeweils der gewinnmaximalen Menge.

1.5 Ursachen für eine Rechtsverschiebung der Gesamtangebotskurve
z. B.:
– Günstige Witterungsverhältnisse führen zu einer Produktionserhöhung.
– Kostensenkung durch technischen Fortschritt (z. B. Einsatz leistungsfähigerer Mähdrescher). Aufgrund der gesunkenen Kosten können mehr Unternehmen zum bisherigen Preis anbieten. Dies führt zu einer Erhöhung der Gesamtproduktion.

2.1   Auswirkung einer Preiserhöhung bei normalem Verlauf der Nachfragekurve

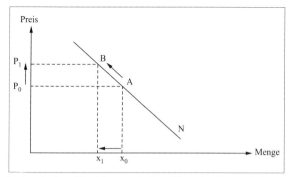

Bei typischem Nachfrageverhalten führt eine Preiserhöhung zu einem Sinken der nachgefragten Menge bei Milchprodukten (Bewegung auf der Kurve).

2.2   Weitere Bestimmungsfaktoren der Nachfrage neben dem Preis
Beispiele für weitere Bestimmungsfaktoren:
- Einkommenshöhe
- Bedürfnisstruktur
- Anzahl der Nachfrager

Wirkung einer Veränderung der weiteren Bestimmungsfaktoren am Beispiel der Einkommenserhöhung → Zunahme der Nachfrage nach Milchprodukten (z. B. Käse) → Rechtsverschiebung der Nachfragekurve

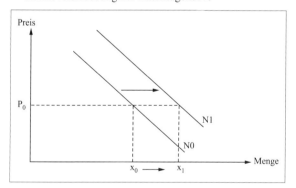

3.1   Preiselastizität und Nachfragemengenänderung
Die direkte Preiselastizität der Nachfrage gibt an, um wie viel Prozent sich die nachgefragte Menge nach einem Gut ändert, wenn sich der Preis des Gutes um ein Prozent ändert.

Bei einer eher unelastischen Nachfrage ($El_{dir} < 1$) würde die prozentuale Änderung der Nachfragemenge kleiner als die prozentuale Preisänderung ausfallen. Der Staat müsste dann die Tabaksteuer kräftig erhöhen, um die angestrebte Wirkung zu erreichen.

3.2 Berechnung der direkten Preiselastizität

$$El_{dir} = \frac{\text{prozentuale Mengenänderung}}{\text{prozentuale Preisänderung}} = \frac{15\ \%}{10\ \%} = 1,5 > 1$$

→ Die Nachfrage müsste elastisch reagieren.
Die tatsächliche Preiselastizität der Nachfrage ist aber 0,8 und damit unelastisch.

$$0,8 = \frac{15\ \%}{p\ \%} \rightarrow p\ \% = \underline{\underline{18,75\ \%}}$$

Die Preise hätten durch die Tabaksteuererhöhung somit um 18,75 % steigen müssen, um die gewünschte Abnahme der nachgefragten Menge zu erreichen.

3.3 Berechnung der indirekten Preiselastizität (Kreuzpreiselastizität)

$$El_{ind} = \frac{\text{prozentuale Mengenänderung loser Tabak}}{\text{prozentuale Preisänderung Zigaretten}} = \frac{18\ \%}{10\ \%} = \underline{\underline{1,8}}$$

Da es sich um Substitutionsgüter handelt, ist die Kreuzpreiselastizität positiv.

3.4 Negative Kreuzpreiselastizität (Komplementärgüter)
Negative Kreuzpreiselastizität: Komplementärgüter, dies wären in diesem Fall z. B. loser Tabak, Tabakspfeifen bzw. Zigarettenpapier.

Steigen beispielsweise die Preise für Tabakspfeifen, nimmt die Nachfrage nach losem Tabak ab.

Aktuelle Probleme der Wirtschaftspolitik
Umweltpolitik – Beschäftigungs- und Arbeitsmarktpolitik

1   Die Vergabe des Friedensnobelpreises im Jahr 2007 an den Politiker Al Gore und den UN-Klimarat macht deutlich, dass die weltweite Klimaveränderung durch den Treibhauseffekt das vorrangige Umweltproblem darstellt. Wie sehr sich die Erde tatsächlich erwärmt, hängt unter anderem von den künftigen CO_2-Emissionen ab.

1.1   Nennen Sie zwei ökonomische Folgen der Erderwärmung.

1.2

> „Der Bereich Transport trägt mit etwa 14 Prozent zu den weltweiten CO_2-Emissionen bei. Das Zürcher Infras-Institut ermittelte für Verkehrsträger die externen (sozialen) Kosten pro gefahrenem bzw. geflogenem Kilometer: Bus 15,6 Cent, Bahn 21,2 Cent, Flugzeug 51,8 Cent, Pkw 61,6 Cent."

Stuttgarter Zeitung vom 15. 11. 2007

Erläutern Sie, was unter externen (sozialen) Kosten der Verkehrsträger und der Internalisierung externer (sozialer) Kosten zu verstehen ist.

1.3   Der Bereich Energiegewinnung trägt mit etwa 24 Prozent zu den weltweiten CO_2-Emissionen bei. Um die Emissionen in diesem Bereich zu senken, haben manche Staaten den Handel mit Verschmutzungsrechten (Umweltlizenzen, Emissionslizenzen) eingeführt.

1.3.1   Erklären Sie dieses Instrument der Umweltpolitik.

1.3.2   Gehen Sie von folgenden Annahmen aus:
Ein Staat entscheidet sich für die Einführung des Handels mit Verschmutzungsrechten für Energieerzeuger. Er legt für die Periode 1 den maximal zulässigen Schadstoffausstoß auf 800.000 Tonnen (t) fest. Die Gesamtnachfragekurve verläuft linear. Bei 80 € je Tonne ist keine Nachfrage mehr vorhanden (Prohibitivpreis). Der Handel führt zu einem Preis von 40 € je Tonne.
Stellen Sie diese Situation in einem Koordinatensystem dar.
Maßstab: x-Achse 10 cm, 1 cm = 100.000 t; y-Achse 10 cm, 1 cm = 10 €/t.

1.3.3   In der Periode 2 senkt der Staat die Grenze für den maximal zulässigen Schadstoffausstoß um 25 %. Der Verlauf der Gesamtnachfragekurve bleibt unverändert.
Stellen Sie diese neue Situation in dem unter 1.3.2 erstellten Koordinatensystem dar und beurteilen Sie die Veränderung.

1.3.4   Der Handel mit Verschmutzungsrechten hat Vor- und Nachteile.
Beschreiben Sie jeweils einen Pro-Standpunkt und einen Kontra-Standpunkt.

1.3.5 Ein Verkehrswissenschaftler fordert, den Handel mit CO_2-Lizenzen auch für Automobilhersteller einzuführen. Auf diesem Markt soll es dann nur so viele Lizenzen geben, dass im Schnitt jeder Wagen auf 130 Gramm CO_2 pro Kilometer käme. Ein Allrad-Geländewagen vom Typ CX stößt 320 Gramm CO_2 pro Kilometer aus, ein Kleinwagen mit Hybrid-Antrieb 104 Gramm CO_2.

Erläutern Sie, wie sich eine solche Maßnahme im vorliegenden Fall über den Handel mit Verschmutzungsrechten auf die Verkaufspreise dieser Fahrzeuge auswirken könnte.

2   Das Statistische Bundesamt veröffentlicht in regelmäßigen Abständen Daten aus der Arbeitsmarktstatistik:

	Einheit	**2004**	**2005**	**2006**
Veränderung des Bruttoinlands-produktes	%	1,2	0,9	2,7
Veränderung der Verbraucherpreise	%	1,6	2,0	1,7
Erwerbspersonen	Tsd.	42.723	42.619	42.290
Erwerbstätige davon Arbeitnehmer	Tsd. Tsd.	38.875 34.653	38.823 34.467	39.045 34.652
registrierte Arbeitslose	Tsd.	4.378	4.861	4.532
verdeckte Arbeitslose	Tsd.	1.625	1.290	1.275
Arbeitslosenquote	%	10,5	11,7	10,7
gemeldete offene Stellen	Tsd.	286	413	549
Arbeitsproduktivität je Erwerbstätigenstunde Index: Jahr 2000 = 100	–	105,27	106,67	107,75

Statistisches Bundesamt 2006

2.1   Interpretation der Arbeitsmarktstatistik:
    – Erläutern Sie anhand des vorliegenden Zahlenmaterials für die Zeitspanne von 2004 bis 2006 die Beziehung zwischen wirtschaftlichem Wachstum, Arbeitsproduktivität und Zahl der erwerbstätigen Arbeitnehmer bzw. Arbeitslosen.
    – Welche gesamtwirtschaftlichen Erkenntnisse lassen sich daraus ableiten?

2.2   An der zuverlässigen Aussagekraft der monatlich veröffentlichten Arbeitslosenquote als Maßstab für Unterbeschäftigung wird gezweifelt.
    Erläutern Sie mit zwei Argumenten, wodurch die Aussagekraft der Arbeitslosenquote eingeschränkt wird.

2.3   Die strukturelle Arbeitslosigkeit stellt eine besonders bedeutsame Art der Arbeitslosigkeit dar.
    – Erläutern Sie, welche Daten in der obigen Statistik auf diese Art von Arbeitslosigkeit hindeuten.
    – Nennen Sie zwei Ursachen der strukturellen Arbeitslosigkeit.

3   Auszug aus dem Jahresgutachten 2007/08 des Sachverständigenrats zur Begutachtung
der gesamtwirtschaftlichen Entwicklung:

Aussagen zum Mindestlohn:
„Mit der Einführung weiterer branchenspezifischer Mindestlöhne vor allem im
Dienstleistungsbereich (z. B. Postdienste) wird das Wachstum der betroffenen Wirt-
schaftszweige beschnitten, mithin von Branchen, die gerade auch für weniger quali-
fizierte Arbeitnehmer zusätzliche Beschäftigungsmöglichkeiten bereitstellen können.“

Aussagen zur Tarifpolitik:
„Die Tarifvertragsparteien haben in den letzten Jahren mit moderaten Lohnverein-
barungen einen wichtigen Beitrag zur deutlichen Verbesserung der preislichen
Wettbewerbsfähigkeit der deutschen Unternehmen geleistet. Sie haben den durch
Produktivitätserhöhung entstandenen Verteilungsspielraum in den Tariflohnverein-
barungen nicht voll ausgeschöpft. Dadurch sind die Tarifvertragsparteien ihrer be-
schäftigungspolitischen Verantwortung nachgekommen.“

Sachverständigenrat zur Begutachtung der gesamtwirtschaftlichen Entwicklung: Das erreichte nicht verspielen.
Jahresgutachten 2007/08

3.1   Skizzieren Sie in einem Lohn-Arbeitsmengen-Diagramm das modellmäßige Zustandekommen des Gleichgewichtslohnes unter der Annahme, dass Arbeitsangebots- und
Arbeitsnachfragekurve normal verlaufen.

Kennzeichnen Sie in dieser Skizze die Situation, die sich nach Einführung eines Min-
destlohnes ergibt.

3.2   Begründen Sie die Ablehnung des Mindestlohns durch den Sachverständigenrat mit
Argumenten des klassischen Arbeitsmarktmodells.

3.3   Die Gewerkschaften sprechen sich für die Einführung eines Mindestlohns aus.

Erläutern Sie zwei Argumente der Gewerkschaften.

3.4   Beschreiben Sie die Art von Lohnpolitik, die in den obigen Aussagen zur Tarifpolitik
als beschäftigungspolitisch verantwortungsvoll beurteilt wird.

Punkte:

Frage	1.1	1.2	1.3	1.3.1	1.3.2	1.3.3	1.3.4	1.3.5	2.1	2.2	2.3	3.1	3.2	3.3	3.4
NP	1	2	2	2	3	2	2	2	3	2	2	3	2	2	2

Lösungsvorschlag

Aufgabe 5: Aktuelle Probleme der Wirtschaftspolitik
Umweltpolitik – Beschäftigungs- und Arbeitsmarktpolitik

1.1 Ökonomische Folgen der Erderwärmung

z. B.:
- Sinkende Agrarproduktion im Süden aufgrund zunehmender Dürren.
- Meeresspiegel steigt durch Abschmelzen der Polkappen; dies erfordert höhere Investitionen im Küstenschutz.

1.2 Externe (soziale) Kosten der Verkehrsträger und deren Internalisierung

Externe (soziale) Kosten der Verkehrsträger:
Bei der Nutzung der Verkehrsmittel entstehende Kosten, die nicht vom Verursacher sondern von der Allgemeinheit getragen und nicht im Marktpreis berücksichtigt werden, z. B. durch Luftverschmutzung, Lärm, Unfälle, Landschaftsverbrauch.

Internalisierung externer (sozialer) Kosten:
Die externen (sozialen) Kosten werden dem Verursacher (beispielsweise durch Verbrauchssteuern) zugerechnet. Er muss sie in seine Kostenrechnung einbeziehen. Dies entspricht dem Verursacherprinzip.

1.3.1 Verschmutzungsrechte (Emissionslizenzen)

Verschmutzungsrechte (Emissionslizenzen) berechtigen den Inhaber zum Ausstoß einer bestimmten Schadstoffmenge für einen bestimmten Zeitraum. Wer darüber hinaus mehr Schadstoffe ausstoßen will, muss Verschmutzungsrechte hinzukaufen. Diejenigen, welche ihre Verschmutzungsrechte nicht vollständig benötigen, können diese verkaufen. Der Handel wird über eine Börse abgewickelt.

1.3.2 Marktdiagramm zu Verschmutzungsrechten

Ausgangssituation:
Menge x_1 = maximaler Schadstoffausstoß 800.000 t
Preis je t p_1 = 40 €

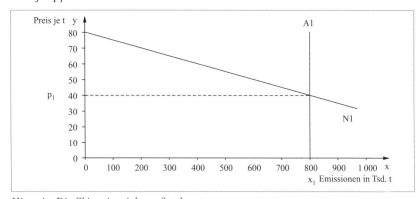

Hinweis: Die Skizze ist nicht maßstabsgetreu.

1.3.3 Grafische Preisermittlung der Verschmutzungsrechte bei einer Senkung der staatlich festgelegten Höchstgrenze

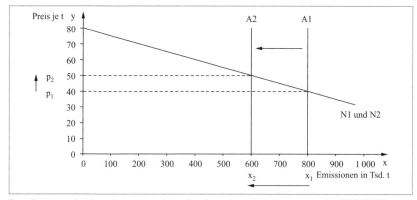

Der Staat senkt das Gesamtangebot für Verschmutzungsrechte auf 600.000 Tonnen (= x_2).
Bei konstanter Gesamtnachfrage steigt deren Preis auf 50 €/t (= P_2), was umweltpolitisch erwünscht ist.

1.3.4 Vor- und Nachteile des Handels mit Verschmutzungsrechten
z. B.:

Pro:
– Die gewünschte Schadstoffmenge kann genau festgelegt werden.
– Es handelt sich um ein marktwirtschaftliches Instrument, das Innovationen im Bereich der Umwelttechnologie auslöst.

Kontra:
– Es ist ethisch nicht vertretbar, das Recht auf Schädigung der Umwelt zu versteigern.
– Es könnte sein, dass Unternehmen ihre Anlagen im Land schließen, ihre Verschmutzungsrechte verkaufen und in einem Nachbarland neue umweltbelastende Anlagen errichten.

Hinweis: Je ein Argument ist ausreichend.

1.3.5 Auswirkungen des Handels mit Verschmutzungsrechten auf die Verkaufspreise
Der Kleinwagen hat 26 g/km freie CO_2-Lizenzen, diese können vom Hersteller an der Börse für Emissionshandel verkauft werden. Dadurch kann dieser Fahrzeugtyp billiger angeboten werden.
Der Hersteller des Geländewagens benötigt 190 g/km CO_2-Lizenzen, die er an der Börse für Emissionshandel kaufen muss. Dadurch könnte dieser Fahrzeugtyp teurer werden.

2.1 Interpretation der Arbeitsmarktstatistik
Für den betreffenden Zeitraum sind folgende Feststellungen aus der Statistik abzuleiten:
– Die Zahl der erwerbstätigen Arbeitnehmer hat sich trotz eines Wachstums des realen BIP kaum verändert. Die Zahl der verdeckten Arbeitslosen sinkt.
  Wenn mit gleichem Arbeitskräfteeinsatz eine Mehrproduktion erzielt wird, kann dies mit der gestiegenen Produktivität von 2,36 % bzw. mit dem Aufbau von Überstunden und/oder dem Abbau von Kurzarbeit erklärt werden.

- Die Zahl der registrierten Arbeitslosen (+ 154.000) und die Arbeitslosenquote haben zugenommen.
- Gesamtwirtschaftliche Erkenntnis: Das Wirtschaftswachstum war nicht hoch genug, um positive Beschäftigungseffekte auszulösen (jobless growth; „Okunsches Gesetz").

2.2 Eingeschränkte Aussagekraft der Arbeitslosenquote

Bei der Berechnung der Arbeitslosenquote werden z. B. folgende Tatbestände nicht oder nur teilweise berücksichtigt:
- Nicht bei der Arbeitsagentur registrierte Arbeitslose (verdeckte Arbeitslose) werden nicht erfasst.
- Ältere Arbeitnehmer gehen unfreiwillig in den Vorruhestand.
- Schüler und Studenten verbleiben mangels Arbeitsgelegenheit länger im Bildungssystem.

Hinweis: Zwei Argumente sind ausreichend.

2.3 Strukturelle Arbeitslosigkeit

In der Arbeitsmarktstatistik wird die strukturelle Arbeitslosigkeit anhand der jeweils steigenden Zahl der offenen Stellen einerseits und die Zahl der Arbeitsuchenden/ Arbeitslosen andererseits deutlich (Mismatch-Arbeitslosigkeit).

mögliche Ursachen der strukturellen Arbeitslosigkeit:
- Wirtschaftlicher Strukturwandel und verzögerte bzw. mangelnde Anpassung der Arbeitnehmer durch Aus- und Fortbildung an diese Veränderung (qualifikatorischer Mismatch).
- West-Ost-Gefälle durch Wegbrechen traditioneller Absatzmärkte in Osteuropa nach der Wiedervereinigung (regionaler Mismatch).

3.1 Mindestlohn im Arbeitsmarktmodell

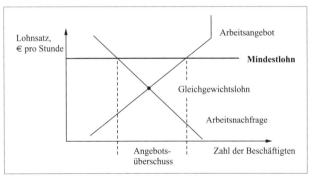

Der nach unten starre Mindestlohn verursacht ein Ungleichgewicht auf dem Arbeitsmarkt. Es entsteht ein Arbeitsangebotsüberhang.

3.2 Ablehnung des Mindestlohns anhand des klassischen Arbeitsmarktmodells

mögliche Argumente:
- Im klassischen Arbeitsmarktmodell sind Ungleichgewichte auf den Märkten kein grundsätzliches, sondern allenfalls ein zeitliches Problem. Es wird davon ausgegangen, dass sich aufgrund der Marktmechanismen automatisch wieder ein Gleichgewicht einstellt, wenn niemand die Marktkräfte behindert.

- Ein Mindestlohn über dem Gleichgewichtslohn führt zu einem Angebotsüberhang (d. h. es wird mehr Arbeit von den Arbeitnehmern angeboten als von den Unternehmen nachgefragt) und somit zu mehr Arbeitslosigkeit.
- Ein Lohnsatz unterhalb des Mindestlohns würde zu mehr Einstellungen führen und damit helfen, die Arbeitslosigkeit abzubauen.

3.3   Argumente für die Einführung eines Mindestlohns
- Es ist moralisch nicht vertretbar, dass ein Arbeitnehmer in Vollzeit arbeitet und davon nicht leben kann bzw. genauso viel oder noch weniger Geld erhält als ein Bezieher von Arbeitslosengeld II.
- Durch angemessene Entlohnung wird die Binnenkonjunktur aufgrund steigender Konsumgüternachfrage gestärkt und die Beschäftigung gesichert/erhöht (Kaufkrafttheorie des Lohnes).
- Es ist nicht Aufgabe des Staates, gezielte Lohnreduktionen von Betrieben durch Sozialtransfers auszugleichen. Etwa 500.000 Menschen arbeiten in Vollzeit und erhalten zusätzlich Arbeitslosengeld II.

Hinweis: Zwei Argumente sind ausreichend.

3.4   Beschäftigungspolitisch verantwortungsvolle Lohnpolitik
Tarifparteien handeln nach Auffassung des Sachverständigenrates beschäftigungspolitisch dann verantwortungsvoll, wenn die ausgehandelten Lohnerhöhungen unterhalb des Produktivitätsfortschritts liegen.

In diesem Fall sinken die Lohnstückkosten und die Wettbewerbsfähigkeit der Unternehmen steigt. Dies ist ein Beitrag zur Beschäftigungssicherung.

**GmbH: Vollkostenrechnung, Kostenstellenrechnung, Kostenträgerstückrechnung;
Rechtsfragen**

Die MUNK Bürsten GmbH ist Weltmarktführer im Bereich der Fertigung von Bürsten für den industriellen Bereich. Einen großen Teil ihres Umsatzes erzielt sie mit Bürsten aus Straußenfedern, die es ermöglichen, Rohkarosserien vor der Lackierung staubfrei und antistatisch zu reinigen.

1   Die angespannte weltwirtschaftliche Lage sowie der internationale Wettbewerbsdruck veranlassen die Unternehmensleitung zu folgender Maßnahme: Die Leiter der Hauptkostenstellen sollen zukünftig eine Prämie erhalten, wenn es ihnen gelingt, in ihrem jeweiligen Verantwortungsbereich eine Kostensenkung zu erreichen.

1.1   Erläutern Sie den Unterschied zwischen einer Haupt- und einer Hilfskostenstelle.

1.2   Die Prämie soll 10 % der eingesparten Istgemeinkosten im Vergleich zu den Normalgemeinkosten betragen.
Ermitteln Sie mit Hilfe der traditionellen Vollkostenrechnung die Höhe der Prämien für die Leiter der Hauptkostenstellen.
Ergänzen Sie zur Berechnung der Prämie den Monats-BAB (Anlage, S. 4).
Folgende Angaben sind zu berücksichtigen:
– Umlage der Kosten der Energiezentrale nach verbrauchten kWh
– Umlage der Kostenstelle Kantine nach der Zahl der Mitarbeiter (MA)

Kantine	Material	Techn. Büro	Fertigung I	Fertigung II	Ver- waltung	Vertrieb
2.000 kWh	1.000 kWh	1.000 kWh	2.000 kWh	5.000 kWh	1.000 kWh	2.000 kWh
	5 MA	2 MA	11 MA	6 MA	6 MA	10 MA

– Das technische Büro war 10 Stunden für die Fertigungsstelle I und 170 Stunden für die Fertigungsstelle II tätig.
– Einzelkosten:
Fertigungsmaterial   278.000 €
Fertigungslöhne I   440.000 €
Fertigungslöhne II   240.000 €
Sondereinzelkosten der Fertigung   10.000 €
– Die Verwaltungsgemeinkosten werden auf Grundlage der Herstellkosten der Rechnungsperiode, die Vertriebsgemeinkosten auf Grundlage der Herstellkosten des Umsatzes berechnet.
(Fertige Erzeugnisse: AB 85.000 €, SB 45.160 €).

1.3   Erläutern Sie, wodurch es bei den Zuschlagssätzen in den Bereichen Fertigung I und Fertigung II zu so deutlichen Unterschieden kommen kann.

1.4 Das neu eingeführte Prämiensystem ist im Management sehr umstritten. Nehmen Sie kritisch zu dieser Maßnahme Stellung.

2 Für eine neue Lackieranlage benötigt ein Kunde 15 Bürsten aus Straußenfedern.

2.1 Ermitteln Sie im Rahmen einer Vorkalkulation den Angebotspreis je Stück. Verwenden Sie dazu die entsprechenden Zuschlagssätze aus dem BAB.

Zusätzliche Angaben:

- Fertigungsmaterial   50 € pro Stück
   Fertigungslöhne I   75 € pro Stück
   Fertigungslöhne II   40 € pro Stück
   Gewinnzuschlag   5 %
   Kundenskonto   3 %
   Kundenrabatt   20 %

- Da die Bürsten einer besonders hohen Rotationsgeschwindigkeit standhalten müssen, entstehen für den gesamten Auftrag Sondereinzelkosten der Fertigung in Höhe von 2.370 €.

2.2 Da der Kunde den unter 2.1 berechneten Angebotspreis nicht akzeptiert, überlegt die Geschäftsleitung, die Bürsten in einer Zweigniederlassung in Ungarn produzieren zu lassen.

Die ungarische Niederlassung kalkuliert mit einem gemeinsamen Verwaltungs- und Vertriebsgemeinkostensatz von 5 %. Die Materialkosten insgesamt betragen 68 € pro Stück. Es werden 8 Stunden Arbeitszeit benötigt. Der Fertigungsgemeinkostenzuschlagssatz beträgt 90 %. Die Sondereinzelkosten der Fertigung betragen pro Stück 180 €.

Berechnen Sie, wie hoch der Stundenlohn der ungarischen Arbeiter maximal sein darf, um die Bürsten zu Selbstkosten von 420 € je Stück herstellen zu können.

3 Am 22. Februar 2010 findet die Gesellschafterversammlung der GmbH statt.

Anwesend sind alle Gesellschafter:

Gesellschafter	Nennbeträge der Geschäftsanteile
Zimmermann	4,0 Mio. €
Ladmann	3,0 Mio. €
Schneider	2,0 Mio. €

Durch Verzicht auf Gewinnausschüttung beträgt das Eigenkapital der GmbH zwischenzeitlich 13,5 Mio. €.

3.1 Aus Altersgründen möchte Zimmermann seine Geschäftsführertätigkeit beenden. Da auch Ladmann und Schneider nicht aktiv mitarbeiten wollen, wird einstimmig beschlossen, Frau Leitzinger, bisher Personalchefin eines mittelständischen Maschinenbauers, als Geschäftsführerin einzustellen.

Treffen Sie eine begründete Entscheidung, ob ihr Jahresgehalt von 84.000 € als kalkulatorischer Unternehmerlohn in die Kostenrechnung aufgenommen werden sollte.

3.2 Nach kurzer Zeit kommt es zu großen Meinungsverschiedenheiten zwischen der neuen Geschäftsführerin und dem Gesellschafter Zimmermann. Auf einer neuen Gesellschafterversammlung, bei der alle Gesellschafter anwesend sind, fordert Zimmermann die sofortige Abberufung von Frau Leitzinger.

Zeigen Sie, unter welchen Bedingungen Zimmermann seine Forderung durchsetzen kann. (Rechnerischer Nachweis über die Stimmenzahlen ist erforderlich).

3.3 Im Laufe der Versammlung stellt sich heraus, dass Schneider seinen Geschäftsanteil verkaufen will. Er rechnet damit, dass der Verkaufspreis über dem Nennbetrag seines Geschäftsanteils liegen wird.

Beurteilen Sie unter Berücksichtigung von Sachverhalt 3, ob diese Erwartung gerechtfertigt ist.

Punkte:

Frage	1.1	1.2	1.3	1.4	2.1	2.2	3.1	3.2	3.3
NP	2	7	2	4	4	3	2	3	3

Anlage: Monats-BAB der MUNK Bürsten GmbH
(Bei Verwendung aus dem Aufgabensatz heraustrennen und zu Ihren Lösungsblättern geben)

	allgemeine Hilfskostenstellen		Material-stelle	Fertigungs-hilfsstelle technisches Büro	Fertigungs-hauptstelle I	Fertigungs-hauptstelle II	Verwaltungs-stelle	Vertriebs-stelle
	Energie-zentrale	Kantine						
Summe der Gemeinkosten	14.000	26.000	28.860	15.600	231.300	410.600	36.804	111.400
Umlage Energiezentrale								
Zwischensumme								
Umlage Kantine								
Zwischensumme								
Umlage techn. Büro								
Summe der Gemeinkosten								
Zuschlagsgrund-lagen								
Istzuschlagssätze								
Normalzuschlags-sätze			14 %		60 %	180 %	2,5 %	6 %

Lösungsvorschlag

Aufgabe 1: GmbH: Vollkostenrechnung, Kostenstellenrechnung, Kostenträgerstückrechnung; Rechtsfragen

1.1 Hauptkosten- und Hilfskostenstellen

Eine Hauptkostenstelle gibt ihre Leistung direkt an die Kostenträger (Erzeugnisse) ab. Eine Hilfskostenstelle (z. B. Kantine) gibt ihre Leistung an andere Kostenstellen (z. B. Fertigung, Verwaltung oder Vertrieb) ab.

1.2 BAB; Vergleich Istgemeinkosten und Normalgemeinkosten

	Gesamt-kalkulation (Istkosten)	Ist-zuschlags-sätze	Gesamt-kalkulation (Normalkosten)	Normal-zuschlags-sätze
MEK	278.000 €		278.000,00 €	
+ MGK	33.360 €	12 %	38.920,00 €	14 %
= Materialkosten	311.360 €		316.920,00 €	
FEK I	440.000 €		440.000,00 €	
+ FGK I	242.000 €	55 %	264.000,00 €	60 %
+ FEK II	240.000 €		240.000,00 €	
+ FGK II	436.800 €	182 %	432.000,00 €	180 %
+ Sondereinzelkosten der Fertigung	10.000 €		10.000,00 €	
= Fertigungskosten	1.368.800 €		1.386.000,00 €	
= Herstellungskosten der RP	1.680.160 €		1.702.920,00 €	
+ Bestandsminderung FE	39.840 €		39.840,00 €	
= Herstellkosten des Umsatzes	1.720.000 €		1.742.760,00 €	
+ VwGK	42.004 €	2,5 %	42.573,00 €	2,5 %
+ VtGK	120.400 €	7 %	104.565,60 €	6 %
= Selbstkosten des Umsatzes	1.882.404 €		1.889.898,60 €	

	allgemeine Hilfskostenstellen		Material-stelle	Fertigungs-hilfsstelle technisches Büro	Fertigungs-hauptstelle I	Fertigungs-hauptstelle II	Verwaltungs-stelle	Vertriebs-stelle
	Energie-zentrale	Kantine						
Summe der Gemeinkosten	14.000	26.000	28.860	15.600	231.300	410.600	36.804	111.400
Umlage Energiezentrale		2.000	1.000	1.000	2.000	5.000	1.000	2.000
Zwischensumme		28.000	29.860	16.600	233.300	415.600	37.804	113.400
Umlage Kantine			3.500	1.400	7.700	4.200	4.200	7.000
Zwischensumme			33.360	18.000	241.000	419.800	42.004	120.400
Umlage techn. Büro					1.000	17.000		
Summe der Gemeinkosten			33.360		242.000	436.800	42.004	120.400
Zuschlagsgrund-lagen (Ist)			278.000		440.000	240.000	1.680.160	1.720.000
Istzuschlagssätze			12 %		55 %	182 %	2,5 %	7 %
Normalzuschlags-sätze			14 %		60 %	180 %	2,5 %	6 %

	Material-stelle	Fertigungs-hauptstelle I	Fertigungs-hauptstelle II	Verwaltungs-stelle	Vertriebs-stelle
Normalgemein-kosten	38.920	264.000	432.000	42.573	104.565,60
Istgemeinkosten	33.360	242.000	436.800	42.004	120.400,00
Kostenüber-/unterdeckung	5.560	22.000	–4.800	569	–15.834,40
10 % Prämie	556	2.200	keine Prämie	56,90	keine Prämie

1.3 Unterschiedliche Höhe von Zuschlagssätzen in der Fertigung
Fertigung I: Die Fertigung erfolgt mit hohem Lohnanteil und eher geringem Automatisierungsgrad wie z. B. in der Werkstattfertigung.

Fertigung II: Ein hoher Automatisierungsgrad in der Fertigung bringt einen hohen Gemeinkostenanteil mit sich (z. B. durch kalkulatorische Abschreibungen). Der Anteil der Fertigungslöhne ist geringer. Werden die Gemeinkosten prozentual auf die angefallenen Lohnkosten bezogen, ergibt sich ein geringerer Wert.

1.4 Kritik an einem Prämiensystem aufgrund von Kostensenkungen
Die Kostenstellenleiter werden dazu motiviert, die Gemeinkosten zu senken.
Unberücksichtigt bleibt dabei, dass die Kostenstellenleiter auf Preis- und Beschäftigungsabweichungen keinen Einfluss haben. Des Weiteren werden durch die Umlage der Hilfsstellen auf andere Kostenstellen Kosten verteilt, die der Kostenstellenleiter nicht zu verantworten hat. Außerdem kann eine übermäßige Kostensenkung betriebswirtschaftlich nachteilig sein, wenn z. B. durch unterlassene Instandhaltung oder die Verwendung von billigeren Betriebsstoffen die Produktqualität sinkt.

2.1 Kalkulation Angebotspreis

Fertigungsmaterial		50,00 €		
+ Materialgemeinkosten	14 %	7,00 €		
= Materialkosten		57,00 €		
Fertigungslöhne I		75,00 €		
+ Fertigungsgemeinkostenzuschlag I	60 %	45,00 €		
+ Fertigungslöhne II		40,00 €		
+ Fertigungsgemeinkostenzuschlag II	180 %	72,00 €		
+ Sondereinzelkosten der Fertigung (SEKF)		158,00 €		
= Fertigungskosten		390,00 €		
= Herstellkosten		447,00 €		
+ Verwaltungsgemeinkosten	2,5 %	11,18 €		
+ Vertriebsgemeinkosten	6 %	26,82 €		
= Selbstkosten		485,00 €		
+ Gewinnzuschlag	5 %	24,25 €		
= Barverkaufspreis		509,25 €	97 %	
+ Kundenskonto	3 %	15,75 €		
= Zielverkaufspreis		525,00 €	100 %	80 %
+ Kundenrabatt	20 %	131,25 €		
= Angebotspreis		656,25 €		100 %

2.2 Maximaler Stundenlohn bei gegebenen Selbstkosten

Materialkosten		68 €

Fertigungslöhne	100 %	**80 €**
+ Fertigungsgemeinkostenzuschlag	90 %	72 €
= Zwischensumme	190 %	152 €
+ Sondereinzelkosten der Fertigung (SEKF)		180 €
= Fertigungskosten (400 € − 68 €)		332 €
= Herstellkosten		400 €
+ Vw-/VtGK	5 %	20 €
= Selbstkosten		420 €

Die Arbeitsstunde darf höchstens **10 €** kosten (80 €/8 Stunden).

3.1 Kalkulatorischer Unternehmerlohn
Das Gehalt einer angestellten Geschäftsführerin sollte nicht als kalkulatorischer Unternehmerlohn aufgenommen werden. Es wird in der Finanzbuchhaltung als Aufwand verbucht und stellt damit einen Zweckaufwand (= Grundkosten) dar. Ein Ansatz als kalkulatorischer Unternehmerlohn würde zu einer Doppelverrechnung von Kosten und damit zu einem überhöhten kalkulierten Angebotspreis führen.

3.2 Stimmrechtsverhältnis bei der GmbH

	Nennbetrag der Geschäftsanteile	Anzahl der Stimmen
Zimmermann	4,0 Mio. €	4,0 Mio. Stimmen
Ladmann	3,0 Mio. €	3,0 Mio. Stimmen
Schneider	2,0 Mio. €	2,0 Mio. Stimmen

Zimmermann setzt sich mit seiner Forderung durch, wenn
– Ladmann und/oder Schneider dieser zustimmen,
– Ladmann und/oder Schneider sich der Stimme enthalten.

Damit erreicht Zimmermanns Antrag jeweils die erforderliche Mehrheit der abgegebenen Stimmen (§ 47 Abs. 1 und 2 i. V. m. § 46 Abs. 5 GmbHG).

3.3 Verkaufspreis eines Geschäftsanteils bei der GmbH
Einerseits ist ein wesentlicher Bestimmungsgrund für den Kaufpreis der tatsächliche Wert des Geschäftsanteils an der GmbH. Durch die Bildung von Gewinnrücklagen (in Höhe von 50 % der Nennbeträge) liegt der tatsächliche Wert des Geschäftsanteils von Schneider über dem Nennbetrag seines Geschäftsanteils. Darüber hinaus ist Schneider an den möglichen stillen Reserven der GmbH beteiligt. Deshalb sollte der Verkaufspreis über dem Nennbetrag seines Geschäftsanteils liegen.
Andererseits ist der Verkaufspreis des Geschäftsanteils Verhandlungssache. In einer schwierigen wirtschaftlichen Situation kann der Kaufpreis auch unter dem Nennwert des Geschäftsanteils liegen.

Personengesellschaften im Vergleich (rechtliche Grundlagen), offene Selbstfinanzierung der KG, statische und dynamische Investitionsrechnung

Ernst Zeisel ist Fahrradmonteur und hat sich vor fünf Jahren selbstständig gemacht. Er rüstet Fahrräder auf, indem er Elektromotoren als Hilfsmotoren einbaut. Zeisel führt sein Unternehmen bisher als Einzelunternehmung. Er gründet mit dem Buchhalter Roland Berger eine OHG, an der sich Berger mit der Einlage eines Grundstücks im Wert von 50.000 € beteiligt.

1 Begründen Sie, ob der Abschluss des Gesellschaftsvertrags einer Formvorschrift unterliegt.

2 Ernst Zeisel und Roland Berger schließen am 10. Dezember 2007 den Gesellschaftsvertrag. Beginn der Gesellschaft ist der 01. Januar 2008. Der Handelsregistereintrag erfolgt am 07. Januar 2008. Bezüglich Geschäftsführung und Vertretung gelten die gesetzlichen Regelungen.

Prüfen Sie für die beiden nachfolgenden Fälle die Rechtsfolgen für die OHG und die beiden Gesellschafter:

2.1 Am 10. März 2008 schließt Zeisel einen Kaufvertrag über eine Montagevorrichtung im Wert von 4.000 € ab. Roland Berger hatte zuvor die Zustimmung verweigert.

2.2 Wegen Krankheit muss Berger im April 2008 einen längeren Kuraufenthalt antreten. Während Bergers Abwesenheit schließt Zeisel einen langfristigen Pachtvertrag über 10 Jahre für eine zusätzliche Verkaufsfläche in guter Innenstadtlage im Namen der OHG ab.

3 Erörtern Sie, weshalb der Gesetzgeber bei der OHG von dem im Gesellschaftsrecht üblichen Grundsatz der Gesamtgeschäftsführung abweicht.

4 Nachdem die Nachfrage nach Fahrrädern mit Hilfsmotor immer weiter ansteigt, gründen die beiden Gesellschafter der OHG zum 01. Januar 2009 durch Aufnahme des Kommanditisten Lukas Keller eine KG (siehe Anlagen, S. 11f.).

4.1 Die KG hat im ersten Geschäftsjahr einen Jahresüberschuss von 329.800 € erwirtschaftet. Gemäß Gesellschaftsvertrag (vgl. Anlage, S. 11) stehen den Gesellschaftern folgende Gesamtgewinnansprüche zu:

Komplementär Berger	146.000 €
Komplementär Zeisel	142.800 €
Kommanditist Keller	41.000 €

Privatentnahmen zusätzlich zu der monatlich ausgezahlten Tätigkeitsvergütung (vgl. Gesellschaftsvertrag, S. 11) der Komplementäre in 2009:

Berger	36.000 €
Zeisel	24.000 €

Ermitteln und begründen Sie, in welcher Höhe die einzelnen Gesellschafter zur offenen Selbstfinanzierung der KG beitragen könnten.

4.2 Begründen Sie, weshalb das HGB für Komplementäre ein Recht auf Privatentnahmen vorsieht, diese aber betragsmäßig begrenzt sind.

4.3 Der noch nicht entnommene Gewinn steht der KG in liquider Form zur Verfügung. Erläutern Sie, in welcher Höhe sich die entsprechenden Bilanzpositionen in der Schlussbilanz 2009 durch die Gewinnverteilung verändern, wenn die Komplementäre in vollem Umfang zur offenen Selbstfinanzierung beitragen und der Gewinnanteil des Kommanditisten im Februar 2010 ausgezahlt wird (siehe Anlagen, S. 11).

5 Die KG plant eine Investition in Höhe von 400.000 €.

5.1 Für die Beurteilung der Vorteilhaftigkeit von Investitionen können u. a. die Kostenvergleichsrechnung und die Kapitalwertmethode herangezogen werden. Geben Sie jeweils zwei Nachteile dieser Methoden an.

5.2 Für die Investition liegen folgende Plandaten aus dem Rechnungswesen vor:

Investitionssumme   400.000 €
Nutzungsdauer der Anlage   6 Jahre
Liquidationserlös der Anlage (Restwert)   10.000 €

Zahlungszeitpunkt: Jahresende	lfd. Einzahlungen (in €)	lfd. Auszahlungen (in €)
1	125.000	45.000
2	135.000	50.000
3	135.000	47.000
4	140.000	70.000
5	160.000	85.000
6	195.000	60.000

– Ermitteln Sie den Kapitalwert für diese Investition bei einem Kalkulationszinsfuß von 6 %. Die Berechnungen sind auf volle Euro zu runden (siehe Anlagen, S. 12).

– Erläutern Sie ausführlich, was der von Ihnen ermittelte Kapitalwertbetrag aussagt.

5.3 Ein Konkurrenzunternehmen setzt bei einer vergleichbaren Investition einen höheren Kalkulationszinssatz an.

– Erläutern Sie zwei Überlegungen, die diesem Vorgehen zugrunde liegen könnten.

– Begründen Sie, welche Auswirkungen dieses Vorgehen auf die Höhe des Kapitalwertes hat.

Punkte:

Frage	1	2.1	2.2	3	4.1	4.2	4.3	5.1	5.2	5.3
NP	2	3	3	3	3	2	3	2	5	4

Anlagen

AKTIVA	Vereinfachte Bilanz der KG zum 01. 01. 2009 (in €)		PASSIVA
bebaute Grundstücke	380.000	Kapitalanteil Berger	200.000
Geschäftsausstattung	90.000	Kapitalanteil Zeisel	120.000
Fuhrpark	60.000	Kapitalanteil Keller	50.000
Vorräte	120.000	langfristiges Bankdarlehen	280.000
Forderungen aLuL	70.000	Verbindlichkeiten aLuL	110.000
liquide Mittel	70.000	sonstige Verbindlichkeiten	30.000
	790.000		790.000

Auszug aus dem Gesellschaftsvertrag

§5 – Gewinnverteilung

a)   Die Verzinsung der Kapitalanteile richtet sich nach den gesetzlichen Vorschriften.

b)   Der Restgewinn wird in folgendem Verhältnis verteilt: Die Komplementäre erhalten je zwei Teile, der Kommanditist einen Teil.

c)   Die geschäftsführenden Komplementäre erhalten vorab eine monatliche Tätigkeitsvergütung von je 5.000 €.

§6 – Entnahmen

Die Komplementäre können jährlich bis zu 20 % ihres zu Jahresbeginn festgestellten Kapitalanteils entnehmen.

Anlagen (Forts.)

Aufzinsungs-, Abzinsungs- und Annuitätenfaktoren

für Zinssätze (p) von 5 % auf 10 % $q = 1 + p / 100$
und Laufzeiten (n) von 1–10 Jahren

Aufzinsungsfaktor: q^n Annuitätenfaktor: $\dfrac{q^n(q-1)}{(q^n-1)}$ Abzinsungsfaktor: $\dfrac{1}{q^n}$

5 % n	q^n	$\dfrac{1}{q^n}$	$\dfrac{q^n(q-1)}{(q^n-1)}$	6 % n	q^n	$\dfrac{1}{q^n}$	$\dfrac{q^n(q-1)}{(q^n-1)}$
1	1,050000	0,952381	1,050000	1	1,060000	0,943396	1,060000
2	1,102500	0,907029	0,537805	2	1,123600	0,889996	0,545437
3	1,157625	0,863838	0,367209	3	1,191016	0,839619	0,374110
4	1,215506	0,822702	0,282012	4	1,262477	0,792094	0,288591
5	1,276282	0,783526	0,230978	5	1,338226	0,747258	0,237396
6	1,340096	0,746215	0,197017	6	1,418519	0,704961	0,203363
7	1,407100	0,710681	0,172820	7	1,503630	0,665057	0,179135
8	1,477455	0,676839	0,154722	8	1,593848	0,627412	0,161036
9	1,551328	0,644609	0,140690	9	1,689479	0,591898	0,147022
10	1,628895	0,613913	0,129505	10	1,790848	0,558395	0,135868

7 % n	q^n	$\dfrac{1}{q^n}$	$\dfrac{q^n(q-1)}{(q^n-1)}$	8 % n	q^n	$\dfrac{1}{q^n}$	$\dfrac{q^n(q-1)}{(q^n-1)}$
1	1,070000	0,934579	1,070000	1	1,080000	0,925926	1,080000
2	1,144900	0,873439	0,553092	2	1,166400	0,857339	0,560769
3	1,225043	0,816298	0,381052	3	1,259712	0,793832	0,388034
4	1,310796	0,762895	0,295228	4	1,360489	0,735030	0,301921
5	1,402552	0,712986	0,243891	5	1,469328	0,680583	0,250456
6	1,500730	0,666342	0,209796	6	1,586874	0,630170	0,216315
7	1,605781	0,622750	0,185553	7	1,713824	0,583490	0,192072
8	1,718186	0,582009	0,167468	8	1,850930	0,540269	0,174015
9	1,838459	0,543934	0,153486	9	1,999005	0,500249	0,160080
10	1,967151	0,508349	0,142378	10	2,158925	0,463193	0,149029

9 % n	q^n	$\dfrac{1}{q^n}$	$\dfrac{q^n(q-1)}{(q^n-1)}$	10 % n	q^n	$\dfrac{1}{q^n}$	$\dfrac{q^n(q-1)}{(q^n-1)}$
1	1,090000	0,917431	1,090000	1	1,100000	0,909091	1,100000
2	1,188100	0,841680	0,568469	2	1,210000	0,826446	0,576190
3	1,295029	0,772183	0,395055	3	1,331000	0,751315	0,402115
4	1,411582	0,708425	0,308669	4	1,464100	0,683013	0,315471
5	1,538624	0,649931	0,257092	5	1,610510	0,620921	0,263797
6	1,677100	0,596267	0,222920	6	1,771561	0,564474	0,229607
7	1,828039	0,547034	0,198691	7	1,948717	0,513158	0,205405
8	1,992563	0,501866	0,180674	8	2,143589	0,466507	0,187444
9	2,171893	0,460428	0,166799	9	2,357948	0,424098	0,173641
10	2,367364	0,422411	0,155820	10	2,593742	0,385543	0,162745

Lösungsvorschlag

Aufgabe 2: Personengesellschaften im Vergleich (rechtliche Grundlagen), offene Selbstfinanzierung der KG, statische und dynamische Investitionsrechnung

1 Formvorschriften Gesellschaftsvertrag

Der OHG-Gesellschaftsvertrag ist grundsätzlich formfrei. Durch die Sacheinlage in Form eines Grundstücks ist eine notarielle Beurkundung des Gesellschaftsvertrags erforderlich (§ 311 b BGB).

2.1 Vertretung und Geschäftsführung bei der OHG

Im Außenverhältnis gilt für gewöhnliche und außergewöhnliche Rechtsgeschäfte Einzelvertretungsbefugnis, d. h., der Vertrag ist für die OHG bindend (§ 125 Abs. 1 HGB).

Im Innenverhältnis führt der Widerspruch von Berger gegen diese gewöhnliche Handlung dazu, dass diese unterbleiben muss (§ 115 Abs. 1 HGB). Der Kaufvertrag hätte nicht abgeschlossen werden dürfen. Falls der OHG ein Schaden entsteht, kann Zeisel wegen Verstoßes gegen seine Geschäftsführungsbefugnisse in Anspruch genommen werden (Schadensersatzpflicht).

2.2 Vertretung und Geschäftsführung bei der OHG

Im Außenverhältnis gilt für gewöhnliche und außergewöhnliche Rechtsgeschäfte Einzelvertretungsbefugnis, d. h., der Vertrag ist für die OHG bindend (§ 125 Abs. 1 HGB).

Im Innenverhältnis handelt es sich um eine außergewöhnliche Handlung, die die Zustimmung aller Gesellschafter erfordert (§ 116 Abs. 2 HGB). Der Pachtvertrag hätte nicht abgeschlossen werden dürfen. Gegebenenfalls ist Zeisel schadensersatzpflichtig.

3 Gründe für die Einzelvertretungsbefugnis bei der OHG

Es wäre im Hinblick auf Zügigkeit und Flexibilität der im Geschäftsleben erforderlichen Entscheidungen sehr umständlich, bei allen gewöhnlichen Geschäften die Zustimmung aller Gesellschafter einholen zu müssen. Die Gemeinschaft der OHG-Gesellschafter erfordert als Arbeits- und Risikogemeinschaft gegenseitiges Vertrauen, was in der Einzelgeschäftsführungsbefugnis mit der Möglichkeit des Widerspruchs zum Ausdruck kommt.

4.1 Offene Selbstfinanzierung der KG

Gesellschafter	Gesamt-gewinnanteil	Tätigkeits-vergütung	Privat-entnahmen	offene Selbst-finanzierung
Berger	146.000 €	60.000 €	36.000 €	50.000 €
Zeisel	142.800 €	60.000 €	24.000 €	58.800 €
Keller	41.000 €			(*)

Die beiden Komplementäre könnten in Höhe der nicht entnommenen Gewinnanteile zur offenen Selbstfinanzierung beitragen.
Kommanditist Keller könnte bei entsprechender Vereinbarung seine 41.000 € (*) Gewinnanteil in zusätzliches Kommanditkapital umwandeln.

4.2 Privatentnahmen bei der KG
Die Komplementäre haben für ihre Geschäftsführungstätigkeit keinen Anspruch auf Gehalt. Zur Finanzierung ihres Lebensunterhaltes haben sie die Möglichkeit, unabhängig von einer eventuell vertraglich vereinbarten Tätigkeitsvergütung, Privatentnahmen zu tätigen. Diese werden mit ihrem Gewinnanteil oder zulasten ihres Kapitalanteils verrechnet. Die betragsmäßige Begrenzung soll eine übermäßige Verringerung der Eigenkapitalsubstanz der KG verhindern.

4.3 Veränderung der Bilanz bei offener Selbstfinanzierung
– Die Kapitalanteile der beiden Komplementäre werden erhöht:
  Berger hat einen Kapitalanteil von 250.000 €, Zeisel von 178.800 €.
– Der Kapitalanteil des Kommanditisten Keller bleibt bei 50.000 €. Sein Gewinnanteil wird als „Verbindlichkeiten gegenüber Keller" in Höhe von 41.000 € ausgewiesen.
– Die liquiden Mittel erhöhen sich um 149.800 € auf 219.800 €.

5.1 Nachteile der Kostenvergleichsrechnung und der Kapitalwertmethode
Kostenvergleichsrechnung:
– Die Kostenentwicklung im Zeitablauf bleibt unberücksichtigt.
– Die Rentabilität der Investition wird nicht berücksichtigt.

Kapitalwertmethode:
– Zukünftige Ein- und Auszahlungen beruhen nur auf Schätzungen.
– Der für die gesamte Laufzeit einheitliche Kalkulationszinsfuß ist nur geschätzt.

5.2 Ermittlung und Aussage des Kapitalwerts

Ende des Jahres	Einzahlungen in €	Auszahlungen in €	Einzahlungsüberschüsse in €	Barwert (6 %) in €
1	125.000	45.000	80.000	75.472
2	135.000	50.000	85.000	75.650
3	135.000	47.000	88.000	73.886
4	140.000	70.000	70.000	55.447
5	160.000	85.000	75.000	56.044
6	195.000	60.000	135.000	95.170
Barwertsumme				431.669
– Anfangsauszahlung				400.000
+ Liquidationserlös				7.050
= Kapitalwert				38.719

Alternativ: Benützung des Taschenrechners mit finanzmathematischen Funktionen (exakter Kapitalwert: 38.718,08 €)

Der Kapitalwert von +38.719 € besagt, dass der Investor
– sein eingesetztes Kapital zurückerhält,
– eine Verzinsung in Höhe des Kalkulationszinssatzes erzielt,
– einen zusätzlichen Überschuss erzielt, dessen Barwert 38.719 € beträgt.

5.3 Kalkulationszinssatz

- Das Konkurrenzunternehmen erwartet eine höhere Mindestverzinsung, da möglicherweise das Risiko höher eingeschätzt und ein Anstieg des allgemeinen Zinsniveaus erwartet wird.
- Der Kapitalwert sinkt, da bei vergleichbarer Höhe der Investitionsausgaben die anfallenden Einzahlungsüberschüsse sowie der Liquidationserlös mit dem höheren Zinssatz abgezinst werden und daher mit einem niedrigeren Barwert in die Rechnung eingehen.

**Kapitalgesellschaften im Vergleich (rechtliche Grundlagen),
Beteiligungs- und Selbstfinanzierung bei der AG**

Die Heidelberger Maschinenwerke AG (HMW) ist ein bedeutendes, international tätiges Unternehmen, das Spezialmaschinen aller Art herstellt und vermarktet. Im Jahr 2009 beschäftigte die HMW rund 5.800 Mitarbeiter und erwirtschaftete einen Jahresumsatz von 3,2 Mrd. €.

Das Unternehmen wurde bis zum Jahr 2000 in der Rechtsform der GmbH geführt. Mit wachsender Unternehmensgröße wurde die Gesellschaft im Jahr 2000 in eine Aktiengesellschaft umgewandelt, die inzwischen an der Börse notiert ist.

1 Vergleichen Sie in einer Tabelle die beiden genannten Rechtsformen hinsichtlich Mindestkapital, Vertretung und Haftung.

2 Erläutern Sie anhand von zwei Gesichtspunkten positive Aspekte für die HMW durch den Wechsel der Rechtsform.

3 Am 13. April 2010 findet die ordentliche Hauptversammlung der Aktiengesellschaft statt. Eine stark vereinfachte Übersicht über die einzelnen Tagesordnungspunkte (TOP) der Hauptversammlung können Sie der Anlage (S. 18) entnehmen.

3.1 In TOP 1 wird der festgestellte Jahresabschluss vorgestellt. Beschreiben Sie kurz drei Bestandteile des Jahresabschlusses.

3.2 TOP 2 sieht die Beschlussfassung über die Verwendung des Bilanzgewinns vor.

Obwohl das abgelaufene Geschäftsjahr für die HMW sehr erfolgreich war, schlägt der Vorstand der Hauptversammlung vor, weiterhin eine Stückdividende von nur 1 € auszuschütten. Einige Aktionäre drücken ihre Unzufriedenheit aus.

Erläutern Sie drei Argumente, mit denen der Vorstand den Einwänden der Aktionäre begegnen könnte.

3.3 Die Bilanz der HMW für das Geschäftsjahr 2009 weist vor Gewinnverwendung folgende Eigenkapitalpositionen aus:

Gezeichnetes Kapital	270.000.000 € (96 Mio. Stückaktien)
Kapitalrücklage	98.000.000 €
gesetzliche Rücklage	22.000.000 €
andere Gewinnrücklagen	660.000.000 €
Jahresüberschuss	242.000.000 €

Die Hauptversammlung stimmt dem Vorschlag des Vorstandes bezüglich der Verwendung des Bilanzgewinns zu und beschließt eine Stückdividende von 1 €.

Stellen Sie die Eigenkapitalpositionen nach vollständiger Gewinnverwendung dar, wenn der Vorstand seine Möglichkeit zur offenen Selbstfinanzierung voll ausgeschöpft hat.

3.4 Ermitteln Sie, welche Stückdividende für das Geschäftsjahr 2009 maximal möglich gewesen wäre, wenn der Vorstand einer Rücklagenauflösung zugestimmt hätte.

3.5 In diesem Geschäftsjahr verlassen alle Aufsichtsratsmitglieder das Kontrollgremium. Begründen Sie für den vorliegenden Fall, inwieweit die Hauptversammlung Einfluss auf die zahlenmäßige Zusammensetzung des Aufsichtsrates nehmen kann, wenn in der Satzung diesbezüglich keine Angaben enthalten sind.

4 Die Aktionäre haben dem Vorschlag des Vorstandes zu TOP 7 zugestimmt.

4.1 Stellen Sie dar, in welcher Höhe sich die entsprechenden Bilanzpositionen durch die Kapitalerhöhung verändern.

4.2 Begründen Sie mit zwei Argumenten, weshalb den Altaktionären im Rahmen der Kapitalerhöhung die Ausübung des Bezugsrechts gewährt wird.

4.3 Im Zuge der Emission werden die Bezugsrechte an der Börse gehandelt. Der Bezugskurs der neuen Aktie liegt bei 13,60 €. Ein Bezugsrecht hat derzeit einen rechnerischen Wert von 1,40 €.

– Bestimmen Sie den Kurs der Altaktie und berechnen Sie den voraussichtlichen Kurs der Aktie nach Durchführung der Kapitalerhöhung.

– Begründen Sie, weshalb der tatsächliche Wert des Bezugsrechts häufig vom rechnerischen Wert abweicht.

4.4 Aktionär Müller besitzt 500 alte Aktien. Weisen Sie rechnerisch nach, dass Aktionär Müller durch die Kapitalerhöhung keinen Vermögensnachteil erleidet, falls er
– 200 junge Aktien erwirbt
oder
– sein Bezugsrecht nicht ausübt.
Es gelten die Angaben aus Teilaufgabe 4.3.
Nebenkosten werden nicht berücksichtigt.

Punkte:

Frage	1	2	3.1	3.2	3.3	3.4	3.5	4.1	4.2	4.3	4.4
NP	3	3	3	3	3	3	2	2	2	3	3

Anlage

TAGESORDNUNG

zur 10. ordentlichen Hauptversammlung der

Heidelberger Maschinenwerke AG, Heidelberg

am 13. April 2010

Beginn der Hauptversammlung: 10.00 Uhr

im Congress Center Rosengarten, Mannheim

TOP 1: Vorlage des festgestellten Jahresabschlusses mit Lagebericht für das Geschäftsjahr 2009 und Bericht des Aufsichtsrates

TOP 2: Beschlussfassung über die Verwendung des Bilanzgewinns

TOP 3: Beschlussfassung über die Entlastung der Mitglieder des Vorstandes für das Geschäftsjahr 2009

TOP 4: Beschlussfassung über die Entlastung der Mitglieder des Aufsichtsrates für das Geschäftsjahr 2009

TOP 5: Beschlussfassung über die Bestellung des Abschlussprüfers

TOP 6: Beschlussfassung über die Neuwahl von Aufsichtsratsmitgliedern

TOP 7: Beschlussfassung über die Erhöhung des Grundkapitals gegen Bareinlagen

... Mit der Erhöhung des gezeichneten Kapitals von derzeit 270 Mio. € um 90 Mio. € durch Ausgabe von 32 Mio. neuen auf den Inhaber lautenden Stückaktien soll unter Ausübung des Bezugsrechts der Altaktionäre das Eigenkapital der Gesellschaft um 435,2 Mio. € erhöht werden. Durch diese Maßnahme wird die Kapitalausstattung der Heidelberger Maschinenwerke AG erheblich verbessert und es wird ihr ermöglicht, in einem günstigen Marktumfeld geeignete Zukäufe durchzuführen. ...

TOP 8: Sonstiges

Lösungsvorschlag

Aufgabe 3: Kapitalgesellschaften im Vergleich (rechtliche Grundlagen), Beteiligungs- und Selbstfinanzierung bei der AG

1 Vergleich GmbH – AG

Kriterien	GmbH	AG
Mindestkapital	25.000 €	50.000 €
Vertretung	durch den/die Geschäftsführer; Gesamtvertretung	durch den/die Vorstände; Gesamtvertretung
Haftung	die GmbH mit dem Gesellschaftsvermögen; keine persönliche Haftung der Gesellschafter	die AG mit dem Gesellschaftsvermögen; keine persönliche Haftung der Aktionäre

2 Vorteile der AG gegenüber der GmbH
Kapitalbeschaffung:
Die GmbH ist für einen begrenzten Investorenkreis geeignet; größere Kapitalbeträge können in der Regel nur von einem breiten Anlegerpublikum durch Stückelung in kleine Kapitalbeträge aufgebracht werden.

Veräußerung der Kapitalanteile:
Die Börsennotierung erlaubt eine leichtere Übertragbarkeit der Anteile.

3.1 Bestandteile des Jahresabschlusses
Bilanz: Gegenüberstellung von Vermögen und Kapital zum Bilanzstichtag
GuV: Gegenüberstellung von Aufwendungen und Erträgen der Rechnungsperiode zur Ermittlung des Jahresergebnisses
Anhang: Erläuterung der einzelnen Positionen der Bilanz und der GuV; Darstellung der angewandten Bilanzierungs- und Bewertungsmethoden

3.2 Gründe für offene Selbstfinanzierung bei der AG
– Eine Gewinnthesaurierung in guten Jahren ermöglicht eine Dividendenkontinuität auch in schlechten Jahren.
– Die offene Selbstfinanzierung schafft Kapital für neue Investitionen.
– Durch die Verbreiterung der Eigenkapitalbasis erreicht die AG eine höhere Kreditwürdigkeit.

3.3 Gewinnverwendung bei der AG

Jahresüberschuss		242 Mio. €
– Einstellung in andere Gewinnrücklagen	50 %	121 Mio. €
= Bilanzgewinn		121 Mio. €
– Dividendenausschütung 96 Mio. Aktien · 1 €		96 Mio. €
= Gewinnvortrag		25 Mio. €

Eigenkapitalpositionen nach vollständiger Gewinnverwendung:

gezeichnetes Kapital	270 Mio. €
Kapitalrücklage	98 Mio. €
gesetzliche Rücklage	22 Mio. €
andere Gewinnrücklagen (660 + 121) Mio. €	781 Mio. €
Gewinnvortrag	25 Mio. €

Hinweis: Eine Einstellung von 5% in die gesetzliche Rücklage ist nicht notwendig, da gesetzliche Rücklage und Kapitalrücklage zusammen mehr als 10% des gezeichneten Kapitals betragen.

3.4 Maximale Stückdividende
Der Jahresüberschuss und die anderen Gewinnrücklagen hätten voll ausgeschüttet werden können. Die Kapitalrücklage und die gesetzliche Rücklage dürfen zum Zweck der Gewinnausschüttung nicht aufgelöst werden (§ 150 Abs. 4 AktG).

Insgesamt hätten maximal 660 Mio. € + 242 Mio. € = 902 Mio. € ausgeschüttet werden können. Das hätte eine Stückdividende von 9,39 € ergeben (902 Mio. €/96 Mio. Aktien).

3.5 Einfluss der Hauptversammlung auf die Zusammensetzung des Aufsichtsrates
Die Zusammensetzung des Aufsichtsrates bei Kapitalgesellschaften mit mehr als 2.000 Arbeitnehmern wird durch das Mitbestimmungsgesetz geregelt: Die Hauptversammlung wählt 6 Aktionärsvertreter in den Aufsichtsrat (§ 7 Abs. 1 Nr. 1 MitbestG).

4.1 Auswirkungen einer Kapitalerhöhung auf die Bilanz

flüssige Mittel	+435,2 Mio. €
gezeichnetes Kapital	+90,0 Mio. €
Kapitalrücklage	+345,2 Mio. €

4.2 Gründe für das Bezugsrecht
Durch die Nutzung der Bezugsrechte zum Kauf von jungen Aktien haben die Altaktionäre die Möglichkeit, ihre prozentuale Beteiligung an der Aktiengesellschaft zu erhalten (z. B. Sperrminorität).
Die Ausgabe junger Aktien führt in der Regel zur Kursverwässerung, durch den die Altaktionäre einen Vermögensverlust erleiden. Durch die Gewährung von Bezugsrechten soll dieser ausgeglichen werden. Dabei kann das Bezugsrecht selbst ausgenutzt oder verkauft werden.

4.3 Mittelkurs: Wert des Bezugsrechts
– Berechnung Kurs der Altaktie
  Bezugsverhältnis = 3 : 1

$$\text{Bezugsrecht} = \frac{\text{Kurs}_{alt} - 13,60\ €}{\frac{3}{1} + 1}$$

$$1,40\ €/\text{Stück} = \frac{\text{Kurs}_{alt} - 13,60\ €}{\frac{3}{1} + 1}$$

$$5,60\ €/\text{Stück} = \text{Kurs}_{alt} - 13,60\ €$$

$$\underline{\underline{\text{Kurs}_{alt} = 19,20\ €/\text{Stück}}}$$

- Berechnung voraussichtlicher Kurs der Aktie

Mittelkurs $= \text{Kurs}_{alt} - \text{Bezugsrecht}$

$= 19,20 \, € - 1,40 \, €$

$= \underline{\underline{17,80 \, €}}$

- Der tatsächliche Wert des Bezugsrechts ergibt sich aus Angebot und Nachfrage an der Börse.

4.4 Vermögensstellung Altaktionär nach Kapitalerhöhung

Vermögenswerte vor der Kapitalerhöhung:

500 Aktien: 500 · 19,20 € = 9.600,00 €

Vermögenswerte nach der Kapitalerhöhung:

- **beim Erwerb von 200 jungen Aktien:**

benötigte Bezugsrechte 200 · 3/junge Aktie	=	600
– vorhandene Bezugsrechte	=	500
= noch zu beschaffende Bezugsrechte	=	100

100 · 1,40 €	=	140,00 €
+ 200 · 13,60 €	=	2.720,00 €
= Kaufpreis für 200 junge Aktien	=	2.860,00 €

Wert 700 Aktien: 700 · 17,80 €	=	12.460,00 €
– Kaufpreis für 200 junge Aktien	=	2.860,00 €
=	=	9.600,00 €

- **beim Verkauf aller Bezugsrechte:**

500 Bezugsrechte · 1,40 €	=	700,00 €
+ 500 Aktien · 17,80 €	=	8.900,00 €
=	=	9.600,00 €

Binnenwert des Geldes und Geldwertmessung in Verbindung mit den Grundsätzen der Geldpolitik der Europäischen Zentralbank

1 In verschiedenen Pressemitteilungen veröffentlichte das Statistische Bundesamt die in den Materialien 1 bis 3 (S. 24 f.) wiedergegebenen Daten.

1.1 Erklären Sie, welche Information der für August 2008 ermittelte Verbraucherpreisindex (VPI) liefert (Material 1).

1.2 Erläutern Sie die aus Material 1 und 2 erkennbaren Ursachen für die Veränderung des VPI im vorliegenden Fall, indem Sie auf die Vorgehensweise zur Berechnung des VPI eingehen.

1.3 – Erläutern Sie Aussage und Zweck des in Material 2 abgebildeten Wägungsschemas.

 – Begründen Sie, warum das Wägungsschema in regelmäßigen Abständen aktualisiert wird.

1.4 – Berechnen Sie die Preisniveauänderung in Prozent von 2007 bis 2008 (siehe Material 3).

 – Berechnen Sie, um wie viel Prozent sich die Kaufkraft von 2004 bis 2008 verändert hat (siehe Material 3).

1.5 – Beurteilen Sie Bedeutung und Notwendigkeit des wirtschaftspolitischen Ziels „Stabilität des Preisniveaus".

 – Überprüfen Sie, ob für das Jahr 2008 die Zielvorgabe der EZB bezüglich der Preisniveaustabilität erreicht wurde.

2 Im Juli 2008 hat der EZB-Rat eine Veränderung der Leitzinsen beschlossen.

2.1 Erklären Sie den Begriff „Leitzinsen" und erläutern Sie die dazugehörigen geldpolitischen Instrumente.

2.2 Begründen Sie Zweck und Richtung der im Juli 2008 erfolgten Leitzinsveränderung unter Bezugnahme auf Material 1.

3 Am 04. Dezember 2008 hat der EZB-Rat eine weitere Veränderung der Leitzinsen beschlossen.

„Die Europäische Zentralbank ... hat ... die Leitzinsen so stark wie noch nie in ihrer Geschichte gesenkt."

(Quelle: Spiegel-online, 04. 12. 2008)

3.1 – Begründen Sie, welche Absicht die EZB mit dieser Maßnahme verfolgt hat.

 – Vervollständigen Sie die in der Anlage (S. 25) dargestellten beabsichtigten Ursache-Wirkungs-Zusammenhänge, indem Sie
  • die Wirkungsrichtung „je mehr – desto mehr" bzw. „je weniger – desto weniger" an der jeweiligen Pfeilspitze mit einem (+) und

- die Wirkungsrichtung „je mehr – desto weniger" bzw. „je weniger – desto mehr" an der jeweiligen Pfeilspitze mit einem (–) kennzeichnen.

- Ergänzen Sie die Abbildung durch weitere Ursache-Wirkungs-Zusammenhänge (einschließlich der Wirkungsrichtung) unter Einbeziehung der Größen:
  - Produktion
  - Preisniveau
  - Beschäftigung

  und begründen Sie jeden von Ihnen ergänzten Zusammenhang.

3.2 Am 15. Januar 2009 wurden die Leitzinsen ein weiteres Mal gesenkt. Im Zusammenhang mit Leitzinssenkungen wird häufig die Auffassung vertreten, dass „die Waffen der Zentralbank stumpf" seien.

Begründen Sie diese Auffassung, indem Sie für den vorliegenden Fall drei Wirkungshemmnisse erläutern.

3.3 Die Leitzinsen in den USA und Japan betrugen Anfang 2009 nahezu 0 %.

Erläutern Sie, wie sich die mehrfache Leitzinssenkung der EZB Ende 2008/Anfang 2009 auf
- den Wechselkurs US-$/€ und
- den in US-$ abgewickelten deutschen Außenhandel

ausgewirkt haben könnte.

Punkte:

Frage	1.1	1.2	1.3	1.4	1.5	2.1	2.2	3.1	3.2	3.3
NP	2	3	3	3	3	3	2	5	3	3

Binnenwert des Geldes und Geldwertmessung in Verbindung mit den Grundsätzen der Geldpolitik der Europäischen Zentralbank

Material 1

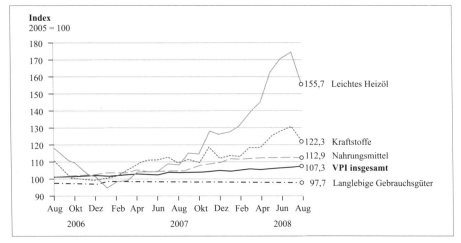

© Statistisches Bundesamt Wiesbaden 2008

Material 2

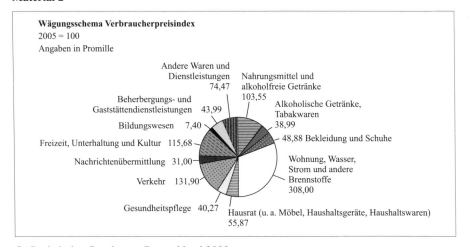

© Statistisches Bundesamt Deutschland 2008

Material 3

Jahr	2004	2005	2006	2007	2008
VPI	98,5	100,0	101,6	103,9	106,6

Anlage zu Teilaufgabe 3.1
(Bei Verwendung aus dem Aufgabensatz heraustrennen und zu Ihren Lösungsblättern geben)

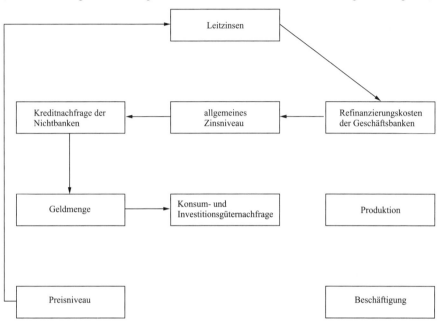

Lösungsvorschlag

Aufgabe 4: Binnenwert des Geldes und Geldwertmessung in Verbindung mit den Grundsätzen der Geldpolitik der Europäischen Zentralbank

1.1 Informationen aus dem Verbraucherpreisindex (VPI)
Der Verbraucherpreisindex (VPI) in M 1 informiert darüber, dass sich die Preise wichtiger Güter der privaten Lebenshaltung im gewogenen Durchschnitt vom Basisjahr 2005 bis August 2008 um 7,3 % erhöht haben. Er dient als Maßstab für die Preisveränderung einer Volkswirtschaft.

1.2 Ursachen für die VPI-Veränderung und Ermittlung des VPI-Indexes
Die Preisindizes für leichtes Heizöl, Kraftstoffe und Nahrungsmittel sind von August 2006 bis August 2008 stark gestiegen. Der Index für langlebige Gebrauchsgüter ist dagegen gesunken.
Diese Preisindizes gehen zusammen mit den Indizes ähnlicher Güter in verschiedene Hauptgruppenindizes ein. Aus dem gewogenen arithmetischen Mittel von insgesamt 12 solcher Hauptgruppenindizes (= Wägungsschema) wird der VPI berechnet.
Die Gewichtung der Hauptgruppen „Wohnung, Wasser, Strom usw.", „Verkehr", „Nahrungsmittel, alkoholfreie Getränke", denen die Güter Heizöl, Kraftstoffe und Nahrungsmittel jeweils zugeordnet ist, ist größer als die der Hauptgruppe „Hausrat", zu der die langlebigen Gebrauchsgüter gehören. Deshalb wirken sich die hier vorliegenden Preissteigerungen bei Heizöl, Kraftstoffen und Nahrungsmitteln stärker auf den VPI aus als die Preissenkung bei langlebigen Gebrauchsgütern.

1.3 Wägungsschema
– Das Wägungsschema gibt die durchschnittlichen Ausgabenanteile privater Haushalte für die verschiedenen Warengruppen an. Diese dienen als Gewichtungsfaktoren bei der Ermittlung des VPI.
– Durch die Aktualisierung des Wägungsschemas werden auf Basis neuer Daten über die Verbrauchsgewohnheiten Änderungen des Konsumverhaltens der privaten Haushalte berücksichtigt.

1.4 Preisniveau- und Kaufkraftänderung
103,9 Punkte = 100,00 %
2,7 Punkte = 2,60 %   Preisniveauänderung

106,6 Punkte = 100,00 %
–8,1 Punkte = –7,60 %   Kaufkraftabnahme

1.5 Wirtschaftspolitisches Ziel Preisniveaustabilität
– Neben einer hohen Beschäftigung (Ziel der Vollbeschäftigung) ist die Preisniveaustabilität das wichtigste wirtschaftspolitische Ziel. Durch seine Erreichung sollen die mit einer Geldwertminderung einhergehenden negativen Folgen vermieden werden, wie z. B.:
  • Außerkraftsetzung von Preisfunktionen zur Steuerung der Märkte,
  • Fehlinvestitionen wegen mangelnder Planungssicherheit,
  • negative Verteilungswirkung, da Bezieher geringer Einkünfte durch eine Inflation verhältnismäßig stärker belastet werden als Bezieher höherer Einkünfte und Sachwertbesitzer.

– Das von der EZB formulierte Ziel einer jährlichen Preisniveausteigerung von „unter, aber nahe bei 2 %" wurde im Jahr 2008 nicht erreicht.

2.1 Leitzins und dazugehörige geldpolitische Instrumente

Als Leitzinsen werden die von der EZB festgelegten Zinssätze (Hauptrefinanzierungssatz, Spitzenrefinanzierungssatz und Einlagesatz) bezeichnet, durch deren Höhe die EZB den angestrebten geldpolitischen Kurs signalisiert, um die wirtschaftspolitischen Ziele zu erreichen.

Offenmarktpolitik:
– Hauptrefinanzierungsgeschäft: kurzfristige Kredite der EZB an die Geschäftsbanken mit einwöchiger Laufzeit, zum Hauptrefinanzierungssatz (= wichtigster Leitzinssatz)
– längerfristige Refinanzierungsgeschäfte: Laufzeit in der Regel drei Monate

Ständige Fazilitäten:
– Spitzenrefinanzierungsfazilität: Tagesgeldkredite der EZB an die Geschäftsbanken
– Einlagefazilität: Tagesgeldanlagen der Geschäftsbanken bei der EZB

2.2 Zweck der Leitzinsveränderung

Aufgrund der aus Material 1 ersichtlichen kontinuierlichen Preisniveausteigerungen kann es sich nur um eine Erhöhung der Leitzinsen gehandelt haben.
Zweck: Erhöhung des Zinsniveaus zur Dämpfung der kreditfinanzierten Nachfrage und damit Stabilisierung des Preisniveaus.

3.1 Absicht und Folgen der Leitzinsveränderung

– Absicht der EZB: Abschwächung einer drohenden Rezession durch bessere Versorgung des Bankensystems mit Liquidität in Form zinsgünstiger Kredite
– Ursache-Wirkungs-Zusammenhänge:

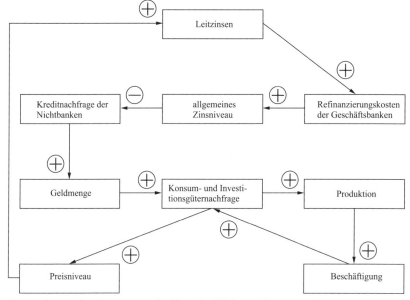

– Begründungen für die ergänzenden Ursache-Wirkungs-Zusammenhänge:
  • Wenn die Nachfrage nach Konsum- und Investitionsgütern steigt, steigt die Produktion.
  • Wenn die Produktion steigt, steigt die Beschäftigung.

- Wenn die Beschäftigung steigt, steigt die Nachfrage nach Konsum- und Investitionsgütern.
- Wenn die Nachfrage nach Konsum- und Investitionsgütern steigt, steigt (sofern das Angebot nicht in gleichem Umfang steigt) das Preisniveau.

3.2 Wirkungshemmnisse der Leitzinssenkungen

Das Ziel einer Konjunkturankurbelung durch expansive Geldpolitik wird möglicherweise wegen des Angebotscharakters der Maßnahmen aus folgenden Gründen nicht erreicht:

– Die Geschäftsbanken geben die günstigen Refinanzierungskonditionen nicht (vollständig) an ihre Kunden weiter, weshalb das allgemeine Zinsniveau nicht sinkt und der erhoffte Impuls auf Kreditnachfrage, Konsum und Investitionen ausbleibt.

– Aufgrund pessimistischer Zukunftserwartungen fragen Unternehmen und Verbraucher die angebotenen günstigeren Kredite nicht nach.

– Wenn im Ausland die Zinsen nun höher sind, besteht die Gefahr des Kapitalabflusses ins Ausland. Dies könnte sich negativ auf die inländischen Investitionen und den Konsum auswirken.

– Es können zeitliche Wirkungsverzögerungen (time lags) der Leitzinssenkung auftreten.

3.3 Folgen der Leitzinssenkung für Wechselkurs und Außenhandel

– Der Zufluss von Anlagekapital aus dem US-$-Raum in den Euro-Raum schwächt sich aufgrund der geringer werdenden Zinsunterschiede ab. Das führt zu einer sinkenden Euro-Nachfrage. Bei gleichbleibendem Euro-Angebot kommt es damit tendenziell zu einer Abwertung des Euro gegenüber dem US-$.

– Dies führt zu einer Verringerung der in US-$ ausgedrückten Preise deutscher Exportgüter und zu einer Verteuerung der in US-$ zu zahlenden Importgüter. Daraus könnte eine Zunahme der Exportmengen und eine Abnahme der Importmengen resultieren (mit der Gefahr einer importierten Inflation).

Anmerkung: Wenn man den Beginn des Zeitraums betrachtet und davon ausgeht, dass die *noch hohen* €-Zinsen im Gegensatz zu den *bereits* 0 % US-$-Zinsen das Kapital nochmals in den Euro-Raum fließen lassen, kann man auch zu folgender Argumentation gelangen: *noch* Zufluss von Anlagekapital in den Euro-Raum und damit Aufwertung, Exportrückgang und Importzunahme).

Verhalten der Marktteilnehmer unter Wettbewerbsbedingungen (Nachfrage und Angebot am Gütermarkt), Preisbildung unter Wettbewerbsbedingungen in Verbindung mit Markteingriffen des Staates

Es wird angenommen, dass auf dem Schwaigerner Brennholzmarkt die Bedingungen eines Polypols auf dem vollkommenen Markt erfüllt sind. Die konkurrierenden Anbieter beliefern die Bewohner der Stadt Schwaigern mit Brennholz.
Stellvertretend für die zahlreichen Marktteilnehmer wird das Verhalten von drei Anbietern und drei Nachfragern untersucht.

1 Ermitteln Sie die Gesamtnachfrage am Brennholzmarkt tabellarisch (Anlage 1, S. 30) und stellen Sie diese in einem Koordinatensystem (Anlage 3, S. 32) grafisch dar.

2 Begründen Sie, warum die ermittelte Gesamtnachfragekurve mehrfach geknickt ist.

3 Ermitteln Sie das langfristige Gesamtangebot am Brennholzmarkt tabellarisch (Anlage 2, S. 31) und stellen Sie dieses im selben Koordinatensystem (Anlage 3, S. 32) grafisch dar.

4 Begründen Sie, warum sich die individuellen Angebotskurven im vorliegenden Fall unterscheiden.

5 Geben Sie die Höhe des Gleichgewichtspreises und der Gleichgewichtsmenge an.

6 In den letzten Jahren ist die Brennholznachfrage stark gestiegen.
Nennen Sie zwei Ursachen für diese Entwicklung und beschreiben Sie deren Auswirkung auf die Nachfragekurve für Brennholz.

7 Anbieter Edel möchte den Zusammenhang zwischen der Erhöhung der Heizölpreise und der nachgefragten Brennholzmenge herausfinden.
Er stellt fest, dass sich bei einem Anstieg des Heizölpreises um 20 % die nachgefragte Brennholzmenge in Schwaigern von 160 m³ auf 200 m³ verändert hat.
Berechnen Sie die indirekte Preiselastizität der Nachfrage und erläutern Sie Ihr Ergebnis.

8 Auf Grund ständig steigender Brennholzpreise haben insbesondere einkommensschwache Familien in holzbefeuerten Altbauten Schwierigkeiten, ihren Brennstoffbedarf zu finanzieren. Die Stadt Schwaigern erwägt deshalb, in Zukunft in den Brennholzmarkt einzugreifen.

8.1 Im Stadtrat wird überlegt, die Nachfrager mit einem zweckgebundenen Zuschuss zu unterstützen.
– Begründen Sie, um welche Form des Markteingriffs es sich dabei handelt.

– Stellen Sie diesen Markteingriff in einer Skizze dar.
– Betrachten Sie kritisch die Folgen dieser Maßnahme für Nachfrager, Anbieter und die Stadt.

8.2 Die Stadt Schwaigern entschließt sich, einen Höchstpreis für Brennholz einzuführen.

– Stellen Sie diesen Markteingriff in einer Skizze dar.
– Betrachten Sie kritisch die Folgen dieser Maßnahme für Nachfrager, Anbieter und die Stadt.

Punkte:

Frage	1	2	3	4	5	6	7	8.1	8.2
NP	5	2	5	2	2	2	3	5	4

Anlage 1 zu Teilaufgabe 1
(Bei Verwendung aus dem Aufgabensatz heraustrennen und zu Ihren Lösungsblättern geben)

Individuelle Nachfragefunktionen für Brennholz

Nachfrager Axel:	Nachfragemenge	=	$380 - 10 \cdot p$
Nachfragerin Beate:	Nachfragemenge	=	$740 - 20 \cdot p$
Nachfrager Cäsar:	Nachfragemenge	=	$1.020 - 30 \cdot p$

Berechnung der Gesamtnachfrage nach Brennholz

Preis in € je m³	Nachfragemengen in m³			
	Axel (A)	Beate (B)	Cäsar (C)	insgesamt
30				
31				
32				
33				
34			0	
35			0	
36			0	
37		0	0	
38	0	0	0	0

Anlage 2 zu Teilaufgabe 3
(Bei Verwendung aus dem Aufgabensatz heraustrennen und zu Ihren Lösungsblättern geben)

Entwicklung der Grenzkosten bei unterschiedlichen Produktionsmengen:

Anbieter Dodel (D)		Anbieter Edel (E)		Anbieter Fadel (F)	
Menge in m³	Grenzkosten in €	Menge in m³	Grenzkosten in €	Menge in m³	Grenzkosten in €
70	30	30	31	5	33
90	31	40	32	9	34
105	32	45	33	12	35
110	33	48	34	14	36
113	34	49	35	16	37
114	35	49	36	17	38
114	36	49	37	Betriebsoptimum 5 m³	
114	37	49	38		
114	38	Betriebsoptimum 30 m³			
Betriebsoptimum 70 m³					

Berechnung des langfristigen Gesamtangebots für Brennholz

Preis in € je m³	Langfristige Gesamtangebotsmengen in m³			
	Dodel (D)	Edel (E)	Fadel (F)	insgesamt
30		0	0	
31			0	
32			0	
33				
34				
35				
36				
37				
38				

Anlage 3 zu den Teilaufgaben 1, 3 und 5
(Bei Verwendung aus dem Aufgabensatz heraustrennen und zu Ihren Lösungsblättern geben)

Koordinatensystem

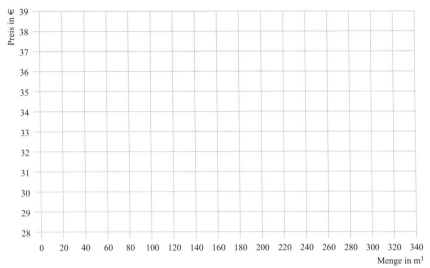

Lösungsvorschlag

Aufgabe 5: Verhalten der Marktteilnehmer unter Wettbewerbsbedingungen (Nachfrage und Angebot am Gütermarkt), Preisbildung unter Wettbewerbsbedingungen in Verbindung mit Markteingriffen des Staates

1 Ermittlung der Gesamtnachfrage

Preis in € je m³	Nachfragemengen in m³			
	Axel (A)	Beate (B)	Cäsar (C)	insgesamt
30	80	140	120	340
31	70	120	90	280
32	60	100	60	220
33	50	80	30	160
34	40	60	0	100
35	30	40	0	70
36	20	20	0	40
37	10	0	0	10
38	0	0	0	0

Hinweis: Die grafische Darstellung im Koordinatensystem finden Sie auf S. 34.

2 Mehrfach geknickte Nachfragekurve
Die Gesamtnachfrage ergibt sich durch Addition der bei unterschiedlichen Preisen individuell nachgefragten Mengen. Da für die drei Nachfrager unterschiedliche Prohibitivpreise (= Preise, zu denen der einzelne Nachfrager nicht mehr bereit ist etwas nachzufragen) gelten, verläuft die Nachfragekurve im vorliegenden Fall nicht stetig.

3 Ermittlung des Gesamtangebots

Preis in € je m³	Langfristige Gesamtangebotsmengen in m³			
	Dodel (D)	Edel (E)	Fadel (F)	insgesamt
30	70	0	0	70
31	90	30	0	120
32	105	40	0	145
33	110	45	5	160
34	113	48	9	170
35	114	49	12	175
36	114	49	14	177
37	114	49	16	179
38	114	49	17	180

Koordinatensystem zu den Teilaufgaben 1 und 3:

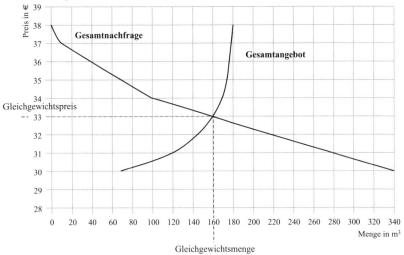

4 Individuelle Angebotskurven

Die individuelle Angebotskurve zeigt, wie viele Mengeneinheiten eines Gutes ein Anbieter bei unterschiedlichen Preisen jeweils anzubieten plant.

Das individuelle Angebot von Unternehmen ist abhängig von der jeweiligen Kostenstruktur. Im vorliegenden Fall liegt das Betriebsoptimum (Stückkostenminimum) bei unterschiedlichen Mengen.

Daraus folgt, dass auch die Kurven der Grenzkosten (zusätzliche Kosten bei der Erhöhung der Produktionsmenge um eine Einheit) unterschiedlich verlaufen. Ab dem Betriebsoptimum entspricht die jeweilige Grenzkostenkurve der langfristigen Angebotsfunktion.

5 Marktgleichgewicht

Das Marktgleichgewicht liegt bei einem Gleichgewichtspreis von 33 € und einer Gleichgewichtsmenge von 160 m³ Brennholz.

6 Ursachen Brennholznachfragesteigerung und Auswirkungen Nachfragekurve

– Preiserhöhung bei anderen Energieträgern, z. B. Heizöl
– Umweltgesichtspunkte: Holz ist als CO_2-neutraler Brennstoff im Zeitalter der Klimaerwärmung sehr gefragt (verstärkte Nachfrage nach Holzöfen und Pelletheizungen)

In beiden Fällen ergibt sich eine Rechtsverschiebung der Nachfragekurve.

7 Berechnung der indirekten Preiselastizität (Kreuzpreiselastizität)

$$El_{ind} = \frac{\text{prozentuale Mengenänderung bei Brennholz}}{\text{prozentuale Preisänderung bei Heizöl}} = \frac{25\ \%}{20\ \%} = +1,25$$

Eine Preiserhöhung bei Heizöl um 1 % führt zu einer Erhöhung der nachgefragten Menge bei Brennholz um 1,25 %.
Da es sich um Substitutionsgüter handelt, ist die Kreuzpreiselastizität positiv.

8.1 Zuschuss als marktkonformer Staatseingriff
- Es handelt sich um eine marktkonforme Maßnahme, da die Preisfunktionen nicht außer Kraft gesetzt werden.
- Marktskizze:

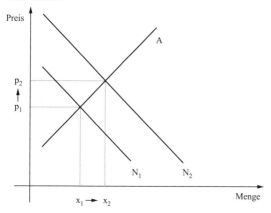

- Folgen für die Nachfrager:
  • Rechtsverschiebung der Nachfragekurve wegen Zunahme der Nachfrage.
  • Gleichgewichtspreis und Gleichgewichtsmenge steigen.
  • Die Preissteigerung ist geringer als der Zuschuss, sodass die Zielgruppe tatsächlich begünstigt wird.

  Folge für die Anbieter:
  • Auch die Anbieter sind begünstigt, da sie eine höhere Menge zu einem höheren Preis absetzen können.

  Folge für die Stadt:
  • Die Stadtkasse wird durch diese Transferzahlung belastet.

8.2 Höchstpreis als marktkonträrer Staatseingriff
- Skizze:

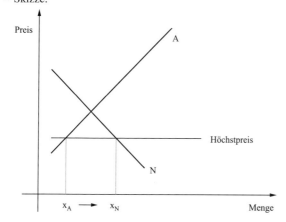

– Es entsteht ein Nachfrageüberhang.

Folgen für die Nachfrager:

- Es können nicht alle Nachfrager die von ihnen bei diesem Preis gewünschte Menge erhalten.
- Allerdings können einige Nachfrager die gewünschte Menge zu einem niedrigeren Preis kaufen, als sie zu zahlen bereit gewesen wären.

Folge für die Anbieter:

- Die angebotene Menge ist geringer, weil sich die Produktion für einige Anbieter bei diesem Preis nicht mehr lohnt (Preis liegt unterhalb der Preisuntergrenze).

Folgen für die Stadt:

- Die Stadt muss die angebotene Menge rationieren und Bezugsscheine ausstellen, was zusätzlichen Verwaltungsaufwand bedeutet.
- Die Einführung von Kontrollen zur Verhinderung von Schwarzmärkten ist notwendig.

Ihre Meinung ist uns wichtig!

Ihre Anregungen sind uns immer willkommen. Bitte informieren Sie uns mit diesem Schein über Ihre Verbesserungsvorschläge!

Titel-Nr.	Seite	Vorschlag

Lernen ▪ Wissen ▪ Zukunft

STARK

20-VH8

Bitte ausfüllen und im frankierten Umschlag
an uns einsenden. Für Fensterkuverts geeignet.

Zutreffendes bitte ankreuzen!

Die Absenderin/der Absender ist:

☐ Lehrer/in in den Klassenstufen:

☐ Fachbetreuer/in
  Fächer:

☐ Seminarlehrer/in
  Fächer:

☐ Regierungsfachberater/in
  Fächer:

☐ Oberstufenbetreuer/in

☐ Schulleiter/in

☐ Referendar/in, Termin 2. Staats-
  examen:

☐ Leiter/in Lehrerbibliothek

☐ Leiter/in Schülerbibliothek

☐ Sekretariat

☐ Eltern

☐ Schüler/in, Klasse:

☐ Sonstiges:

Unterrichtsfächer: (Bei Lehrkräften!)

STARK Verlag
Postfach 1852
85318 Freising

Kennen Sie Ihre Kundennummer?
Bitte hier eintragen.

Absender (Bitte in Druckbuchstaben!)

Name/Vorname

Straße/Nr.

PLZ/Ort/Ortsteil

Telefon privat   Geburtsjahr

E-Mail

Schule/Schulstempel (Bitte immer angeben!)

Bitte hier abtrennen

Sicher durch das Abitur!

Klare Fakten, systematische Methoden, prägnante Beispiele sowie Prüfungsaufgaben mit schülergerechten, kommentierten Lösungen zur Selbstkontrolle.

Mathematik

Biologie

Physik

Chemie

Wirtschaft/Recht

Deutsch

(Bitte blättern Sie um)

Englisch

Übersetzung	Best.-Nr. 82454
Grammatikübung	Best.-Nr. 82452
Themenwortschatz	Best.-Nr. 82451
Grundlagen, Arbeitstechniken, Methoden mit CD	Best.-Nr. 944601
Sprachmittlung	Best.-Nr. 94469
Sprechfertigkeit mit Audio-CD	Best.-Nr. 94467
Klausuren Englisch Oberstufe	Best.-Nr. 905113
Abitur-Wissen Landeskunde Großbritannien	Best.-Nr. 94461
Abitur-Wissen Landeskunde USA	Best.-Nr. 94463
Abitur-Wissen Englische Literaturgeschichte	Best.-Nr. 94465
Kompakt-Wissen Kurzgrammatik	Best.-Nr. 90461
Kompakt-Wissen Abitur Themenwortschatz	Best.-Nr. 90462
Kompakt-Wissen Abitur Landeskunde/Literatur	Best.-Nr. 90463

Spanisch

Kompakt-Wissen Abitur Themenwortschatz	Best.-Nr. 945401

Französisch

Sprachmittlung · Übersetzung	Best.-Nr. 94512
Landeskunde Frankreich	Best.-Nr. 94501
Themenwortschatz	Best.-Nr. 94503
Textarbeit Oberstufe	Best.-Nr. 94504
Literatur	Best.-Nr. 94502
Abitur-Wissen Französische Literaturgeschichte	Best.-Nr. 94506
Kompakt-Wissen Kurzgrammatik	Best.-Nr. 945011
Kompakt-Wissen Abitur Themenwortschatz	Best.-Nr. 945010

Geschichte

Geschichte 1 – Deutschland vom 19. Jahrhundert bis zum Ende des Nationalsozialismus	Best.-Nr. 84763
Geschichte 2 – Deutschland seit 1945 · Europäische Einigung · Weltpolitik der Gegenwart	Best.-Nr. 84764
Methodentraining Geschichte	Best.-Nr. 94789
Abitur-Wissen Die Antike	Best.-Nr. 94783
Abitur-Wissen Das Mittelalter	Best.-Nr. 94788
Abitur-Wissen Französische Revolution	Best.-Nr. 947812
Abitur-Wissen USA	Best.-Nr. 947813
Abitur-Wissen Naher Osten	Best.-Nr. 947814
Abitur-Wissen Die Ära Bismarck: Entstehung und Entwicklung des deutschen Nationalstaats	Best.-Nr. 94784
Abitur-Wissen Imperialismus u. Erster Weltkrieg	Best.-Nr. 94785
Abitur-Wissen Die Weimarer Republik	Best.-Nr. 47815
Abitur-Wissen Nationalsozialismus und Zweiter Weltkrieg	Best.-Nr. 94786
Abitur Wissen Deutschland von 1945 bis zur Gegenwart	Best.-Nr. 947811
Kompakt-Wissen Abitur Geschichte Oberstufe	Best.-Nr. 947601
Lexikon Geschichte	Best.-Nr. 94787

Sport

Bewegungslehre · Sportpsychologie	Best.-Nr. 94981
Trainingslehre	Best.-Nr. 94982

Abitur-Prüfungsaufgaben

Die STARK Lernhilfen unterstützen Schülerinnen und Schüler bei der selbstständigen Vorbereitung auf die Abiturprüfung an Beruflichen Gymnasien in Baden-Württemberg.

Die klar strukturierten Bände enthalten

- **Hinweise** zum Ablauf und zur Vorbereitung auf die Prüfung,
- den **aktuellen Jahrgang**,
- **Übungsaufgaben im Abiturstil**, speziell zugeschnitten auf Inhalte und Fragestellungen nach der aktuellen Prüfungsordnung,
- zu allen Aufgaben **ausführliche Lösungen**.

Abiturprüfung Mathematik
Berufliches Gymnasium – TG Baden-Württemberg
MIt weiteren Übungsaufgaben auf CD .... Best.-Nr. 825011

Abiturprüfung Mathematik
Berufliches Gymnasium AG · BTG · EG · SG · WG
Baden-Württemberg
Mit weiteren Übungsaufgaben zu den zentralen
Themenbereichen auf CD .... Best.-Nr. 825001

Abiturprüfung Physik
Berufliches Gymnasium Baden-Württemberg ... Best.-Nr. 825301

Abiturprüfung Technik
Elektrotechnik und Maschinenbau TG
Berufliches Gymnasium Baden-Württemberg ... Best.-Nr. 82520

Abiturprüfung Chemie und Ernährungslehre EG
Berufliches Gymnasium Baden-Württemberg ... Best.-Nr. 82574

Abiturprüfung Biologie EG, AG, WG, SG
Berufliches Gymnasium Baden-Württemberg ... Best.-Nr. 825701

Abiturprüfung Volks- und Betriebswirtschaftslehre WG
Berufliches Gymnasium Baden-Württemberg ... Best.-Nr. 82585

Abiturprüfung Deutsch
Berufliches Gymnasium Baden-Württemberg ... Best.-Nr. 825411

Abiturprüfung Englisch
Berufliches Gymnasium Baden-Württemberg ... Best.-Nr. 825501

Fachübergreifend

Tipps und Lernstrategien – Oberstufe	Best.-Nr. 10483
Referate und Facharbeiten – Oberstufe	Best.-Nr. 10484
Training Methoden Meinungen äußern, Ergebnisse präsentieren	Best.-Nr. 10486

20-VH8

Bestellungen bitte direkt an:
STARK Verlagsgesellschaft mbH & Co. KG · Postfach 1852 · 85318 Freising
Tel. 0180 3 179000* · Fax 0180 3 179001* · www.stark-verlag.de · info@stark-verlag.de
*9 Cent pro Min. aus dem deutschen Festnetz, Mobilfunk bis 42 Cent pro Min.
Aus dem Mobilfunknetz wählen Sie die Festnetznummer: 08167 9573-0

Lernen ▪ Wissen ▪ Zukunft

STARK